Hans-Dieter Gelfert

PE

«Für Edgar Poe»
Holzschnitt von Félix Vallotton
1894

Inhalt

III DICHTEN GEGEN DEN STROM

ANHANG

Vorwort

Edgar Allan Poe ist deutschen Lesern vertrauter als jeder andere amerikanische Klassiker. Jugendliche lesen ihn der Spannung wegen; Erwachsene kehren zu ihm zurück, weil sie hinter der Spannung etwas Tieferes spüren; und Literaturwissenschaftler zitieren ihn regelmäßig, wenn es gilt, dem Beginn der Moderne einen Namen zu geben. Dass er im deutschen Sprachraum präsenter ist als Hawthorne, Melville und Emerson, die in ihrem Lande höher geschätzt werden, ist schon daran abzulesen, dass sein Werk auf Deutsch so vollständig wie das keines anderen amerikanischen Autors zugänglich ist. Die von Kuno Schuhmann und Hans Dieter Müller herausgegebene vierbändige Werkausgabe aus den Jahren 1966 bis 1973, die als zehnbändiger Nachdruck im Paperback-Format für jedermann erschwinglich war und sich in Antiquariaten immer noch leicht finden lässt, ist besser ediert und reicher kommentiert als das Werk aller anderen fremdsprachlichen Dichter aus neuerer Zeit. Ein weiteres Indiz für die Wertschätzung Poes im deutschen Sprachraum ist die Tatsache, dass die in Österreich erschienene Reihe *Die großen Klassiker. Literatur der Welt in Bildern, Texten, Daten* ihn als einzigen amerikanischen Klassiker aufgenommen hat. Auch an Biographien fehlt es auf dem deutschsprachigen Markt nicht. Die sehr umfangreiche von Frank T. Zumbach, die 1986 herauskam, enthält so gut wie alles, was durch Forscher wie Arthur Hobson Quinn und Thomas Ollive Mabbott aus den Quellen herausgefiltert wurde. Von Zumbach liegt außerdem seit 1999 eine gut illustrierte Kurzbiographie als Taschenbuch vor. Noch jünger ist die ebenfalls knappe Biographie von Wolfgang Martynkewicz aus dem Jahr 2003; eine weitere steuerte Dietrich Kerlen 1999 zu Poes 150. Todestag bei. Auch für Literaturwissenschaftler ist der Weg gut geebnet. 1991 kam in der Sammlung Metzler Liliane Weissbergs Buch heraus, das in äußerst komprimierter Form in den Stand der Forschung zu Poes Leben und Werk einführt.

Wenn nun zu Poes 200. Geburtstag eine weitere Biographie auf einen so gut versorgten Markt gebracht wird, kann es darin nicht um neues Material, sondern nur um eine andere Sicht gehen. Das vorliegende Buch versucht, den Dichter seinen Lesern von innen her nahe zu bringen und ihn und sein Werk aus dem Kontext seiner Lebensumstände zu verstehen. Deshalb wird der Biographie ein Annäherungsversuch vorausgeschickt, der zum einen das Amerika der Zeit als Hintergrund skizziert und zum anderen einen irritierenden Kern in Poes Werk freilegt, der neugierig auf den Autor machen soll. Am Schluss des Buches wird eine literarische Würdigung den so um das Leben des Dichters gelegten Rahmen schließen.

Dank für das biographische Material schuldet der Verfasser neben den oben genannten deutschen Autoren vor allem der grundlegenden Biographie von Arthur Hobson Quinn aus dem Jahre 1941 und der von Kenneth Silverman von 1991. Noch hilfreicher war das von Dwight Thomas und David K. Jackson zusammengestellte Logbuch zu Poes Leben, *The Poe Log: A Documentary Life of Edgar Allan Poe, 1809–1849* aus dem Jahr 1987. Da seitdem kaum neues Quellenmaterial aufgetaucht ist, kann sich das vorliegende Buch hier auf die genannten Werke stützen und sich ganz auf die Deutung von Poes Charakter und Werk konzentrieren. Dabei wird es vor allem um die Korrektur des allzu einseitigen Bildes gehen, das Poe überwiegend als den Autor von Horrorgeschichten und als den vom Tod schöner Frauen besessenen schwarzen Romantiker zeigt. Für Hilfe zum Werkverständnis geht der Dank an die Herausgeber der deutschen Gesamtausgabe und an Thomas Ollive Mabbott, der die akribische Kommentierung von Poes Werken zu seiner Lebensaufgabe gemacht hatte. Da der Verfasser sich mit den Übersetzungen der deutschen Gesamtausgabe nicht anfreunden konnte, hat er alle zitierten englischen Texte einschließlich der Gedichte neu ins Deutsche übertragen. Auf eine durchgängige Übersetzung der Titel der Erzählungen wurde jedoch verzichtet, da es zum einen unterschiedliche Versionen in deutschen Ausgaben gibt und zum anderen die englischen Titel meist unmittelbar verständlich sind. Ergänzende Informationen zu Poes literarischem Umfeld sowie eine Zeittafel und ein Werkverzeichnis finden sich im Anhang.

I

ANNÄHERUNG

AN POE

Poe post mortem

Poe ist der unamerikanischste, zugleich aber der wirkungsmächtigste unter den amerikanischen Klassikern. Beides hängt eng zusammen; denn seine Wirkung entfaltete er zuerst und am stärksten in Europa – eben weil er hier als ein Außenseiter der amerikanischen Literatur und Gesellschaft gesehen wurde. Noch entscheidender war aber seine Vielseitigkeit. Während James Fenimore Cooper, der Autor der Lederstrumpf-Romane, nur als Erzähler, Henry Wadsworth Longfellow, der amerikanische Dichterfürst des 19. Jahrhunderts, nur als Lyriker und Ralph Waldo Emerson, die Zentralfigur des so genannten Transzendentalismus, nur als philosophischer Essayist wirksam war, hat Poe sich auf allen drei Feldern hervorgetan, wobei er, anders als die Genannten, nicht nur europäische Impulse «amerikanisierte», sondern auf allen Feldern etwas schuf, das selbst in Europa als neu und revolutionär empfunden wurde. Poe gilt als Erfinder der Detektivgeschichte, als erster Theoretiker der Kurzgeschichte, als Großmeister des Horrors, als Initiator der l'art pour l'art-Ästhetik und als erster *poète maudit*. Selbst die Science Fiction zählt ihn zu ihren Ahnherren; und mit einigem Recht könnte man ihn sogar zu den Erfindern des Absurden in der Literatur zählen.

Jede einzelne dieser Zuschreibungen müsste man relativieren, doch zusammen geben sie ein zutreffendes Bild seiner Wirkungskraft. Dabei ist sein Werk noch viel facettenreicher. Das Detektivische findet sich nur in vier, bei großzügiger Auslegung des Begriffs in sechs oder sieben seiner rund 70 Geschichten. Selbst die Horrorgeschichten machen nicht mehr als ein Sechstel seines Werkes aus; und mit knapp 50 zu seinen Lebzeiten publizierten Gedichten nimmt auch die Lyrik nur wenig Raum darin ein, wenngleich einige seiner Gedichte ein solches Eigenleben entfalteten, dass sie heute wie Mythen zitiert werden. Auch bei den theoretischen Arbeiten steht die geringe Anzahl in umgekehrtem Verhältnis zu ihrer starken Wirkung. Der weitaus größte Teil seines Werkes besteht aus Satiren und grotesk-komischen Erzählungen, die, außer bei Poe-Kennern, weitgehend unbekannt sind. Angesichts der hohen Wertschätzung außerhalb Amerikas und der lang anhaltenden Ablehnung im eigenen Land drängt sich die Frage auf, ob dieses Missverhältnis in Poes Persönlichkeit, in der amerikanischen Mentalität oder in einer Diskrepanz zwischen beiden begründet ist. Eine Antwort darauf soll die folgende Lebensbeschreibung geben.

Doch zuvor empfiehlt sich ein Blick auf das Bild des Dichters, wie es gleich nach seinem Tode aufkam und in Amerika lange fortlebte. Am 9. Oktober 1849, dem Tag von Poes Begräbnis in Baltimore, war in der *New York Tribune* Folgendes zu lesen:

> Edgar Allan Poe ist tot. Er starb vorgestern in Baltimore. Die Nachricht wird viele überraschen, aber nur bei wenigen Trauer hervorrufen. Der Dichter war, sowohl persönlich als auch durch seinen Ruf, weithin bekannt im ganzen Land. Er hatte Leser in England und verschiedenen Staaten Europas, aber er hatte wenig Freunde; und das Bedauern über seinen Tod wird vor allem der Einsicht entspringen, dass mit ihm einer der brillantesten und erratischsten Sterne der Dichtkunst verloren ist.

Der mit dem Pseudonym «Ludwig» unterzeichnete Nachruf, der mit diesen frostigen Worten beginnt, stammt aus der Feder von Rufus W. Griswold, den Poe unbegreiflicherweise zu seinem literarischen Nachlassverwalter bestimmt hatte, obwohl er den Konkurrenten nicht mochte und wissen musste, dass Griswold ihm noch weniger wohlgesinnt war. Den oben zitierten Sätzen folgt ein Lebensbild des verstorbenen Dichters, für dessen Fehlerhaftigkeit Poe selbst verantwortlich war, da er seine Biographie immer wieder mit Legenden ausgeschmückt hatte. Doch der Ton von kalter Häme, mit dem Griswold auf Poes Armut, seine Trunksucht und seine sonstigen Charakterfehler eingeht, prägte das amerikanische Poe-Bild für lange Zeit, zumal Griswold es im *Memoir* – zu der von ihm besorgten Ausgabe von Poes gesammelten Werken – ein weiteres Mal breit ausführte. Obwohl sich schon kurz nach Griswolds Nachruf Verteidiger des Dichters meldeten, die die Verleumdungen entschieden zurückwiesen und nicht nur Poes dichterische Leistung, sondern auch seinen charakterlichen Anstand und seine Unbestechlichkeit als Kritiker priesen, gelang es ihnen nicht, das negative

Bild umzupolen. Das kann nicht am Einfluss Griswolds gelegen haben, der weit weniger Ansehen genoss als einige von Poes Fürsprechern. Die Ablehnung entsprang vielmehr einer allgemeinen Woge von Moralismus und evangelikaler Frömmigkeit, die um 1830 einsetzte und in der Mitte des Jahrhunderts ihren Höhepunkt erreichte. Da die USA immer wieder von solchen Wellen religiöser Erweckungsbewegungen erfasst – man könnte auch sagen: heimgesucht – wurden, kann es kaum verwundern, dass ein Dichter wie Poe, der von Zeit zu Zeit dem Trunk verfiel, die Demokratie ablehnte, als Südstaatler und Befürworter der Sklaverei innenpolitisch auf der falschen Seite stand und einen unbiblischen Pantheismus vertrat, bis heute keinen Platz im Herzen Amerikas finden konnte.

Selbst die amerikanische Literaturkritik billigt ihm eher widerwillig und manchmal nur zähneknirschend den Status eines Klassikers zu. Seine Gedichte fehlen zwar in keiner Anthologie und erfreuen sich größerer Beliebtheit als die der höher geschätzten Dichter, doch von Kritikern ist immer noch Emersons böses Wort vom «*jingle man*» zu hören, das die klangliche Beschwörungskunst von Poes Lyrik als bloßes Wortgeklingel abtut. Als Erzähler ist er weltweit der meistgelesene amerikanische Klassiker, und doch überwiegt in seinem Land die Meinung, dass seinen Geschichten etwas Unreifes, thematisch Beschränktes und Pubertäres anhaftet. Als Denker schließlich steht er dem Optimismus, dem Pragmatismus und dem ethischen Rigorismus seiner Landsleute so diametral entgegen, dass Harold Bloom, der wohl einflussreichste amerikanische Literaturwissenschaftler der letzten Jahrzehnte, in Poe den philosophischen Gegenpol zu Ralph Waldo Emerson sah. Dass 1984 Poes Werk in die amerikanische Klassikerreihe *Library of America* aufgenommen wurde, veranlasste Bloom zu einem längeren Essay. Darin heißt es: «Emerson, im Guten wie im Schlechten, war und ist der Geist Amerikas, Poe jedoch war und ist unsere Hysterie, die unheimliche Einmütigkeit in unseren Verdrängungen.»

Dass Negativität in der Kunst etwas Positives sein kann, gehört in Europa seit langem zum ästhetischen Credo. Amerika tut sich mit dieser Einsicht schwerer. Gerade jetzt, wo die Vorstellungen der *moral majority* im Begriff sind, die ganze Nation zu erfassen, spricht man dort über Poe wieder sehr reserviert. Dem evangelikalen Amerika ist er aus religiösen Gründen suspekt, die Apologeten der *political correctness* sehen in ihm einen Rassisten, und die Feministen halten ihn für einen romantischen Macho, der – in seinen eigenen, viel zitierten Worten – «das Sterben einer schönen Frau als das poetischste aller möglichen Themen» ansah.

Uneingeschränkte Anerkennung fand Poe zuerst in Frankreich, wo Charles Baudelaire sein glühender Bewunderer wurde. Etwas später und nicht ganz so enthusiastisch wurde Poe vom deutschen Lesepublikum angenommen, das ihm bis heute die Treue gehalten hat. Zwiespältiger war seine Aufnahme in England, wo er von antiviktorianischen Rebellen wie Algernon Charles Swinburne als der einzige originelle Dichter Amerikas gepriesen wurde, während die Repräsentanten der spezifisch englischen Tradition dem Dichter eher fremd gegenüberstanden. Denn Poe fehlten zwei Tugenden, die die englische Kultur im 19. Jahrhundert als nationaltypische Ideale ausgebildet hatte: Selbstironie und Understatement. Am ablehnendsten äußerte sich Aldous Huxley, der Poes Dichtung in ihrem Kern für vulgär hielt und meinte, dass die Franzosen ihn nur deshalb bewundern, weil ihr Gefühl für die englische Sprache nicht ausreiche, diese Vulgarität zu erkennen. Nicht ganz so ablehnend, aber doch kritisch reserviert äußerte sich T.S. Eliot, der Poes Dichtung eine gewisse Provinzialität und seiner Person eine «präadoleszente Mentalität» attestiert. Dass Eliot mit dem letztgenannten Argument nicht ganz falsch liegt, scheint offensichtlich. Nicht nur die von Eliot erwähnte Attraktivität von Poes Werken für Jugendliche spricht dafür, sondern auch vieles im Leben des Dichters. Allerdings muss das nicht notwendig eine Minderung seines künstlerischen Ranges bedeuten. So wie für Kafka die persönlich nie ganz gelungene Emanzipation von seinem Vater zur wesentlichen Inspirationsquelle seiner Dichtung wurde, so hat auch Poe aus der Ohnmacht gegenüber seinem Pflegevater und später gegenüber dem literarischen Establishment die Kraft geschöpft, die seinem Werk die Modernität eines um Emanzipation ringenden Subjekts verleiht.

Poes Amerika

Läse jemand, der von Poe noch nie etwas gehört hat, dessen Werke, so könnte er die Frage nach der Nationalität des Autors kaum beantworten. Von den bekanntesten seiner Geschichten spielen die drei mit dem Detektiv Dupin in Paris, andere in England und Spanien und wieder andere in einem geographisch unbestimmten Milieu, wobei die Namen und die eingestreuten lateinischen, französischen, italienischen und gelegentlich auch deutschen Zitate eher einen europäischen als einen amerikanischen Autor vermuten lassen. Selbst da, wo wie in *The Gold-Bug (Der Goldkäfer)* der Schauplatz ein amerikanischer ist, erfährt der Leser über Amerika so gut wie nichts. Das Buch, das Poe als eine romanhafte Entdeckungsreise ins Innere Amerikas begonnen hatte, nämlich *The Journal of Julius Rodman,* gab er bezeichnenderweise schon nach wenigen Fortsetzungen wieder auf. Auch sonst erfährt man aus seinen Werken und seinen privaten Zeugnissen nur etwas über das literarische Leben der USA, doch nahezu nichts über die politischen, wirtschaftlichen und gesellschaftlichen Verhältnisse. Dabei fiel sein kurzes Leben in die expansivsten fünfzig Jahre der amerikanischen Geschichte.

1810, ein Jahr nach Poes Geburt, ergab die alle zehn Jahre stattfindende Volkszählung der USA 7 239 881 Einwohner. Vier Jahrzehnte später zählte man bereits 17 069 453. Noch dramatischer war die territoriale Erweiterung, die das Land zwischen 1800 und 1850 erlebte. 1803, als die französische Besatzung während der Napoleonischen Kriege das von Spanien übernommene Gebiet zwischen Mississippi und den Rocky Mountains nicht mehr angemessen verteidigen konnte, nutzte Präsident Jefferson die Gunst der Stunde und kaufte es Frankreich für 15 Millionen Dollar ab. Dieses Gebiet, das nach einer frühen französischen Kolonie um New Orleans Louisiana genannt wurde, war annähernd so groß wie die dreizehn Vereinigten Staaten insgesamt, die damit ihr Territorium verdoppelten. 1819 erklärte Präsident James Monroe Spanien gegenüber den Verzicht auf Ansprüche auf Texas und erhielt dafür gegen Zahlung von 5 Millionen Dollar Florida. Der nächste Zuwachs kam

1845, als Texas, das sich zuvor durch einen Unabhängigkeitskrieg von Mexiko getrennt hatte, um Aufnahme in die Union ersuchte. Ein Jahr später schloss sich das bislang britische Gebiet der heutigen Staaten Oregon und Washington an. Weitere zwei Jahre später wurde nach einem kurzen Krieg das besiegte Mexiko gezwungen, seine Besitzungen zwischen den Rocky Mountains und dem Pazifik abzutreten: die heutigen Staaten Kalifornien, Utah, Colorado, Arizona, Nevada und Neumexiko. Die Eroberung wurde später durch Zahlung von 15 Millionen Dollar als Kauf legalisiert. Damit umfassten die USA in Poes vorletztem Lebensjahr fast schon das heutige Territorium zwischen Kanada und Mexiko. Es fehlte nur noch ein kleines Grenzgebiet im Süden Neumexikos, das 1853 von Mexiko gegen Zahlung von 10 Millionen erworben wurde.

Diese territoriale Ausdehnung bewirkte eine zunehmende Orientierung der USA nach Westen, was eine entsprechende Abkehr von Europa zur Folge hatte. Schon 1814 war mit dem Friedensschluss von Gent nach dem zweiten Krieg gegen England die Nabelschnur zum Mutterland endgültig durchtrennt worden. Kulturell blieben die Neuenglandstaaten zwar noch immer auf Europa ausgerichtet, doch war die Bewegung nach Westen nicht mehr aufzuhalten. Die sich stetig voranschiebende Grenze zwischen Zivilisation und Wildnis, die so genannte Frontier, gab schon zu Poes Lebenszeit dem Denken und Fühlen der US-Amerikaner eine charakteristische Prägung. Der Historiker Frederick Jackson Turner sah in ihr sogar die entscheidende Formkraft für die amerikanische Mentalität. Dies ist wohl zu einseitig, da sich bereits in den Neuenglandstaaten aus Puritanismus und Aufklärung Wesenszüge herausgebildet hatten, die noch heute für die Amerikaner typisch sind. Dennoch entwickelte sich zweifellos an der Frontier eine aus individuellem Unternehmungsgeist, Sendungsbewusstsein, Gruppensolidarität und Gewaltbereitschaft zusammengesetzte Haltung, die im Laufe des 19. Jahrhunderts zur aufklärerischen und puritanischen Prägung hinzukam und zumindest im Westen des Landes dominierte. Die Bewegung nach Westen scheint Poe nicht sonderlich interessiert zu haben. Noch gegen Ende seines Lebens spricht er von den USA als Appalachia. Für ihn scheint der Gebirgszug im Westen der 13 Gründungsstaaten die Landesgrenze gewesen zu sein. Als 1848 in Kalifornien Gold gefunden wurde und im Jahr darauf der *gold rush* der *forty-niners* einsetzte, hatte er sogar die naive Vorstellung, mit einer Geschichte über ein Verfahren zur künstlichen Herstellung von Gold die Bewegung aufhalten zu können.

Auf ökonomischem Gebiet war die junge Nation von Anfang an gezwungen, sich von der Alten Welt abzunabeln, da der Handel mit Europa zunächst durch Napoleons Kontinentalsperre und danach durch den Krieg gegen England weitgehend unterbunden war. An Nahrungsmitteln war in dem dünn besiedelten Land kein Mangel, doch auf technisch-industriellem Gebiet gab es viel nachzuholen. Allerdings hatten die USA hier den Vorteil, dass sie vom Mutterland die neuesten Technologien übernehmen und diese sogleich für die kostengünstige Massenfertigung einsetzen konnten. Ähnlich wie in England, wo Kays fliegendes Weberschiffchen und Watts Dampfmaschine zu quasi-mythischen Meilensteinen auf dem Weg der industriellen Revolution wurden, hat auch Amerika Errungenschaften hervorgebracht, die für die ökonomische Entwicklung des Landes enorme Schubkraft entfalteten. Die erste dieser Epoche machenden Erfindungen war die von Eli Whitney 1794 zum Patent angemeldete *cotton ginny*. Erst durch diese Maschine, die die Baumwollfäden von den Samenkörnern trennte, wurde der Anbau von Baumwolle für die Großgrundbesitzer des Südens rentabel. Die zweite folgenreiche Innovation war die Dampfschifffahrt. Der in Pennsylvania geborene Robert Fulton, der als Kunstmaler begonnen hatte und danach seine Dienste als Schiffsbauingenieur zuerst der französischen und dann der englischen Regierung anbot, ging schließlich in sein Heimatland zurück und ließ dort am 9. August 1807 ein von ihm gebautes Dampfschiff vom Stapel laufen, das den Schiffsverkehr auf dem Hudson eröffnete. Vier Jahre später folgte die Dampfschifffahrt auf dem Mississippi. Die Effizienz des Dampfschiffs für den Transport von Massengütern führte in vielen Regionen zum Bau von Kanälen. Der 1825 fertiggestellte Erie-Kanal verband New York am Hudson River mit dem Erie-See, wodurch es möglich wurde, den Weizen aus den Präriestaaten so billig an die dicht besiedelte Ostküste zu bringen, dass sich der Getreideanbau für die Südstaaten kaum mehr lohnte. Damit war der Süden nun ganz auf die Baumwolle angewiesen, für deren Ernte man auf die Arbeitskraft der schwarzen Sklaven nicht verzichten konnte; für die Getreideernte im Mittelwesten stand dagegen schon bald die von McCormick 1834 erfundene Mähmaschine zur Verfügung. *Tom*

Thumb, die erste Lokomotive auf amerikanischem Boden, steht für ein weiteres Transportmittel, das ab 1829 seinen Siegeszug antrat – für Massengüter nicht ganz so kostengünstig wie das Dampfschiff, dafür aber für die Personenbeförderung viel schneller. Der Eisenbahnbau schritt danach so rasant voran, dass die USA bereits 1840 fast doppelt soviel Schienenstrecke besaßen wie ganz Europa zusammen. Eine andere Erfindung von großer Tragweite war der von Samuel Colt 1836 zum Patent angemeldete Trommelrevolver, der bald zur unverzichtbaren Ausstattung der westwärts drängenden Siedler gehörte.

Poe reiste zwar mit dem Schiff und der Bahn, zeigte aber für die Auswirkungen dieser Errungenschaften auf die Ökonomie wenig Interesse. Bezeichnenderweise war die einzige Erfindung, der er einen längeren Essay widmete, das anastatische Druckverfahren, das ihn als einen Mann der Feder persönlich betraf. Die noch viel folgenreichere drucktechnische Neuerung, nämlich die von Richard Marsh Hoe erfundene Rotationspresse, wurde allerdings erst kurz vor seinem Tod entwickelt. Im Übrigen aber interessierten ihn ökonomisch nutzlose Erzeugnisse menschlicher Intelligenz wie der angeblich Schach spielende Automat des Österreichers Maelzel oder der von Montgolfier erfundene Heißluftballon weit mehr als die technischen Innovationen der Industrie.

Innenpolitisch kam es in der ersten Hälfte des 19. Jahrhunderts zu einer stetigen Verlagerung des Schwerpunkts von der alteingesessenen besitzenden Klasse hin zu Vertretern der demokratisch-egalitären Masse. Symptomatisch dafür ist die Präsidentschaft Andrew Jacksons in den Jahren 1829 bis 1837. Alle Präsidenten vor ihm kamen entweder wie George Washington, Thomas Jefferson und James Madison aus Virginia, dem von der Pflanzeraristokratie geprägten Kernland des Südens, oder wie John Adams und John Quincey Adams aus dem puritanischen Massachusetts. Jackson aber, obwohl in South Carolina geboren, begann seine politische Karriere westlich der Appalachen in Tennessee und verkörperte damit einen völlig neuen Politikertyp. Unter ihm bildete sich das radikal-egalitäre Denken der US-Amerikaner aus, weshalb *Jacksonian democracy* seitdem ein fester Begriff ist. Allerdings beschränkte sich das von ihm verkörperte Egalitätsprinzip auf die weißen Bürger. Gegenüber den so genannten *civilized nations* der Indianer, die vorher schon wiederholte Vertragsbrüche seitens der Regierung hatten hinnehmen müssen, erwies Jackson sich als rücksichtsloser Imperialist.

Die Cherokee hatten 1791 einen Vertrag ausgehandelt, der ihnen inner-halb eines bestimmten Gebiets in Georgia Siedlungsrecht gewährte. Dort begründeten sie ein florierendes Gemeinwesen mit einem allge-meinen Bildungssystem und einer geschriebenen Verfassung. Als Jack-son 1830 ein Gesetz zur Vertreibung der Indianer durch den Kongress brachte, wurde es zwar vom Obersten Bundesgericht für verfassungs-widrig erklärt, doch an der zunehmenden Drangsalierung der Indianer seitens der Staatsregierung Georgias änderte sich nichts. Unter Jack-sons Nachfolger van Buren kam es dann zu jener grausamen Vertrei-bung, die als *trail of tears*, «Pfad der Tränen», in die amerikanische Ge-schichte eingegangen ist und noch heute als einer ihrer Schandflecken empfunden wird. 1838 wurden die Cherokee gezwungen, ihr Land, ihr Vieh und die Gräber ihrer Ahnen zu verlassen und, nach einer Zwi-schenstation in Tennessee, in einem sehr kalten Winter den langen Marsch in ein 800 Meilen entferntes Reservat anzutreten, was ein Vier-tel des Volkes nicht überlebte. In der breiten Bevölkerung – dies galt auch für Poe – fanden die Indianer allerdings kaum Fürsprecher. Abge-sehen davon, dass man in ihnen eine ständige Bedrohung sah, hatten die US-Amerikaner ihnen nicht verziehen, dass sie während des Unab-hängigkeitskriegs mehrheitlich auf britischer Seite kämpften, weil sie von den europäischen Kolonialherren bessere Garantien ihrer Rechte erwarteten als von den um das Land konkurrierenden weißen Siedlern. Zudem sahen sich die nach Westen drängenden Siedler immer wieder Angriffen indianischer Stämme ausgesetzt, so dass nur allzu verständ-lich ist, dass Indianer als Feinde empfunden wurden.

Das Unrecht an den schwarzen Sklaven wurde dagegen schon früh und dann in wachsendem Maße als etwas moralisch Verwerfliches an-gesehen. Schon 1775 hatten die Quäker eine *Anti-Slavery Society* ge-gründet. Doch einem Verbot der Sklaverei standen vor allem im Süden massive ökonomische Interessen entgegen. Immerhin wurde 1808 der Überseehandel mit Sklaven für illegal erklärt. Doch bereits 1790 befan-den sich rund 700 000 Schwarze im Land, die ein Fünftel der Gesamt-bevölkerung ausmachten und sich bis zum Bürgerkrieg auf 3,2 Millio-nen vermehrten. Während in Haiti 1803, in Mittelamerika 1821 und in Mexiko 1831 die Sklaverei abgeschafft wurde, kam es in den USA erst in den 30er Jahren im Zuge einer religiösen Erweckungsbewegung unter dem Schlagwort *abolitionism* zu einer Anti-Sklaverei-Bewegung, die schließlich zum Bürgerkrieg führte. 1832 wurde in Boston die *New Eng-land Anti-Slavery Society* und ein Jahr später in Philadelphia die *American Anti-Slavery Society* gegründet. Jetzt beteiligten sich immer mehr Amerikaner der Nordstaaten an Maßnahmen zur systematischen Sklavenbefreiung. Eine Organisation, die als *Underground Railroad* in die Geschichte einging, brachte ab 1838 auf illegalem Wege Sklaven nach Kanada in die Freiheit. Obwohl diese Kämpfer gegen die Sklaverei sicher in lauterster Absicht handelten, ist andererseits nicht zu übersehen, dass die Moral nicht unerheblich von ökonomischen Interessen bestimmt war; denn für die Großagrarier im Süden waren Sklaven wichtig, während die Arbeitgeber im Norden mit Arbeitern, die man nur für geleistete Arbeitsstunden bezahlte, ohne für ihre Ernährung sorgen zu müssen, entschieden besser bedient waren. In all den Jahren, in denen Poe schriftstellerisch und journalistisch tätig war, scheint ihn der *abolitionism* völlig kalt gelassen zu haben. Aus einigen seiner schriftlichen Äußerungen geht hervor, dass er die Sklaverei billigte und in ihr nichts moralisch Anstößiges sah. In diesem Punkte war er ganz Südstaatler, auch wenn er sonst kaum jemals politisch Partei ergriff.

Kulturell verlief die Ablösung der USA von Europa weniger entschieden. Vor allem die Neuenglandstaaten, die bis weit über die Mitte des 19. Jahrhunderts den Ton angaben, nahmen begierig europäische Impulse auf. Das gilt besonders für die informelle Gruppe, die sich in den 30er Jahren des 19. Jahrhunderts in Massachusetts zusammenfand und bald den Spitznamen *Transcendental Club* erhielt, weil sie von Kants Transzendentalphilosophie beeinflusst war, die sie größtenteils aus zweiter Hand durch die Briten Coleridge und Carlyle kennengelernt hatte. Hauptfigur der Gruppe war Ralph Waldo Emerson, der nach seiner Rückkehr aus Europa ab 1835 an seinem Wohnsitz in Concord Gleichgesinnte um sich scharte. Er ist der Begründer einer spezifisch amerikanischen Philosophie, die die praktische Ethik in den Mittelpunkt rückte. Obwohl Poe mindestens ebenso stark wie Emerson durch europäische Einflüsse geprägt wurde, stand er den Transzendentalisten ablehnend gegenüber. Als Südstaatler und Verteidiger der Sklaverei teilte er weder deren demokratisch-egalitäre Haltung noch ihr puritanisches Ethos.

Schon lange vor dem Unabhängigkeitskrieg hatten die amerikanischen Siedler der allgemeinen Volksbildung große Bedeutung beigemessen.

Für die junge Nation waren Bildung und Wissensvermittlung Prioritäten erster Ordnung. Um jedem Bürger den Zugang zu allem Gedruckten zu ermöglichen, weigerte sich die Regierung, ein internationales Copyright anzuerkennen. Das hatte zur Folge, dass Werke des Auslands billig nachgedruckt werden konnten, während gleichzeitig amerikanische Autoren mit den bereits eingeführten und international anerkannten britischen Schriftstellern nur schwer konkurrieren konnten. Zu diesem Problem nahm Poe wiederholt und mit Entschiedenheit Stellung, da er davon persönlich betroffen war. Eine andere bildungspolitische Entscheidung wirkte sich aber zu seinen Gunsten aus.

George Washington hatte die Formel *diffusion of knowledge* (Verbreitung von Wissen) geprägt und den Vorschlag gemacht, Zeitungen kostenlos durch die Post verbreiten zu lassen. Nicht ganz so radikal war das, was der Kongress 1792 als Gesetz beschloss. Darin wurde ein extrem niedriger Posttarif für Zeitungen festgelegt. Während ein einseitiger Brief – Briefporto ging damals nach Seitenzahl – bis zu 60 Meilen Entfernung 6 Cent kostete, zahlte man für eine Zeitung bis zu 100 Meilen nur einen Cent. Zeitungsredaktionen konnten sich untereinander sogar kostenlos ihre Blätter zuschicken. Lange Zeit wurden auch Abonnenten innerhalb einer Grafschaft kostenlos von der Post mit der Lokalzeitung beliefert. Die Tarife wurden im Laufe der Jahrzehnte mehrfach geändert, doch die Begünstigung der Zeitungen blieb erhalten. So kostete beispielsweise vor 1845 ein einseitiger Brief über eine Entfernung von 500 Meilen 17-mal mehr als eine Zeitung. Für Zeitschriften im Buchformat waren die Tarife erheblich höher, und Bücher konnte man lange Zeit überhaupt nicht mit der Briefpost befördern.

Das führte dazu, dass findige Verleger ganze Romane im Zeitungsformat druckten und für einen Cent verschickten. Die Postgesetze von 1845 und 1852 beseitigten die gröbsten Benachteiligungen der übrigen Druckerzeugnisse gegenüber den Zeitungen, doch die indirekte Subventionierung durch niedrige Tarife wurde eher noch verstärkt. Im Mutterland England war der Druck von Zeitungen und Zeitschriften dagegen schon im frühen 18. Jahrhundert mit einer so genannten Stempelsteuer belegt worden, die während der Französischen Revolution stark angehoben wurde, da man verhindern wollte, dass durch Zeitungen revolutionäres Gedankengut verbreitet würde. Bis zur Abschaffung der Stempelsteuer im Jahre 1855 waren Zeitungen in England so teuer, dass einfache Arbeiter sie sich nicht leisten konnten. Die genau entgegengesetzte Politik verfolgte die Regierung in Washington. Das führte zu einer rasanten Zunahme von Zeitungen und Zeitschriften, die sich für ihre Herausgeber oft als Goldgruben erwiesen. 1801 gab es rund 200 Zeitungen, 1830 waren es bereits über 1200. Wichtiger für Poe waren die Zeitschriften, deren Zahl zwischen 1825 und 1850 von 100 auf 600 anwuchs, darunter allein 54 in New York, die eine halbe Million Leser erreichten.

Dieses Angebot an Gedrucktem machte die USA im frühen 19. Jahrhundert trotz der Bildungshandicaps vieler Einwanderer zu der nach manchen Schätzungen am vollständigsten alphabetisierten Nation der Welt. Selbst kleine Siedlungen hatten eigene Zeitungen, in größeren Städten konkurrierten mehrere miteinander, und Metropolen wie New York und Philadelphia hatten ein florierendes Pressewesen, das Schriftstellern ein reiches Betätigungsfeld bot. Die hier skizzierte Situation auf dem Markt für Druckerzeugnisse erklärt, weshalb die USA zur Geburtsstätte der Kurzgeschichte wurden; denn diese wurde in Zeitungen abgedruckt, während amerikanische Romane sich gegen die britische Konkurrenz nur schwer behaupten konnten. Der amerikanische Buchmarkt zu Lebzeiten Poes verrät einen enormen Bildungshunger. Die stupende Belesenheit, die aus Poes Werken spricht, war sicher ungewöhnlich, aber durchaus nicht einzigartig. Auch nichtbritische Literatur wurde entweder in der Originalfassung importiert oder in Übersetzungen nachgedruckt. So waren deutsche Autoren wie August Wilhelm Schlegel, Fouqué und E.T.A. Hoffmann bei amerikanischen Lesern durchaus bekannt.

In der zweiten Hälfte des 19. Jahrhunderts nahm die Wertschätzung für die deutsche Kultur weiter zu, als sich die amerikanischen Eliteuniversitäten am Humboldtschen Vorbild auszurichten begannen. Bevor es zum Auf- und Ausbau der Universitäten kam, gab es eine andere Bewegung, die in kürzester Zeit das ganze Land mit volkshochschulähnlichen Einrichtungen versorgte. Im Jahr 1826 hatte Josiah Holbrook in Millbury, Massachusetts, die erste dieser Einrichtungen unter dem Namen *lyceum* ins Leben gerufen, die so begeistert aufgenommen wurde, dass er in den nächsten zwei Jahren 100 weitere gründen konnte. 1834 gab es bereits rund 3000 *lyceums* im ganzen Land. Diese Bewegung spielte eine entscheidende Rolle für die Lehrerbildung und die Verbreitung sozialreformatorischer Ideen.

Auf religiösem Gebiet erlebten die USA in der ersten Hälfte des 19. Jahrhunderts eine Erweckungsbewegung, wie sie knapp hundert Jahre früher schon einmal durch das damals noch britische Amerika gegangen war und heute erneut zu beobachten ist. Die erste Bewegung der Jahre 1730 bis 1760 ist als *Great Awakening* in die Geschichte eingegangen; die als *Second Awakening* bezeichnete Welle setzte um 1830 ein. Amerikas Denken und Fühlen wurde und wird bis heute aus zwei Quellen gespeist, dem Puritanismus und der Aufklärung. Beide Prägekräfte haben sich in der amerikanischen Geschichte immer wieder wechselseitig neu austariert. Zwischen der ersten und zweiten Phase puritanischen Erweckungseifers dominierte zur Zeit der Staatsgründung die Aufklärung, deren Geist aus jedem Satz der amerikanischen Verfassung spricht. In den beiden Jahrzehnten, in die Poes literarisches Schaffen fällt, war aber das aufgeklärte, einem liberalen Deismus zuneigende Denken, wie es durch Männer wie Benjamin Franklin und Thomas Jefferson verkörpert wurde, auf dem Rückzug. Offenbar bot die vom Zweifel angekränkelte Vernunft in einer Zeit explosionsartiger Expansion den Menschen nicht mehr genug ideologischen Halt. Deshalb gewann das puritanische Element jetzt wieder die Oberhand.

Nicht nur an der Sklaverei entzündete sich ein die ganze Nation spaltender Streit, auch in anderen Bereichen des gesellschaftlichen und privaten Lebens nahm der moralische Rigorismus zu. Während innerhalb der Gesellschaft die gegen den Alkohol gerichteten Kampagnen der Temperenzler wachsenden Zulauf hatten, schossen gleichzeitig utopische Bewegungen aus dem Boden, die sich gänzlich aus der Gesellschaft auszuklinken versuchten. Einige davon entsprangen dem Geist der Aufklärung – so die von dem britischen Sozialutopisten Robert Owen 1825 gegründete Kolonie *New Harmony* und die von französischem Vorbild inspirierte *Brook Farm*-Bewegung, die sich 1843 formierte. Sie setzten dem individuellen Kapitalismus einen auf Solidarität begründeten Kommunismus entgegen. Andere hatten religiöse Programme, die entweder urchristliche Vorstellungen radikalisierten oder – wie die von 1843 bis 1879 bestehende Oneida-Gemeinschaft – eine Alternativreligion praktizierten. Bis zum Ausbruch des Bürgerkriegs gab es in den USA rund 100 solcher Kommunen, davon allein 40 Neugründungen in den Jahren 1840 bis 1850. Derartige Bewegungen reizten Poe nur beiläufig zu sarkastischen Bemerkungen, etwa wenn er aus der Brook Farm eine «*Snook Farm*» («Veräppelungsfarm») machte.

Ein Blick auf die Städte, in denen Poe die meiste Zeit seines aktiven Lebens verbrachte, soll das Bild seines Amerika beschließen. Obwohl er in Boston geboren wurde, spielte diese Stadt in seinem Leben nur eine geringe Rolle. Als geistiges Zentrum der puritanischen Neuenglandstaaten repräsentierte sie kulturell das Gegenteil dessen, was er als Südstaatler verinnerlicht hatte. Dabei wäre die Stadt mit ihren rund 120 000 Einwohnern, der nahen Harvard-Universität, der ausgezeichneten Bibliothek und einem bildungshungrigen Publikum durchaus eine verlockende Wirkungsstätte für einen aufstrebenden Literaten gewesen. Dass Poe seinen ersten anonym herausgebrachten Gedichtband mit der Verfasserangabe «*by a Bostonian*» versah, zeigt zumindest an, dass er die Stadt nicht von vornherein abgeschrieben hatte. Doch in den dreißiger Jahren entwickelte sich Boston zum Hauptquartier der Anti-Sklaverei-Bewegung; das machte es einem Verteidiger der Sklaverei so gut wie unmöglich, dort Fuß zufassen. Als Poe 1845 schließlich doch einmal zu einer Dichterlesung nach Boston eingeladen wurde, ritt ihn der Teufel – oder in seinen Worten «der Kobold des Perversen» – und er ließ die Veranstaltung zu einem für ihn so blamablen Auftritt werden, dass der «Froschteich», wie er die Stadt spöttisch nannte, mitsamt seinen intellektuellen «Froschteichlern» (*frogpondians*) für ihn erledigt war.

Aufgewachsen war Poe in Richmond, Virginia, wo er später seine ersten Erfolge als Zeitschriftenredakteur hatte. Obwohl schon 1733 gegründet und durch die Lage an der Mündung des James River als Handelsplatz begünstigt, hatte die Stadt um 1800 erst 5300 Einwohner, von denen die Hälfte Schwarze waren. Bis 1835, als Poe seine Tätigkeit beim *Southern Literary Messenger* aufnahm, war die Bevölkerung immerhin auf 20 000 angewachsen; und da Richmond die Hauptstadt des ältesten und lange Zeit führenden Bundesstaats der USA war, hatte es den begreiflichen Ehrgeiz, auch kulturell mit den großen Metropolen mitzuhalten. Dennoch ließ die rasch fortschreitende Industrialisierung des Nordens die Stadt mehr und mehr als beschauliche Provinz mit dem Charme des rückständigen Südens erscheinen. Da Poe aber selbst den Habitus des Südstaatlers kultivierte, mutet es wie die Vollendung seiner Lebensbahn an, dass er kurz vor seinem Tod noch einmal dorthin zurückkehrte.

Die Stadt, in der die Poe-Familie ihre amerikanischen Wurzeln hatte, war Baltimore. Hier versuchte Poe in den Jahren 1831 bis 1835 als erstes Fuß zu fassen. Mit 80 000 Einwohnern war die Stadt zwar erheblich kleiner als New York und Philadelphia, und sie konnte auch auf keine kulturelle Vergangenheit zurückschauen, da sie erst 1796 Stadtrecht erhielt. Doch dank dem Hafen entwickelte sie sich rasch zu einem florierenden Wirtschaftszentrum. Als dann von hier die erste Eisenbahnlinie der USA ausging, rief der wachsende Handel eine entsprechende Nachfrage nach Zeitungen und Zeitschriften hervor, so dass auch hier die Aussichten für einen jungen Autor nicht schlecht waren. In den Jahren 1815 bis 1833 wurden 72 neue Zeitschriften gegründet, von denen die meisten allerdings schon nach kurzer Zeit wieder eingingen. Die beiden großen kulturellen Stiftungen, die mit dem Namen der Stadt verbunden sind, das Peabody Institut und die Johns-Hopkins-Universität, kamen zwar erst kurz nach Poes Tod hinzu, doch sind sie Ausdruck einer schon länger vorhandenen kulturellen Dynamik.

Ein weitaus größeres Betätigungsfeld als in Richmond und Baltimore bot sich Poe in Philadelphia, wohin er, nach einem glücklosen Zwischenaufenthalt in New York, 1838 ging. Diese Metropole des Quäkerstaates Pennsylvania, die im 18. Jahrhundert die größte Stadt in den englischen Kolonien und nach Schätzungen die zweitgrößte im britischen Empire war, konnte auf eine frühe kulturelle Blüte zurückschauen. Obwohl die Quäker die allgemeine Volksbildung nicht mit dem gleichen Eifer vorantrieben wie die Puritaner in den Neuenglandstaaten, war die Stadt mit Bibliotheken, Theatern, Zeitschriften und Tageszeitungen reich versorgt. Auch konnte sie sich rühmen, die erste Kunstgalerie der USA zu besitzen: die von dem Maler Charles Wilson Peale 1786 gegründete Galerie der Porträts der Helden der amerikanischen Revolution. Zu Poes Zeiten war die Stadt mit ihren 220 000 Einwohnern bereits von New York mit 300 000 überholt worden, doch sie war noch immer das Zentrum des amerikanischen Verlagswesens, so dass sich Poe hier am ehesten ein Betätigungsfeld bot. Im Mai 1844 brachen in der Stadt antikatholische Unruhen aus, die sich vor allem gegen die irischen Immigranten richteten und zum Niederbrennen einiger Kirchen und Wohnhäuser führten, wobei 15 Menschen ums Leben kamen. Poe hatte zwar kurz vor diesen Vorfällen die Stadt in Richtung New York verlassen; verwunderlich ist trotzdem, dass er sie keines Kommentars würdigte.

In New York arbeitete Poe danach bis zu seinem Tode, auch wenn er die meiste Zeit in Fordham, einem Dorf am Rande der Metropole, wohnte. Die Stadt war zwar erst wenig größer als Philadelphia, doch als Handelszentrum und Einfallstor für Immigranten war sie stärker durchmischt und damit lebendiger und vorurteilsfreier, was allerdings härteren Wettbewerb bedeutete. New York hatte in den 40er Jahren sechs Theater, zwei Museen und einen ständigen Zirkus, so dass die Voraussetzungen für eine auf breiter Front anschwellende Populärkultur gegeben waren. Ein Magnet für Autoren waren vor allem die über 50 Zeitschriften, von denen oben bereits die Rede war. Der stetige Zufluss von Immigranten schwoll ab 1845 stark an, als in Irland die durch die Kartoffelfäule ausgelöste Hungersnot viele Menschen zur Auswanderung zwang. Nach der Niederschlagung der 48er Revolution kam eine deutsche Einwanderungswelle hinzu.

Die gewalttätigen Auseinandersetzungen zwischen den gebürtigen Amerikanern und den irischen Einwanderern, die in Philadelphia begonnen hatten, setzten sich in New York fort und verfestigten sich hier zu einem System von politischer Korruption, das bis in die Mitte des 20. Jahrhunderts fortwirkte. In dessen Mittelpunkt stand Tammany Hall, der Versammlungsort einer 1789 gegründeten Gesellschaft, die sich aus Protest gegen England nach einem Indianerhäuptling *Society of St. Tammany or Columbian Order* nannte. Der Ort wurde im 19. Jahrhundert das New Yorker Hauptquartier der Demokratischen Partei und die Steuerungszentrale für die Bürgermeisterwahlen. Zum Blutbad eskalierten die innerstädtischen Auseinandersetzungen zwar erst 1863, als sich die eingewanderten Iren während des Sezessionskriegs gegen die allgemeine Wehrpflicht wehrten, weil sie kein Interesse daran hatten, Sklaven zu befreien, die danach ihre Konkurrenten sein würden. Doch schon zu Poes Zeiten war Tammany Hall das Zentrum politischer Manipulationen, da die Demokratische Partei die Iren auf ihre Seite zu ziehen versuchte, indem sie deren illegale, zum Teil kriminelle Bandenorganisationen begünstigte. Nichts davon spiegelt sich in Poes Schriften.

Von New York aus verkehrte Poe aus privaten Gründen noch in zwei anderen Städten. Die eine war Providence, die Hauptstadt des Zwergstaates Rhode Island, die andere Lowell in Massachusetts. Providence, eine der ältesten Städte der USA, war sehr viel kleiner als die drei Metropolen, hatte aber eine florierende Textilindustrie und erlebte dank dem Hafen nach dem Ende des Kriegs gegen England einen raschen wirtschaftlichen Aufstieg. Außerdem war es Regierungssitz und besaß eine der ältesten Universitäten der USA sowie eine ansehnliche Bibliothek. Hier hatte Poe 1848 vor angeblich 2000 Zuhörern seinen größten Erfolg als Vortragender. Von anderer Art war Lowell. Die Stadt hatte sich in kurzer Zeit von einem Dorf zum ersten Zentrum der amerikanischen Textilindustrie entwickelt, da dort dank der Wasserfälle des Merrimack River die nötige Wasserkraft zur Verfügung stand. Als die Fälle ab 1804 auch noch durch den Middlesex-Kanal umschifft werden konnten, setzte ein regelrechter Boom ein, der der Stadt den Ruf des «Manchester von Amerika» einbrachte. Reisende aus Europa, die in der ersten Hälfte des 19. Jahrhunderts die aufblühenden USA kennenlernen wollten, hatten Lowell stets auf ihrer Route, so auch Dickens, der dort 1842 seinen Besuch machte. Als Poe sechs Jahre später zu einem Vortrag in die Stadt kam, hatte sie dank ihrer Wirtschaftskraft bereits das Selbstbewusstsein einer auch kulturell aufstrebenden Bürgerstadt entwickelt.

Noch eine andere Stadt kannte Poe auf Grund mehrfacher Besuche, die Hauptstadt Washington. Sie war 1814 von britischen Truppen erobert worden, die das Weiße Haus, das Kapitol und die Kongressbibliothek niederbrannten. Der Wiederaufbau ging schleppend voran, und erst nach dem Bürgerkrieg begann die Stadt die Form anzunehmen, die der von George Washington beauftragte, aber bald wieder gefeuerte Franzose L'Enfant entworfen hatte. Da Washington keinen Hafen hatte, blieb es lange Zeit ein reines Verwaltungszentrum. Als Dickens 1842 die Stadt besuchte, beschrieb er «großzügige Avenuen, die im Nichts beginnen und im Nichts enden». Kein Wunder, dass Poe von dieser Stadt außer einem Posten in einer Behörde nicht viel erwartete.

Poes Identifikation mit seiner Nation beschränkte sich weitgehend auf die Kultur. Da er die Demokratie als Herrschaft des Mob ablehnte und damit bereits die Geburtsurkunde der USA in Frage stellte, war von ihm ein anderer als der kulturelle Patriotismus kaum zu erwarten. Als Literaturkritiker war er allerdings bestrebt, das literarische Niveau seines Landes so anzuheben, dass es mit Europa mithalten konnte. In seinen letzten Lebensjahren arbeitete er an einer kritischen Zusammenschau des amerikanischen Schrifttums und hätte, wäre er nicht so früh gestorben, wohl die erste kritische Gesamtdarstellung der amerikanischen Literatur geschrieben. Eine Literaturgeschichte wäre es aber kaum geworden. Die dafür erforderliche Fähigkeit des historischen Relativierens ging seinem apodiktischen Naturell gänzlich ab. Er maß selbst die griechischen Tragiker an der gleichen Messlatte, die er an die Produktionen seiner Zeitgenossen anlegte. Insofern hätte er eigentlich gut in eine Nation passen müssen, die sich ahistorisch vom Nullpunkt aus erschaffen und die ihre Verfassung auf zeitlos gültige Regeln der Vernunft gegründet hatte. Weshalb er ganz und gar nicht passte, wird eine der Fragen sein, auf die die folgende Biographie eine Antwort geben will.

Poe à la Poe

D er Name Poe steht für zwei Dinge, die sich auszuschließen scheinen: für irrationale Horrorgeschichten, in denen Tote aus dem Grab zurückkehren oder als Geist in den Körper einer lebenden Person eindringen, und für Erzählungen, die Poe selber *tales of ratiocination* nannte. Dieser Begriff beschreibt die rationale, logisch-analytische Aufklärung eines Geheimnisses. Mit den zwei Seiten ist der Dichter Poe aber erst zu einem kleinen Teil erfasst; denn sie machen in Wirklichkeit kaum ein Viertel seines erzählerischen Werkes aus, und das, was nach weit verbreiteter Meinung sein obsessives Thema ist, nämlich die morbide Fixierung auf den Tod junger Frauen, findet sich nur in einem Viertel dieses Viertels. Der weitaus größte Teil seiner Erzählungen sind Satiren und Grotesken. Darum soll, bevor der Dichter selbst als Held seiner Biographie die Bühne betritt, erst einmal ins Innere seines Werkes geschaut werden. Wenn sich dort Themen und Motivstrukturen aufzeigen lassen, die mit obsessiver Beharrlichkeit wiederkehren, wirft das für den Biographen die Frage auf, wie sich solche Obsessionen ausgebildet haben. Dabei scheint es angemessen, auf Poes Werk das gleiche Verfahren anzuwenden, das er selber in einigen seiner Erzählungen, vor allem aber in seinen Kritiken praktizierte, eben das der *ratiocination*. Poe war stolz darauf, literarische Werke wie mit dem Seziermesser zerlegen zu können, um anschließend eine präzise Diagnose zu stellen. Als beispielsweise Dickens' Roman *Barnaby Rudge* in Fortsetzungen erschien, glaubte er exakt voraussagen zu können, wie das Buch ausgehen werde. In groben Zügen hatte er sogar Recht. Auf Poesche Weise sollen nun einige seiner Geschichten betrachtet werden, in denen sich das Typische seines Werkes zeigt, auch wenn einige davon den meisten Lesern als untypisch erscheinen mögen.

Hier das erste Beispiel: Ein Mann geht nach einem üppigen Abendessen und dem Genuss von fünf Flaschen Starkbier zu Bett, wird aber sogleich wieder geweckt, weil ein Freund ihn in eben dieser Nacht bei der Öffnung eines ägyptischen Sarkophags dabei haben will. Im Museum versammelt sich eine Gruppe von Gelehrten um den Sarg. Man öffnet den ersten, den darin befindlichen zweiten und zuletzt einen dritten, in dem eine gut erhaltene Mumie liegt. Nach deren wissenschaftlicher Begutachtung will man die Untersuchung schon abbrechen, als einer der Anwesenden auf die Idee kommt, den mumifizierten Leichnam mit galvanischem Strom zu behandeln. Schon wenige Stromstöße genügen, um den alten Ägypter zum Leben zu erwecken. Auf Ägyptisch, das einer der anwesenden Gelehrten fließend beherrscht, stellt sich die Mumie als Fürst Allamistakeo vor. Spätestens an diesem Punkt wird die satirische Absicht offenbar; denn der Name sagt «all a mistake», «es ist alles ein Fehler». Im Verlauf des Gesprächs mit der Mumie wird auch das Ziel der Satire klar. Als man nämlich auf die ägyptische Regierungsform zu sprechen kommt und die amerikanischen Gelehrten fragen, ob es nicht auch so etwas wie Demokratie gegeben habe, antwortet die Mumie nach einigem Besinnen, es habe einmal für kurze Zeit das Experiment einer Volksherrschaft gegeben, doch dann habe sich das Volk einen neuen König gewählt mit Namen Mob. Die Botschaft ist klar: Demokratie ist nichts weiter als die Monarchie des Mob. Hier handelt es sich offensichtlich um eine nur leicht verhüllte Satire auf die Demokratie. Das Verfahren erinnert an Mark Twains Satire *Ein Yankee am Hof von König Artus*, wobei der allerdings die satirischen Hiebe nach allen Seiten austeilt, während Poes Stoß nur in eine Richtung geht. Da der Stoß aber nur an einer einzigen Stelle erfolgt, kann man diese Unterredung mit einer Mumie auch als bloßen Jux verstehen.

Juxe, auf Englisch *hoaxes*, gibt es bei Poe in beträchtlicher Zahl. So hat er am 13. April 1844 mit dem *Balloon Hoax*, einem in der *New York Sun* abgedruckten Bericht über eine geglückte Überquerung des Atlantiks mit einem Heißluftballon, eine Sensation ausgelöst, da viele Leser das Ereignis zunächst für wahr hielten. In einer anderen Geschichte beschreibt er eine Ballonreise zum Mond, die er ebenfalls mit so viel scheinbar wissenschaftlichen Daten anreicherte, dass manche Leser sie für bare Münze nahmen. Noch kurz vor seinem Tode, als 1848 in Kalifornien Gold gefunden wurde und der berühmte *gold rush* einsetzte, lancierte er seine bereits erwähnte Geschichte über die künstliche Herstellung von Gold in die Presse. Einen Jux erzählt auch die folgende Geschichte mit dem Titel *The Spectacles* (*Die Augengläser*).

Ein kurzsichtiger junger Mann, der aus Eitelkeit keine Brille trägt, verliebt sich während einer Opernaufführung in eine Frau, die er in einer der Logen erblickt. Trotz seiner Kurzsichtigkeit ist er sogleich hingerissen von ihrer Schönheit und der Anmut ihrer Haltung und glaubt sogar auf ihrem Gesicht eine Erwiderung seines Interesses zu bemerken. Daraufhin setzt er alles in Bewegung, um die Dame näher kennenzulernen. Schließlich gelingt es ihm, sie auf einem ihrer abendlichen Spaziergänge anzusprechen, worauf sie ihn zu einem Privatkonzert in ihr Haus mitnimmt. Nach hartnäckigem Werben ringt er ihr noch am selben Abend das Jawort ab, allerdings unter der Bedingung, dass er nach der Eheschließung eine Brille zu tragen verspricht. Die heimliche Trauung findet noch in derselben Nacht statt, und als er danach die Brille aufsetzt, muss er erkennen, dass er eine 82 Jahre alte Greisin geheiratet hat. Diese Grundsituation ist an sich schon absurd genug, doch ist in der Geschichte von Anfang an eine weitergehende Drehung der absurden Schraube angelegt: Schon zu Beginn erfährt der Leser, dass der Held, um in den Besitz einer Erbschaft zu kommen, den Nachnamen Simpson annehmen musste, während er vorher Napoleon Buonaparte Froissart hieß, mütterlicherseits von der Tochter eines Croissart abstammte, der seinerseits die Tochter eines Voissart geheiratet hatte. Damit nicht genug, hieß seine Ururgroßmutter Moissart. Am Ende stellt sich heraus, dass die 82-jährige Braut des 22-jährigen Simpson eben diese Ururgroßmutter ist. Allerdings ist er mit ihr nicht wirklich verheiratet; denn der Freund des Kurzsichtigen hatte das Ganze als einen Jux eingefädelt und die Trauung durch einen anderen Freund als Scheinzeremonie durchführen lassen. So blieb dem Genasführten die Ehe mit seiner Ururgroßmutter erspart und er durfte alsbald deren junge Verwandte heiraten, die in der Oper neben der Alten saß und nun, um das Glück voll zu machen, deren beträchtliches Vermögen erbt.

Die Geschichte ist so absurd, dass man sie in szenischer Form bei
Monty Python vermuten würde. Doch als komische Erzählung dürfte sie
von den meisten Lesern als Blindgänger empfunden werden. Der allzu
breit ausgewalzte realistische Teil passt mit der absurden Überdrehung
des Spiels mit den Namen nicht zusammen und gibt der Gesamtwirkung
der Geschichte etwas Gequältes. Als Autor einer solchen Geschichte
würde man einen Witzbold, vielleicht auch nur einen witzig sein wol-
lenden und erzählerisch begabten Beiträger zu einer Schülerzeitung vermuten, doch nicht den Dichter, in dem Baudelaire den Ahnherrn der
modernen Literatur begrüßte. Und doch ist die Geschichte kein unreifes
Frühwerk. Poe schrieb sie 1844, fünf Jahre vor seinem Tod.

Selbst auf seinem ureigensten Felde, nämlich dem der messerscharfen
logischen Analyse, macht der Leser Erfahrungen, die nicht in das traditionelle Poe-Bild passen wollen. So wird in der Geschichte *The Sphinx*
folgende Begebenheit erzählt. Ein Mann, der vor einer Cholera-Epide-
mie aus New York zu seinem Freund aufs Land geflüchtet ist, sitzt eines
Tages mit diesem im Zimmer und schaut gedankenverloren aus dem
Fenster, als er in der Ferne ein geflügeltes Ungeheuer von einem Berg-
hang herabkriechen sieht. Aus Angst, sich lächerlich zu machen, erzählt
er seinem Freund erst am nächsten Tag davon. Der Freund meint, dass
es oft schwer sei, die Größe einer Sache im Verhältnis zu ihrer Entfernung richtig einzuschätzen. So sei das auch bei ideellen Gegenständen
wie z. B. der Demokratie, die ein Amerikaner nur schwer richtig ein-
schätzen könne, weil er zu nahe an ihr dran sei.

Wenn die Geschichte dadurch eine demokratiekritische Stoßrichtung
bekommen sollte, muss man sie als Fehlschlag betrachten; denn dieser
eine Satz geht im Fortgang der Erzählung völlig unter. Kaum hat nämlich der Freund seine Skepsis geäußert, da sieht der Erzähler erneut das
Ungeheuer; und nun kommt das zum Zuge, was Poe *ratiocination* nennt
und was sein Amateurdetektiv Dupin als Erster beispielhaft beherrschte:
das scharfsinnige Lösen eines Rätsels. Auf Grund der exakten Beschreibung des Ungeheuers durch den Erzähler hat dessen scharfsinniger
Freund den Gegenstand bereits erschlossen, bevor er ihn überhaupt
sehen konnte. Er greift in den Bücherschrank und liest die Beschreibung eines Insekts der Art Sphinx aus der Familie Crepuscularia vor.
Danach bringt er sich in die gleiche Sitzposition wie der Erzähler und
sieht von dort den beschriebenen Totenkopffalter, der am Fenster an

einem Spinnenfaden hochzuklettern versucht. Diesen Falter hat der Erzähler gegen den Hintergrund des fernen Berghangs gesehen und für ein Ungeheuer gehalten.

Das Grundmuster des Aufklärungsverfahrens ist Poe-Lesern so vertraut, dass sie mehr oder weniger willig darauf eingehen und für möglich halten, dass man tatsächlich in einer großen Motte ein Ungeheuer mit Flügeln von hundert Metern Länge sehen könne. Gänzlich unbegreiflich ist aber, dass offenbar kein Herausgeber von Poes Werken jemals versucht hat, sich das Erzählte real vorzustellen; denn im Schlusssatz der Geschichte sagt der Freund, der den Falter inzwischen näher betrachtet hat, zum Erzähler: «Ich stelle fest, dass er [der Totenkopffalter] in seiner äußersten Länge ungefähr ein Sechzehntel Zoll misst und dass er ungefähr ein Sechzehntel Zoll von der Pupille meines Auges entfernt ist.» Ein Sechzehntel Zoll sind 1,58 Millimeter. Hat Poe sich hier wieder einen Jux geleistet oder hat er versehentlich *inch* (Zoll) statt *yard* (0,91 m) geschrieben? Da ein Totenkopffalter etwa 6–8 cm lang ist, könnte ein sechzehntel Yard hinkommen. Aber kein Amerikaner würde die Größe eines Falters mit dem Bruchteil eines Yards angeben. Vor allem aber: weshalb hat sich noch niemand über diese Maßangabe gewundert?

Da *Die Sphinx* nicht zu Poes Meisterwerken gezählt wird, mag man die Unstimmigkeit durchgehen lassen. Wie aber verhält es sich mit seinen höchstgeschätzen Werken? Zu diesen gehört zweifellos *The Pit and the Pendulum (Die Grube und das Pendel)*. Hier eine kurze Inhaltsangabe: Ein Ketzer ist von der Inquisition in Toledo zu einem qualvollen Tod verurteilt worden. Halb betäubt vom Urteilsspruch findet er sich in einem stockdunklen Verlies wieder. Dort versucht er zuerst, sich ein Bild von der Größe seines Gefängnisses zu machen. Mit einem Fetzen seines Gewandes markiert er einen Ausgangspunkt und tastet sich dann an den Wänden entlang. Nach 52 Schritten bricht er erschöpft zusammen. Nachdem er wieder erwacht ist, setzt er die Messung fort und stößt nach 48 Schritten auf den Stofffetzen. Er rechnet zwei Schritte pro Yard und kommt bei insgesamt 100 Schritten auf einen Umfang von 50 yds (ca. 46 m). Danach will er das Innere des Verlieses erkunden. Vorsichtig tastet er sich voran. Nach 10 bis 12 Schritten fällt er hin und findet sich mit dem Kinn auf festem Grund, während der Rest seines Kopfes über einen Abgrund ragt. Er lässt ein Steinchen fallen und stellt fest, dass es sich um eine tiefe Grube handeln muss. Als er am nächsten

Morgen aufwacht, fällt Licht in das Verlies und er sieht, dass der Umfang der Wände, die aus Eisen zu sein scheinen, höchstens 25 yds (23 m) beträgt, was er sich so erklärt, dass er bei seiner Messung kurz vor der Markierung zusammengebrochen sei und dann bei der Fortsetzung die Richtung verwechselt habe, so dass er auf den doppelten Umfang kam. Jetzt sieht er zwar sein Gefängnis, muss aber feststellen, dass man ihn in der Nacht gefesselt hat. Nur ein Unterarm ist frei, mit dem er einen Teller mit Speisen erreichen kann, der neben ihm steht. Außerdem entdeckt er über sich ein Pendel mit einer sichelförmigen Klinge, das sich mit jedem Schwung etwas senkt, während gleichzeitig aus der Grube des Verlieses Ratten kommen, die ihm die kärgliche Nahrung wegfressen. Als nach seiner Schätzung nur noch etwa zehn bis zwölf Pendelschwünge nötig sind, bis ihn die Klinge erreichen würde, hat er die rettende Idee. Mit dem freien Unterarm schmiert er die letzten Nahrungsreste auf das Seil, das ihn fesselt, woraufhin die gierigen Ratten das Seil an dieser Stelle durchnagen, so dass er sich in letzter Minute in Sicherheit bringen kann. Jetzt kommt es zum dritten Tötungsversuch. Die eisernen Wände erhitzen sich und verschieben sich zu einem Rhombus. Die heiße Wand drängt ihn bis an den Rand der Grube, und er hat nur noch einen Zoll Boden zum Stehen – da öffnet sich das Verlies, und er wird befreit, weil Toledo inzwischen von dem französischen General Lasalle erobert worden ist.

Diese Geschichte, in der die Schraube der Angst und des Grauens dreimal nachgezogen wird, übt auf Leser wie Kritiker offensichtlich eine so starke Wirkung aus, dass sich kaum einer die Mühe macht, das erzählte Geschehen einer Poeschen *ratiocination* zu unterziehen. Dabei stimmt bei näherer Prüfung so gut wie nichts. Bei 23 m Gesamtumfang hat das als annähernd quadratisch beschriebene Verlies eine Seitenlänge von ca. 5,80 m. Veranschlagt man für die Grube etwa 1 m, bleibt ein Randstreifen, der an der kürzesten Stelle etwa 2,40 m breit ist. Als der Gefangene mit dem Kopf über dem Abgrund lag, müssen sich, bei einer geschätzten Körpergröße von 1,70 m, seine Zehen etwa 1,50 m vom Grubenrand befunden haben. Das bedeutet, dass er mit den ersten tastenden und den danach unternommenen «zehn bis zwölf» Schritten ca. 90 cm zurückgelegt hat, was nicht sein kann. Unstimmig ist auch, wie der Gefangene den Umfang des Verlieses ausmisst. Dass er aus der Ohnmacht erwacht und die Richtung verwechselt, während er sich gleichzeitig an die 52 vorher gemessenen Schritte erinnert, ist für sich schon unglaubwürdig. Weshalb es auf dem Rückweg zur Markierung aber nur 48 Schritte sind, beruht offenbar auf einem Denkfehler. Poe hatte anscheinend den Gesamtumfang von 50 Schritten im Kopf und stellte sich vor, dass der Gefangene zwei Schritte vor der Markierung zusammengebrochen ist, so dass er auf dem Rückweg nur 48 Schritte tun musste. Dann hätten es vorher allerdings auch 48 sein müssen.

Das ist aber noch nicht die letzte Unstimmigkeit. Als das Pendel eingeführt wird, heißt es, dass es anfangs langsam und dann schneller schwang. Das widerspricht den Pendelgesetzen; denn ein Pendel schwingt umso langsamer, je länger es ist. Die Gesamthöhe des Verlieses wird vom Gefangenen auf 30 – 40 Fuß geschätzt, also auf ca. 9 – 12 m. Angenommen, es sind 10 m, dann würde ein Pendel von dieser Länge nach den Pendelgesetzen für eine Schwingung etwas mehr als drei Sekunden brauchen, gleichgültig, wie weit es ausschwingt. Außerdem sagt der Erzähler, dass das Pendel «30 Fuß oder mehr», das sind 9 – 10 m, ausschwinge. Das quadratische Verlies hat aber nur eine maximale Breite von 5,80 m. Als der Gefangene glaubte, dass ihn nur noch 10 – 12 Schwingungen von der ersten Berührung der Klinge trennten, hatte er nach den Gesetzen der Physik nur noch 30 – 40 Sekunden Zeit, um das Fesselseil einzuschmieren, es von den Ratten durchnagen zu lassen und sich daraus zu befreien. Auch hier stimmt die Geschichte nicht.

Beim dritten Tötungsversuch wird der Gefangene nach eigener Angabe von der näher rückenden Wand an den Rand der Grube gedrängt. Dabei wird dem Leser exakt gesagt, dass sich das ursprüngliche Quadrat des Verlieses so verschiebt, dass zwei gegenüberliegende Winkel immer spitzer, die beiden anderen immer stumpfer werden. Wenn der Gefangene schon so klug war, die Idee mit den Ratten zu haben, wird er wohl auch bemerkt haben, dass sich nur die stumpfen Winkel der Grube näherten, während sich die spitzen davon entfernten. Er hätte sich also mit Sicherheit in einen spitzen Winkel geflüchtet, wenn er bis zum letzten Moment am Leben bleiben wollte. Im äußersten Fall wäre er zerquetscht und nicht in die Grube gedrängt worden.

Hat Poe in der Geschichte geschludert oder hat er sich auch hier einen Jux geleistet? Hat man erst einmal angefangen, Poes Geschichten mit jenem analytischen Scharfsinn zu lesen, auf den er selbst so stolz war, wird man in seinen Werken noch zahlreiche solcher Unstimmigkeiten finden. So soll der Leser in der ersten Geschichte, in der Poes Meisterdetektiv Dupin seine Fähigkeit der *ratiocination* beweist, glauben, dass ein Orang-Utan durchs Schlüsselloch seinen Besitzer beim Rasieren beobachtet und dadurch angeregt wird, mit dem Rasiermesser auf die Frau loszugehen, in deren Wohnung er eingedrungen ist. In der Geschichte *The Oblong Box (Die längliche Kiste)* wird erzählt, wie ein Mann den mit Salz konservierten Leichnam seiner unterwegs verstorbenen Frau per Schiff in die Heimatstadt überführen will, wobei der Sarg zur Schonung der Gefühle der Mitreisenden als Reisegepäck ausgegeben wird. Das Schiff erleidet Schiffbruch, und der Witwer fleht den Kapitän vergebens an, die Kiste mit ins Rettungsboot zu nehmen. Daraufhin sieht der Erzähler vom Boot aus, wie der verzweifelte Mann sich an die Kiste bindet und mit ihr sogleich untergeht.

Die Geschichte, obwohl sicher kein Meisterwerk, hat die für Poe typischen Merkmale des Makabren und der Zuspitzung auf eine unerwartete Pointe, wobei aber das Pulver seines erzählerischen Knallkörpers in diesem Fall buchstäblich feucht wird und verpufft. Ist es für den Leser schon schwer zu glauben, dass der Erzähler, der bei aufgewühlter See ins Rettungsboot gestiegen ist, von dort aus beim Licht des Vollmonds gesehen haben will, wie der verzweifelte Witwer sich mit einem «drei Zoll dicken Tau» an die Kiste gebunden hat, so ist die abschließende Pointe vollends falsch. Denn als die Passagiere sich wundern, weshalb Mann und Kiste wie ein Stein versinken, rutscht dem Kapitän der Satz heraus: «Es ist ganz natürlich, dass sie sanken, … doch werden sie bald wieder in die Höhe kommen, doch nicht, ehe das Salz sich löst.» Damit ist das Geheimnis der eingesalzten Leiche heraus. Doch als Pointe funktioniert die scheinbar naturwissenschaftliche Erklärung nicht; denn das Wasser zieht das Salz nicht aus der Kiste heraus, sondern das Salz zieht das Wasser in sie hinein und macht sie noch schwerer.

In einer anderen Geschichte beschreibt ein Erzähler unter dem Titel *Landor's Cottage*, wie sich auf einer Wanderung plötzlich vor ihm ein Tal auftut, in dem alles bis ins kleinste Detail parkähnlich durchgestaltet ist. Das Ganze liest sich wie das Lehrbuchbeispiel eines am Ideal des Pittoresken orientierten englischen Landschaftsgartens, wobei der Begriff *picturesque* eingestreut und mit dem in Anführungszeichen gesetzten Wort «*capabilities*» direkt auf den berühmtesten englischen Landschaftsgärtner angespielt wird, den alle Welt nur als Capability Brown kannte und kennt, weil er bei jedem neuen Auftrag immer erst nach den *capabilities*, den «Möglichkeiten», des Geländes fragte. Poes Erzähler bietet dem Leser eine exakte Beschreibung der Topographie mit genauen Angaben der Vegetation bis hin zu den lateinischen Namen der Bäume. Von einem See werden Länge und Breite genannt, doch dann erfährt man auch noch, dass er an einigen Stellen 30 Fuß tief sei. Woher will der Wanderer, der das Tal zum ersten Mal betritt, das wissen? Hier hat sich Poe von einem Genauigkeitstick fortreißen lassen, der in vielen seiner Werke zu beobachten ist. Auch die Maßangaben für das Haus darf man anzweifeln. Das Hauptgebäude soll höchstens 24 Fuß lang und 16 Fuß breit sein, mit einer Firsthöhe von 18 Fuß. Bei der späteren Beschreibung des Inneren ist schwer vorstellbar, wie die genannten Räume auf eine Fläche von 4,5 x 7,5 m passen sollen. Was ist von einem Autor zu halten, der eine oft mathematisch anmutende Genauigkeit vortäuscht, die bei näherer Prüfung nicht stimmen kann? Treibt er mit dem Leser seinen Spaß oder will er gerade durch die Verstöße gegen die realistische Wahrheit signalisieren, dass es ihm nicht um Fiktion von Wirklichkeit, sondern um das Erfinden einer reinen Kunstwelt geht?

Selbst die Geschichte, die in der intellektuellen Welt zu höchsten Ehren gelangte, nämlich *The Purloined Letter* (*Der entwendete Brief*) hält für den kritischen Leser Irritationen bereit. Lacan und Derrida haben sie mit atemberaubender Hirnakrobatik zum Ausgangspunkt psychoanalytischer und philosophischer Überlegungen genommen, und die Literaturwissenschaft setzte diese Diskussion auf ähnlichem Niveau fort. Dabei ist die Geschichte so einfach angelegt, dass der unbefangene Leser kaum verstehen wird, was so hohen Geistesaufwand rechtfertigt. Es geht darin um einen kompromittierenden Brief an die französische Königin, der von einem hochrangigen Minister entwendet wurde. Das Besondere an dem Fall ist, dass der Dieb bekannt ist, nur kann man ihn nicht belangen, weil dann das Kompromittierende öffentlich würde. Nachdem die Polizei das Haus des Diebes immer wieder heimlich durchsucht und jedes einzelne Stuhlbein auf mögliche Hohlräume geprüft hat, wendet man sich an Dupin, Poes nie versagenden Amateurdetektiv, der den Brief selbstverständlich findet: Er steckte, zerknittert und mit einer zierlichen Frauenschrift an den Minister adressiert, aber für jedermann sichtbar, in einem Ablagefach für Visitenkarten. Dass die Polizei ihn nicht herausgenommen haben soll, ist für sich schon unglaubwürdig genug; doch dass Dupin bei einem Besuch, den er dem Dieb abstattet, aus der Entfernung gleichzeitig die Vorderseite des Briefes und das Siegel auf der Rückseite gesehen haben will, ist unmöglich. Völlig absurd ist schließlich, dass auf der Rückseite des nun an den Minister adressierten Briefes dessen eigenes schwarzes Siegel prangt.

Die Geschichte ist ein Konstrukt, einzig zu dem Zweck erfunden, um eine These des Autors zu illustrieren: nämlich die Annahme, dass man einem Dieb auf die Schliche kommt, wenn man ihn nur richtig einzuschätzen weiß. Die Polizei ging davon aus, dass der Täter ein Mensch von hoher mathematischer Intelligenz sei, der deshalb ein Versteck wählen würde, das sie, die Polizei, mit gleicher Intelligenz finden müsste. Dupin weiß aber, dass der Minister auch noch eine dichterische Ader hat, die ihn zu einer unmathematischen Denkweise befähigt. Imaginative Einfühlung rät ihm, den Brief so offen zu zeigen, dass die auf ein raffiniertes Versteck fixierten Polizisten ihn eben deshalb übersehen würden. Poe widmet diesen Überlegungen breiten Raum und lässt Dupin den Unterschied zwischen der mathematischen und der poetischen Intelligenz sogar anhand einer mathematischen Formel erklären:

«Ich bin noch nie einem reinen Mathematiker begegnet, dem man über seine Quadratwurzeln hinaus hätte trauen dürfen, oder einem, der es nicht in seinem Innern für einen Glaubensartikel gehalten hätte, dass $x^2 + px$ unbedingt und unter allen Umständen gleich q ist. Bitte, sagen Sie einmal einem dieser Herren versuchsweise, Sie glaubten, dass Fälle vorkämen, wo $x^2 + xp$ nicht genau gleich q sei. Sobald Sie diese Ihre Meinung zu verstehen gegeben haben, verziehen Sie sich so schleunig wie möglich aus der Reichweite seiner Faust, denn er wird zweifellos versuchen, Sie niederzuschlagen.»

Poe hat seine Argumentation zum Teil wörtlich aus einem zeitgenössischen Roman übernommen. Die mathematische Formel ist aber seine eigene Zutat. Wenn er meint, dass mathematisch-logisches Denken und psychologische Intuition unterschiedlichen Gesetzen gehorchen, wird ihm das niemand bestreiten. Doch die Formel, mit der er es illustriert, ist dafür denkbar schlecht geeignet. Es handelt sich dabei um die Grundform einer quadratischen Gleichung mit einer Unbekannten. Darin ist die einzige variable Größe x, während p und q gegebene Größen sind. An deren Konstanz zu zweifeln wäre schlichtweg dumm. Im

Übrigen ist gerade die quadratische Gleichung ein Beispiel für die Fantasie der Mathematiker; denn sie hat grundsätzlich immer zwei Lösungen für x, wobei diese sogar komplexe Zahlen sein können, die sich aus einer reellen und einer imaginären zusammensetzen. Um eine solche Gleichung zu lösen, braucht der Mathematiker mindestens ebenso viel kombinatorische Intuition wie Dupin für die Lösung seines Falls, und bei den imaginären Zahlen sagt schon der Name, dass er Imagination beweist.

Selbst die realistischste unter Poes Geschichten, die für viele Leser der Inbegriff seines logisch-analytischen Aufklärungsverfahrens ist, nämlich *Der Goldkäfer*, zeigt in ihrem Kern die gleiche Unstimmigkeit. Da sie als besonders typisch für Poe gilt, soll sie hier noch ausführlicher als die vorangegangenen betrachtet werden. Der fiktive Erzähler besucht seinen einsiedlerischen Freund namens Legrand auf einer Insel an der Küste vor South Carolina. Legrand, der kurz zuvor einen mysteriösen, offensichtlich noch unbekannten Goldkäfer gefunden und ihn zur Begutachtung einem anderen Bekannten überlassen hat, beschreibt das Insekt dem Erzähler und verdeutlicht die Beschreibung mit einer Skizze auf einem Zettel, auf dem plötzlich ein Totenkopf erscheint, der nicht von der Hand des Zeichners stammt. Wochen später ruft Legrand den Erzähler zu sich und macht mit ihm und seinem schwarzen Diener Jupiter eine nächtliche Expedition zu einem Baum, auf dem an einem der Äste ein Totenkopf angenagelt ist. Der etwas dümmliche Jupiter wird aufgefordert, durch das linke Auge des Totenkopfes den Goldkäfer fallen zu lassen, worauf Legrand vom Baumstamm aus durch die Aufschlagstelle eine Gerade von fünfzig Fuß legt und den Diener dort graben lässt. Doch man findet nichts. Legrand wird wütend und vermutet – wie sich herausstellt, mit Recht –, dass Jupiter links und rechts verwechselt hat. Als nun die Prozedur durch das andere Auge wiederholt wird, finden die drei einen Goldschatz von immensem Wert.

Das, worauf es Poe in der Geschichte ankommt, beginnt aber erst jetzt; denn Legrand erklärt nun, wie er dem Schatz auf die Spur kam. Es begann mit dem vermeintlichen Zettel, der in Wirklichkeit ein Stück Pergament war, auf dem eine chiffrierte, nur aus Zahlen und Satzzeichen bestehende Botschaft stand. Jedem der Zeichen konnte Legrand entsprechend der jeweiligen Häufigkeit einen Buchstaben zuordnen und fand so eine Botschaft, die den Ort des Schatzes angab. Und zwar sollte man von einem bestimmten Felsenvorsprung, dem Teufelssitz, durch ein Fernglas mit einem Neigungswinkel von 21 Grad und 30 Minuten zum Horizont in Richtung Nordnordost schauen, dann – und nur dann – werde man in der dichten Krone eines riesigen Tulpenbaums einen Totenkopf sehen. Lasse man durch dessen linkes Auge ein Lot fallen und ziehe vom Baumstamm aus durch die Aufschlagstelle eine Gerade von 50 Fuß, werde man den vergrabenen Schatz finden. Die Botschaft ist mit dem Bild eines Zickleins signiert. Ein Zicklein heißt auf Englisch *kid*; das wiederum ist der Name eines berühmten Seeräubers, über dessen vergrabene Schätze seit langem Gerüchte kursierten.

Generationen von Jugendlichen haben sich von dieser Geschichte faszinieren lassen, und viele haben sie als Erwachsene wieder gelesen, wobei wohl alle den Scharfsinn, mit dem Poe die geheime Botschaft zuerst verschlüsselte und danach entschlüsselte, so sehr bewunderten, dass sie an der inneren Logik der Geschichte keinen Zweifel hegten. Tatsächlich ist sie aber im Kern völlig absurd. Schon die Lokalisierung des Baumes kann nicht stimmen. Bei einem Neigungswinkel des Teleskops von 21 Grad hätte der Totenkopf, der sich in einer Höhe von etwa 25 Metern befand, schon aus etwa 70 m Entfernung zu sehen sein müssen. Dazu hätte man aber kaum ein Fernglas gebracht. Poe hatte in der ersten Version seiner Geschichte sogar einen Winkel von 41 Grad angegeben; da hätte der Baum gut 20 Meter vor dem Teufelssitz stehen müssen. Seine Korrektur auf 21 Grad ging erst in die späteren posthumen Ausgaben ein. Das Absurdeste an der Geschichte ist aber die Tatsache, dass der Schreiber der Botschaft, besagter Captain Kid, schon 1701 starb, während die Geschichte nach 1800 spielt. Wenn der Totenkopf nur von der angegebenen Stelle und unter dem angegebenen Winkel zu sehen wäre, hätte der Baum in mehr als einem Jahrhundert keinen Meter wachsen dürfen. Wieder stellt sich die Frage: Hat Poe den eigenen Denkfehler nicht bemerkt, wollte er den Leser an der Nase herumführen, oder geht es ihm um etwas ganz anderes?

Die hier aufgeführten Beispiele, denen sich weitere hinzufügen ließen, passen so schlecht in das Bild des angeblichen Erfinders der scharfsinnigen Analyse, dass man sich wundern muss, weshalb die Literaturkritik die Unstimmigkeiten nicht sieht oder nicht sehen will. Natürlich ist es abwegig, die fiktionale Welt einer Dichtung dafür zu tadeln, dass sie mit der realen nicht übereinstimmt. Doch wenn ein

Dichter die rationale Analyse zum Thema macht und diese dann fehlerhaft durchführt, ist das etwas anderes, als wenn ein anderer in einem vorgeblich realistischen Roman in einer exakt datierten Nacht den Vollmond scheinen lässt, für die der astronomische Kalender Neumond angibt. Dennoch sind die genannten Unstimmigkeiten nicht notwendigerweise künstlerische Mängel. Sie zwingen den Kritiker aber zu fragen, ob Poe sein analytisches Verfahren bewusst relativiert, ironisiert oder als bloßes Spiel im Rahmen eines anderen künstlerischen Konzepts betreibt.

Betrachtet man Poes Werk aus großer Distanz, so springen einige Grundzüge förmlich ins Auge. Zunächst fehlt in ihnen das, was den Kern der gesamten bürgerlichen Literatur und in besonderem Maße den des Romans ausmacht, nämlich die moralische Problemstellung. Im bürgerlichen Roman geht es nicht wie in den antiken und mittelalterlichen Epen um Heldentaten, sondern um moralische Bewährung. In Poes Werk ist aber diese ethische Dimension so gut wie ausgeblendet. Seine Erzählungen spielen jenseits von Gut und Böse. Es geht in ihnen nicht um Schuld und Sühne, sondern um Macht und Ohnmacht. Macht- und Ohnmachtsphantasien sind Poes obsessives Thema. In extremer Form zeigt sich diese Obsession in *Die Grube und das Pendel*. Um Machtphantasien geht es, wenn Dupin mit der Polizei spielt. In *Der entwendete Brief* gibt der das sogar offen zu; denn als er gefragt wird, weshalb er den Brief nicht einfach an sich genommen, sondern durch ein Facsimile ersetzt habe, antwortet er, er habe mit dem Dieb, d.h. dem Minister, noch eine Rechnung offen und wolle den Moment genießen, in dem sein Widersacher den falschen Brief als Druckmittel einsetzt und beim Öffnen das von Dupin hineingesetzte triumphierende Zitat vorfindet.

Ohnmachtsphantasien herrschen zum Beispiel in jenen Geschichten vor, in denen sich der Erzähler der Macht einer dämonischen Frau unterwirft und dies mit einer pervers anmutenden Lust genießt. In manchen Erzählungen schlägt eine Macht- in eine Ohnmachtssituation um, in anderen geschieht das Gegenteil. Das erste ist in *The Tell-Tale Heart* (*Das verräterische Herz*) der Fall. Hier tötet ein Mann einen anderen, den er eigentlich gern mag, nur weil er von der fixen Idee besessen ist, sein Auge, das dem eines Geiers gleicht, nicht ertragen zu können. Der Mörder triumphiert in dem Machtbewusstsein, einen perfekten Mord begangen zu haben; doch dann treibt ihn etwas dazu, die Aufmerksamkeit der Polizei auf sein Verbrechen zu lenken. Das Umschlagen von Ohnmacht in Macht geschieht am krassesten in der Geschichte *Hop-Frog*, in der ein permanent vom König gedemütigter, drangsalierter und gequälter Zwerg zu einer machtvollen Rachehandlung ausholt und seine Peiniger vernichtet.

Es gibt bei Poe zwei Geschichten, deren Titel als doppeltes Motto nicht nur über seinem Werk, sondern über seinem ganzen Leben stehen könnten. Die erste heißt *The Power of Words (Die Macht der Worte)*. Darin entwickelt er in der Form eines Dialogs die kosmologische Vorstellung, dass jedes gesprochene Wort, «der Luft mitgeteilt, am Ende auf jedes einzelne Ding, das im Universum existiert», einwirken müsse. Es gibt in der amerikanischen Literatur wohl keinen Autor, der das Wort so sehr als Machtinstrument empfand und nutzte wie Poe. In der anderen Geschichte, *The Imp of the Perverse (Der Kobold des Perversen)*, entwickelt Poe den Gedanken, dass in der Psyche des Menschen eine «radikale, primitive, ununterdrückbare» Neigung existiere, die von den Hirnforschern wie von den Moralphilosophen gleichermaßen ignoriert werde.

> Es ist ein radikaler, ein primitiver Impuls – etwas Elementares. Man wird sagen, … dass, wenn wir auf Handlungen bestehen, weil wir fühlen, dass wir nicht darauf bestehen sollten, unser Verhalten nur eine Modifikation dessen ist, was gewöhnlich dem entspringt, was die Phrenologen ‹Kampflust› nennen. … Doch die Kampflust der Phrenologen hat als Wesensbestimmung die Notwendigkeit der Selbstverteidigung. … Ihr Prinzip zielt auf unser Wohlbefinden. … Doch im Fall dessen, was ich Perversheit nenne, ist der Wunsch nach Wohlbefinden nicht nur nicht geweckt, es existiert vielmehr eine in starkem Maße gegensätzliche Empfindung. … Wir begehen [eine Tat] einzig darum, dass wir sie nicht begehen sollten. Jenseits davon oder dahinter gibt es kein erkennbares Prinzip: und wir könnten diese Perversheit in der Tat als die direkte Einflüsterung des Erzfeindes ansehen, gäbe es nicht Beispiele dafür, dass sie gelegentlich auch der Beförderung des Guten dient.

Der langen theoretischen Reflexion über das Perverse folgt eine kurze Geschichte, in der der Erzähler – ähnlich wie in *Das verräterische Herz* – berichtet, wie er vom «Geist des Perversen» zu einem motivlos begangenen perfekten Mord angespornt wurde und wie er viele Jahre später von dem gleichen Geist dazu getrieben wird, ebenso motivlos ein Geständnis abzulegen. Das Widerspiel zwischen der Macht des Geistes und dem Geist des Perversen scheint Poes ganzes Leben beherrscht zu haben; denn auf der einen Seite suchte er unablässig nach einer machtvollen Position im Literaturbetrieb, während ihn auf der anderen «der Kobold des Perversen» dazu trieb, sich selber immer wieder zu Fall zu bringen.

Eine dritte Geschichte ist als Generalmotto für Poes Leben und Werk noch geeigneter, nämlich A Descent into the Maelström (Hinab in den Malstrom), wo ein Fischer mit seinem Boot in einen gewaltigen Meeresstrudel gerät und darin nur dank seiner Geistesgegenwart überlebt. Die Vorstellung eines Strudels, einer drohenden Grube, eines Rachens oder einer sich auftuenden Öffnung in der Erde taucht in Poes Geschichten wiederholt auf. Selbst seine Erzählweise hat etwas von einem Strudel; denn sie zieht die Leser so sehr in das fiktive Geschehen hinein, dass sie – wie oben gezeigt wurde – die Unstimmigkeiten der Erzählung gar nicht mehr wahrnehmen. Im übertragenen Sinn ist auch der eigentümliche Sog, der vom «Kobold des Perversen» ausgeht, so ein Strudel, der einerseits Gefahr bedeutet, andererseits aber dazu verführt, sich an seinen Rand und über diesen hinaus zu wagen. Dieser Versuchung ist Poe in seinem Leben oft genug erlegen. Als Künstler aber hat er die Grenzüberschreitung dazu genutzt, sich in eine terra incognita hinauszuwagen, mit der sich erst unser Schlusskapitel näher befassen wird.

II

LEBEN AM RANDE

DES MALSTROMS

Kindheit und Jugend | 1809 – 1825

Für den 20. Januar 1809 hatte das Boston Theater eine Wiederholung des Singspiels *The Brazen Mask; or, Alberto and Rosabella* angekündigt, in dem der junge Stammschaupieler David Poe in der Rolle des Leczinsky und seine Ehefrau Elizabeth als Sängerin im Chor der Bauern auftreten sollten. Dass das Publikum an diesem Abend die beliebte Schauspielerin gesehen hat, ist wenig wahrscheinlich; denn am Tag zuvor hatte sie ihren zweiten Sohn geboren, der auf den Namen Edgar getauft wurde. Drei Wochen später, am 10. Februar, stand sie aber schon wieder auf der Bühne. Obwohl erst 22 Jahre alt – ihr genaues Geburtsdatum ist unbekannt –, war sie bereits in zweiter Ehe verheiratet. Ihr erster Mann, der Schauspieler Charles Hopkins, mit dem sie im Sommer 1802 im Alter von 15 Jahren die Ehe eingegangen war, starb bereits nach drei Jahren, worauf die junge Witwe ein Jahr später den drei Jahre älteren Schauspielerkollegen David Poe heiratete. Zu der Zeit spielte ihre Truppe in Richmond, Virginia. Für den Ehevertrag liegt ein Eintrag vom 14. März 1806 beim Kreisgericht von Henrico County, Virginia, vor, das für Richmond zuständig war. Im Jahr darauf, am 30. Januar 1807, wurde dem jungen Paar der Sohn William Henry geboren. Das dritte Kind, die Tochter Rosalie, kam am 20. Dezember 1810 zur Welt; da war Elizabeth bereits von ihrem Mann verlassen worden. Da die Namen von Schauspielern auf Theaterzetteln und in Zeitungskritiken erscheinen, ist der Weg der jungen Familie durch die Theaterlandschaft der Ostküste gut dokumentiert.

Die in England geborene Elizabeth war mit ihrer Mutter, der 24-jährigen Schauspielerin Elizabeth Arnold, geb. Smith, am 3. Januar 1796 im Hafen von Boston gelandet. Der *Massachusetts Mercury* meldete ihre Ankunft und beschreibt die Schauspielerin des *Royal Covent Garden Theatre* als groß, von ausdrucksvoller Mimik und unvergleichlicher «Symmetrie der Bewegung». Die Zeitung drückte ferner die Hoffnung

Abb. 1 Elizabeth Arnold Poe. Unsignierte Miniatur

aus, dass Mrs. Arnold ein Engagement in Boston annehmen werde. Ein Mr. Arnold wird nicht erwähnt. Mutter und Tochter machten bald darauf am Theater von Boston Furore, wobei das frühreife Talent der neunjährigen Elizabeth noch mehr Lob erntete als die erfahrene Mutter. Die positive Aufnahme ist umso erstaunlicher, als das Theater im puritanischen Massachusetts noch immer als eine sündhafte Einrichtung angesehen wurde. Die Mutter starb vermutlich schon 1798 während einer Gelbfieberepidemie. Jedenfalls taucht ihr Name danach nicht mehr auf Theaterzetteln auf. Die bei ihrem Tode erst elfjährige Tochter machte aber weiter Karriere und spielte bereits als Vierzehnjährige große Rollen wie die Ophelia in *Hamlet*. In den wenigen Jahren bis zu ihrem frühen Tod besuchte die Theatertruppe, der sie angehörte, regelmäßig die größeren Städte an der Ostküste, von Boston bis hinunter nach Charleston in South Carolina, und überall wurde Elizabeth mit höchstem Lob bedacht, wenngleich ihr das finanziell nicht viel mehr als den Lebensunterhalt einbrachte.

Von solchem Ruhm träumte auch ihr späterer Ehemann David Poe, der am 18. Juli 1784 in Baltimore geboren wurde. Sein Vater gleichen Namens war aus Irland eingewandert und hatte es als Hersteller von Spinnrädern und Uhrwerken in Baltimore zu mäßigem Wohlstand gebracht. Während des Unabhängigkeitskrieges erwies er sich als amerikanischer Patriot und finanzierte als zweiter stellvertretender Generalquartiermeister im Rang eines Majors den Nachschub für die Truppe zum Teil aus eigenen Mitteln, was ihm hohes Ansehen einbrachte, so dass von ihm als ‹»General» gesprochen wurde, obgleich ihm dieser Rang nicht zukam. Die junge Nation dankte es dem Patrioten nach dem siegreichen Krieg eher schlecht als recht. Seine Auslagen für die Armee wurden ihm offensichtlich nicht erstattet. Immerhin erhielt seine Witwe nach seinem Tod im Jahr 1816 eine Pension, von der bis zu ihrem eigenen Tod 1835 auch Edgar, seine junge Frau und seine Schwiegermutter lebten.

Dass David Poe sen. von der Schauspielerei seines Sohnes nicht erbaut war, geht aus einem Brief hervor, den Letzterer an seinen Vater schrieb. Es ist ein Bettelbrief, dessen fordernder, geradezu unverschämter Ton sehr an die Briefe erinnert, die der Sohn des Schreibers später an seinen Pflegevater schreiben sollte. Mit seinem Vater hatte Edgar auch sonst manches gemein; bei beiden führte die berufliche Erfolgslosigkeit zur Flucht in den Alkohol bis hin zum körperlichen Zusammenbruch. Während der Dichter aber ein Mann von genialer Begabung war, dem ein verständnisloses Publikum die Anerkennung versagte, lag es bei seinem Vater wohl an mangelndem Talent. Aus den erhaltenen Kritiken und den Besetzungslisten geht jedenfalls hervor, dass er kein Schauspieler für große Rollen war und sich mit Nebenrollen begnügen musste. Seine letzte Rolle spielte er am 18. Oktober 1809. Irgendwann danach muss er seine schwangere Frau und die beiden Kinder verlassen haben; von seinem weiteren Leben ist nichts bekannt.

Über die ersten drei Jahre in Edgars Leben kann man nur mutmaßen. Wenn seine Eltern mit ihrer Truppe von Ort zu Ort zogen und allabendlich auf der Bühne standen, können die beiden Söhne nicht allzu viel Zuwendung von ihnen bekommen haben. Zuletzt kam noch die Schwind-

Abb. 2
Poes Pflege-
eltern:
John Allan
(*unsigniertes*
Porträt) ...

sucht der Mutter hinzu. Sie starb am 8. Dezember 1811 während eines
Gastspiels in Richmond, Virginia. Ihrem dreijährigen Sohn hinterließ
sie eine Skizze vom Bostoner Hafen mit der Widmung: «Für meinen
kleinen Sohn Edgar, der Boston immer lieben soll, den Ort seiner Ge-
burt, wo seine Mutter ihre besten und mitfühlendsten Freunde fand.»
Auch wenn Poe vielleicht nicht viele konkrete Erinnerungen an seine
Mutter im Gedächtnis behielt, war das Bild der sterbenden schönen
Frau für ihn später eine obsessive Vorstellung, die ihn sogar dazu brachte, in seinem Aufsatz *Philosophy of Composition* den Tod einer schönen
Frau als «den unzweifelhaft poetischsten Gegenstand auf der Welt» zu
bezeichnen. Spätestens seit Freud ist bekannt, dass die entscheidende
Formung der Psyche eines Menschen in den ersten drei Jahren erfolgt.
Aber auch ohne psychoanalytische Erklärung ist leicht nachzuvollziehen, dass ein sensibles Kind unter den oben beschriebenen Bedingungen nicht das aufbauen konnte, was Erik Erikson das «Urvertrauen»
nannte. Poes gesamtes Leben blieb geprägt einerseits von einem ständi-

… und Frances Valentine Allan (Ölporträt von Thomas Sully)

gen Suchen nach Geborgenheit, die er bei mütterlichen Frauen zu finden hoffte, und andererseits von einem oft geradezu paranoiden Gefühl des Vernachlässigt- und Missachtet-Werdens. Dass es dazu kam, war aber nicht das zwangsläufige Ergebnis der ersten drei Jahre. Hätte er danach eine stärkere Pflegemutter und einen liebevolleren Pflegevater gefunden, wäre ihm der tragische Verlauf seines Lebens wohl erspart geblieben.

Von den drei verwaisten Kindern kam William Henry zum Großvater in Baltimore und die erst ein Jahr alte Rosalie zur Familie Mackenzie in Richmond, während der dreijährige Edgar als Pflegekind von dem kinderlosen Ehepaar John und Frances Allan, ebenfalls in Richmond, aufgenommen wurde. Damit schien sein vom Schicksal so früh umher geworfenes Lebensschiffchen unverhofft im sicheren Hafen gelandet zu sein. Der 1780 in Schottland geborene John Allan war als Fünfzehnjähriger nach Richmond gekommen, wo er bei seinem 20 Jahre zuvor emigrierten Onkel William Galt, einem zu Wohlstand gelangten Kaufmann, in die Lehre ging. 1800 gründete er mit Charles Ellis, einem anderen Angestellten seines Onkels, ein eigenes Handelsunternehmen, das sich auf den Export von Tabak nach England spezialisierte. Drei Jahre später heiratete er Frances Keeling Valentine und nahm ein Jahr darauf die amerikanische Staatsbürgerschaft an. Die Ehe blieb kinderlos, weshalb sich das Paar 1812 entschloss, den verwaisten Edgar zu sich zu nehmen. Eine förmliche Adoption, falls sie jemals geplant war, fand nie statt, doch im Bekanntenkreis der Allans wurde Edgar bald als Adoptivsohn angesehen, so dass von ihm als Edgar Allan gesprochen wurde. Die oft kränkelnde Mrs.Allan scheint dem Pflegesohn durchaus mütterliche Gefühle entgegengebracht zu haben, die Edgar erwiderte. Aber auch John Allan liebte Kinder, wie aus einigen seiner Briefe hervorgeht. Da er ein ungewöhnlich fleißiger Briefschreiber war, dessen lebendiger Stil zudem schriftstellerisches Talent erkennen lässt, und da er als vorsichtiger Schotte von den meisten seiner Briefe auch noch Abschriften aufbewahrte, ist durch ihn Poes Leben in jenen Jahren gut dokumentiert.

Aus Poes ersten drei Jahren bei den Allans gibt es wenig zu berichten. Dann aber sorgte Allans geschäftlich bedingte Übersiedelung nach London für einen tiefen Einschnitt. Die USA hatten sich von 1812 bis 1814 mit England im Krieg befunden, was Allans Geschäft stark beeinträchtigte. Nach Kriegsende ging es für Exportkaufleute wie ihn darum, die alten Geschäftsbeziehungen mit dem einstigen Mutterland neu zu beleben und zu festigen. So entschloss er sich, mit seiner Familie nach London zu gehen, um dort vor Ort die Interessen seiner Firma zu vertreten, während sein Partner Ellis die Geschäfte in Virginia weiterführte. Die nach dem Kriege von allen Staaten Europas praktizierte Abschottung der heimischen Märkte machte Allans geschäftliche Hoffnungen bald zunichte, so dass er zeitweilig nicht wusste, ob er im nächsten Monat noch die Miete würde bezahlen können. Doch bevor es finanziell ganz eng wurde, hatte er seine Familie erst einmal in seine schottische Heimat geführt, was in Edgar die Erinnerung an die melancholische Landschaft und die düsteren Burgen dieses Landes hinterlassen zu haben scheint. Danach sorgte Allan dafür, dass Edgar – zuerst im Internat der Misses Dubourg in Chelsea und dann in der Manor House School des Reverend John Bransby in Stoke Newington – eine solide Ausbildung erhielt. Wenn man weiß, wie Allan zehn Jahre später, nachdem er als Erbe seines Onkels einer der reichsten Männer Virginias geworden war, den Pflegesohn mit armseliger Finanzausstattung auf die Universität schickte, ist höchst verwunderlich, dass er in London mitten in seiner eigenen Finanzkrise die nicht gerade billige Privatschule bezahlte. In den Briefen, die er an den Geschäftspartner in Richmond und an die dortigen Verwandten schrieb, sind neben den zuweilen etwas verdrossenen Bemerkungen über das ständige Kränkeln seiner Frau auch wiederholt Berichte über die schulischen Fortschritte seines Pflegesohns zu lesen, auf den er bei solchen Gelegenheiten sichtlich stolz war. Die wenigen Notizen über den Schüler Poe, die erst posthum zusammengetragen wurden, zeichnen das Bild eines sehr begabten, wissenshungrigen Jungen, der im Lateinischen brillierte und sich in Geschichte und Literatur besser auskannte als ältere Mitschüler. Poe selbst hat über seine Zeit in England so gut wie nichts geäußert. Allerdings wird die Schule, die er in der Geschichte *William Wilson* beschreibt, als ein Abbild der Manor House School angesehen. Dort heißt es:

Das Haus ... war alt und verwinkelt. Das Grundstück war ausgedehnt und von einer hohen Backsteinmauer umgeben, die von einzementierten Glasscherben gekrönt wurde. Dieser gefängnisartige Wall bildete die Grenze unseres Reiches. Über ihn hinaus sahen wir nur dreimal die Woche: einmal jeden Samstagnachmittag, wenn wir in Begleitung zweier Aufseher als Gruppe einen kurzen Spaziergang durch die benachbarten Felder machen durften, und zweimal am Sonntag, wenn wir in derselben Formation zum Morgen- und Abendgottesdienst in die einzige Kirche des Dorfes geführt wurden. Der Pfarrer dieser Kirche war unser Schuldirektor. Mit welch tiefem Gefühl der Verwunderung und Verwirrung pflegte ich von der uns zugewiesenen hinteren Bank der Galerie auf ihn zu schauen, wenn er mit feierlich bedächtigem Schritt zur Kanzel emporstieg! Dieser ehrwürdige Mann, mit einem Gesicht so gesetzt und gütig, in einem Gewand so glänzend und priesterlich wallend, die mit Sorgfalt gepuderte Perücke so steif und ausladend – konnte dies der Mann sein, der noch vor kurzem, mit säuerlicher Miene und in mit Schnupftabak bedeckter Kleidung, den Rohrstock in der Hand, die drakonischen Gesetze der Anstalt exekutierte? Welch gigantisches Paradox, allzu monströs für eine Lösung!

In der Geschichte beschreibt Poe einen Schüler von «feurigem, begeisterungsfähigem und herrischem Charakter», der von allen Mitschülern als Anführer anerkannt wird außer von einem, der den gleichen Namen trägt und sich seinem Herrschaftsanspruch ständig widersetzt. Dieser Konkurrent stellt sich ihm auch in seinem späteren Leben immer wieder entgegen und präsentiert sich ihm wie ein Spiegel, in dem er sich selber mit all seinen moralischen Fehlern erkennt. Die Geschichte gipfelt darin, dass der Erzähler nach einem wüsten Leben noch einmal seinem Verfolger begegnet, diesmal auf einem Maskenball, auf dem der andere in genau der gleichen Kostümierung erscheint. In seiner Wut fordert er ihn zum Duell und durchbohrt ihn mit dem Degen. Doch als dessen Maske fällt, erkennt der Erzähler sein eigenes «vollkommenes Ebenbild»; und aus dem Mund des Sterbenden vernimmt er die Botschaft:

> «Du hast gesiegt, und ich weiche. Doch hinfort wirst auch du tot sein, tot
> für die Welt, den Himmel und die Hoffnung! In mir existiertest du – und
> in meinem Tod, schau dieses Bild an, das dein Ebenbild ist, wie durch und
> durch du dich selbst ermordet hast.»

In dieser Geschichte hat Poe so explizit wie in kaum einer anderen – außer in *Die Grube und das Pendel* – seine Macht- und Ohnmachtsphantasien ausgesagt. Auch wenn es spekulativ bleibt, den Ursprung dieser Obsession in der oben geschilderten Schulerfahrung zu sehen, ist doch gut nachvollziehbar, in welchem Dilemma er sich befand, als er in der Schule seine geistige Überlegenheit spürte und doch zugleich wusste, dass er den anderen materiell unterlegen war. Denn dass er, den alle für Allans Adoptivsohn hielten, nur der Pflegesohn war, muss dem sensiblen und der Welt gegenüber stets argwöhnischen Jungen längst bewusst geworden sein. So hat er wohl die bei ihm immer wieder zu beobachtende Doppelstrategie entwickelt, sich Lehrern und Frauen gefügig zu unterwerfen, aber gegenüber Konkurrenten einen Herrschaftsanspruch geltend zu machen. Dass er in dem Doppelgängerpaar der beiden Wilsons sich selbst darstellte, geht schon daraus hervor, dass er den beiden den gleichen Geburtstag, nämlich seinen eigenen, gab: den 19. Januar.

Als John Allans Geschäfte immer schlechter gingen, entschloss er sich zur Rückkehr, sehr zur Freude seiner Frau, die er anfangs in dem Glauben gelassen hatte, sie gingen nur für drei Jahre nach England. Am 21. Juli 1820 landete die Familie nach einer 36-tägigen Überfahrt im Hafen von New York. Nach kurzem Aufenthalt ging es zu Schiff weiter nach Richmond, wo die Rückkehrer am 2. August eintrafen. Dort wohnten sie zunächst ein knappes Jahr lang im Hause des Geschäftspartners Charles Ellis. Dessen Sohn Thomas, der 1881 seine Erinnerungen an Poe im *Richmond Standard* publizierte, gibt darin das folgende Bild seines Jugendgefährten:

Kein anderer Junge hatte größeren Einfluss auf mich als er. Er war ein echter Anführer unter Jungen. Meine Bewunderung für ihn kannte kaum Grenzen, was zur Folge hatte, dass er mich zu mancher verbotenen Handlung verführte, für die ich bestraft wurde. Die einzigen Prügel, die er, soweit ich mich erinnere, von Mr. Allan bekam, hatten den Grund, dass er mich, ohne jemandem etwas zu sagen, einen ganzen Samstag lang bis zum Einbruch der Dunkelheit in die Felder und Wälder jenseits von Belvidere mitnahm, wo er eine Menge Federvieh erlegte, das dem Eigentümer von Belvidere gehörte. .... Er lehrte mich schießen, schwimmen, Schlittschuh laufen, Tennis spielen usw., und ich sollte auch erwähnen, dass er mich einmal vor dem Ertrinken rettete – nachdem er mich vorher in den reißenden Fluss gestoßen hatte, damit ich lernen sollte, mich selber zu behaupten, worauf er dann gleich erkannte, dass er mir helfen musste, bevor es zu spät war.

Schon bald nach der Rückkehr schickte Allan den Pflegesohn auf die Privatschule von Joseph H. Clarke, wobei er auch hier die Kosten nicht scheute. Die waren im Vergleich mit dem englischen Internat zwar niedriger, doch Allans Geschäfte liefen immer noch schlecht. Clarke gab viele Jahre später, 1876, dem Poe-Forscher Didier aus der Erinnerung die folgende Einschätzung seines inzwischen berühmt gewordenen Schülers:

Was Edgars Gemütsart und Charakter als Junge betrifft, so war er ausgelassen wie die meisten, doch unterschied sich seine Haltung in mancher Hinsicht von der der anderen. Bemerkenswert war die Selbstachtung, mit der er sich, ohne Hochmut, stets gerecht und korrekt gegenüber seinen Spielgefährten verhielt, was ihn auch bei denen beliebt machte, die ihm an Jahren voraus waren. Seine natürliche und vorherrschende Leidenschaft schien mir ein enthusiastischer Eifer bei allem, was er unternahm, zu sein. Bei Meinungsverschiedenheiten mit Mitschülern blieb er hartnäckig und gab erst nach, wenn er wirklich überzeugt worden war. Als Schüler hatte er den Ehrgeiz, sich hervorzutun; und obwohl nicht übermäßig fleißig, wurde er den Anforderungen in der Klasse stets gerecht. Seine Einbildungskraft schien den Vorrang gegenüber seinen übrigen Fähigkeiten zu haben, und er bewies dies in juvenilen Kompositionen, die er an Freundinnen richtete. Er hatte ein zartes, empfindsames Herz und war stets bemüht, einem Freund gefällig zu sein.

Mitschüler sahen ihn verständlicherweise etwas anders. Ein sehr ausführlicher Bericht über ihn stammt aus der Feder des späteren Colonel T. L. Preston. Dort heißt es:

Richmond war damals gewiss sehr englisch und sehr aristokratisch. Eine Schule ist ihrem Wesen nach demokratisch; dennoch werden die Jungen unbewusst den Stallgeruch und die Ansichten ihrer Väter, im Guten wie im Schlechten, mitbringen. Von Edgar Poe war bekannt, dass seine Eltern Schauspieler waren und dass er von Wohltaten abhing, die ihm als Adoptivsohn gewährt wurden. All das bewirkte, dass die Jungen seinen Führungsanspruch ablehnten; und im Rückblick schätze ich, dass dies die Heftigkeit in ihm hervorrief, die er sonst wohl nicht entwickelt hätte.

An anderer Stelle schreibt Preston über seinen Mitschüler:

Edgar Poe war zu der Zeit vielleicht fünfzehn oder sechzehn Jahre alt. Er gehörte zu den ältesten Jungen der Schule, ich zu den jüngsten. Seine außergewöhnliche Begabung und seine Fähigkeiten faszinierten mich, und ich weiß nicht, ob es an mir oder an ihm lag, dass er sich für mich interessierte. In den einfachen Schulsportarten jener Zeit, als es noch keine Turnhallen gab, war er *facile princeps*. Er war ein schneller Läufer, vortrefflich im Hoch- und Weitsprung, und, was selten war, ein einigermaßen geübter Boxer ... Besonders im Schwimmen konnte es kaum jemand mit ihm aufnehmen. Überhaupt ähnelte er in seinen athletischen Neigungen überraschend dem jungen Byron. Es gab niemanden unter seinen Schulkameraden, der sich wie er mitten in die Stromschnellen des James River gewagt hätte.

Der Name Byrons fällt hier nicht zufällig; denn schon damals müssen die Mitschüler mitbekommen haben, dass Poe den englischen Dichter, als Mensch wie als Künstler, zu seinem Vorbild erkoren hatte. Thomas Ellis nennt in seinen Erinnerungen an Poe noch einen anderen bemerkenswerten Zug, nämlich «ein Talent für Deklamation», das dem jungen Dichter bei einem Wettbewerb nach Abschluss eines Rhetorikkurses seinen vermutlich ersten und für lange Zeit einzigen Preis einbrachte. Als Deklamator seiner Verse sollte er später mehr noch als durch die Verse selber sein Publikum beeindrucken. Im Frühjahr 1823 gab Clarke seine Lehrtätigkeit auf, und William Burke übernahm die Schüler in der von ihm gegründeten (oder nur von Clarke übernommenen?) Schule, die Poe bis Ende 1825 weiter besuchte.

In diesen zwei Jahren hatte er seine ersten beiden Liebeserlebnisse,

*Abb. 3   Jane Stith Craig Stanard, die von Poe verehrte Mutter eines
Schulfreundes. Ausschnitt eines Ölporträts von James Worrell*

die beispielhaft für sein späteres Liebesleben werden sollten; denn seine Liebe galt zuerst einer dreißigjährigen Frau und danach einem fünf-
zehnjährigen Mädchen. Die ältere Frau, Jane Stanard, war die als bild-
schön beschriebene Mutter seines Schulfreunds Rob (Abb. 3). Sowohl
der Jugendliche selber als auch die psychisch labile Frau müssen rasch
eine Seelenverwandtschaft empfunden haben. Doch das Glück dauerte
nicht lange; denn Mrs. Stanard starb bereits am 28. April 1824 in geistiger Umnachtung infolge eines Gehirntumors. Poe widmete ihr – allerdings erst Jahre später – eines seiner schönsten Gedichte, das schon an
dieser Stelle wiedergegeben werden soll, da es seine religiöse Verehrung
der Schönheit zum Ausdruck bringt, die durch Mrs. Stanard geweckt
worden war.

AN HELEN

Ah, Helen, deine Schönheit ist für mich
Wie Nikes Barke, die aus fernem Land,
Des Meeres duftgen Atem teilend,
Den wege-müden Wandrer trug
Zum heimatlichen Strand.

Gewohnt, auf wilder See zu schweifen,
Sah ich dein hyazinthnes Haar,
Dein klassisches Gesicht. Najadengleich
Zogs mich zur Glorie, die einst Hellas war,
Zur Größe Roms, dem mächtgen Reich.

Ich sah dich in der Fensternische stehn
Wie eine Statue, strahlend schön,
Die Lampe aus Achat in deiner Hand!
Ah, Psyche, wo du herkommst, ist für mich
Das Heil'ge Land!

Wie tief die allem Anschein nach ganz asexuelle Liebe zu der älteren
Frau ging, hat er später der von ihm umworbenen Dichterin Sarah
Helen Whitman gestanden, der er sein zweites Gedicht *To Helen* widmete. In einem langen, überschwänglichen Liebesbrief an Mrs.Whit-
man schrieb er am 1. Oktober 1848 über das erste Gedicht: «Die Zeilen,
die ich in meiner leidenschaftlichen Knabenzeit an die erste, rein ideale
Geliebte meiner Seele, an Helen Stanard, richtete, von der ich Ihnen
erzählt habe, kamen mir blitzartig ins Gedächtnis.»

Im Jahr nach dem Tode von Mrs.Stanard verliebte sich Poe in die
etwa gleichaltrige Sarah Elmira Royster, der er ein Vierteljahrhundert
später, als sie verwitwet und er von Mrs.Whitman abgewiesen war, erfolgreich einen Heiratsantrag machte. Poes Liebe zu dem jungen Mädchen war offensichtlich mehr als die übliche Schwärmerei eines Schul-
jungen. Das hatte wohl auch Sarahs Vater bemerkt, der sie vor dem
nicht standesgemäßen Bewerber in Sicherheit brachte, indem er die
Briefe, die Poe von der Universität an sie schrieb, abfing und die Tochter mit siebzehn an den wohlhabenden Alexander Barrett Shelton verheiratete. 1875, ein weiteres Vierteljahrhundert nach dem erneuten Verlust des Jugendgeliebten, beschrieb Sarah ihn in einem Gespräch, das

Edward V. Valentine – wohl nicht wörtlich, sondern in seiner eigenen Sprache – aufgezeichnet hat. Dort beschreibt sie den jungen Poe so:

> Er war ein schöner Junge – nicht sehr gesprächig. Doch wenn er sprach, war er angenehm, aber seine allgemeine Haltung wirkte traurig. Er war der ersten Mrs. Allan treu ergeben und sie ihm. Unsere Bekanntschaft hielten wir aufrecht, bis er an die Universität ging. Auch während seiner Zeit an der Universität schrieb er mir oft, doch mein Vater fing die Briefe ab, weil wir zu jung seien – aus keinem anderen Grund. Er widmete mir nie ein Gedicht. Es bekümmert mich, wenn ich irgendwas Boshaftes über ihn lese – glauben Sie nicht ein Zehntel von dem, was gesagt wird. Ein Großteil beruht auf Eifersucht und Neid. Ich habe den höchsten Respekt vor seinem Andenken. In Church Hill besuchte mich eine Frau, die eine grobe Bemerkung machte, worauf Poe sagte: Es überrascht mich, dass du mit Leuten verkehrst, die solche Bemerkungen machen. Er hatte starke Vorurteile, hasste alles Grobe und Ungehobelte, sprach nie von seinen Eltern. Er war freundlich zu seiner Schwester, soweit es in seiner Macht stand. Er war warm und voller Eifer in allem, wofür er sich interessierte, sehr enthusiastisch und impulsiv. Ich war 15 oder 16, als er mich zum ersten Mal ansprach und ich mich ihm verlobte, und ich wusste erst, nachdem ich mit Mr. Shelton verheiratet war, dass er mir geschrieben hatte.

Der erzwungenen Trennung von der Geliebten war im Hause der Allans eine andere Entfremdung vorausgegangen. In den ersten Jahren nach der Rückkehr aus England scheint John Allan mit dem Pflegesohn noch ganz zufrieden gewesen zu sein. Jedenfalls zahlte er bereitwillig für seine Ausbildung, obwohl er 1822 in finanzielle Schwierigkeiten geriet und zwei Jahre später seine Firma im Einvernehmen mit dem Partner auflösen musste. Doch dann muss etwas geschehen sein, was das gute Verhältnis zwischen den beiden zerstörte. Am 1. November 1824 schrieb Allan an Edgars Bruder Henry einen Brief, worin er sich bitter über den undankbaren Sohn beklagt. Da es sich hier um die erste Wende zum Schlechten in Poes Leben zu handeln scheint, sei der Brief in fast ganzer Länge zitiert:

> Lieber Henry,
>
> ich habe gerade Deinen Brief vom 25. letzten Monats an Edgar gesehen und bin sehr betroffen, dass er Dir nicht geschrieben hat. Er hatte wenig Sonstiges zu tun, tut für mich nichts und verhält sich wehleidig, mürrisch und

übelgelaunt der ganzen Familie gegenüber. Was wir getan haben, um dies hervorzurufen, ist mir unerfindlich. Weshalb ich mich mit seinem Verhalten so lange abgefunden habe, ist mir selber unbegreiflich. Der Junge besitzt keinen Funken von Liebe für uns, keine Spur von Dankbarkeit für all die ihm erwiesene Sorge und Freundlichkeit. Ich habe ihm eine viel bessere Ausbildung verschafft, als ich sie selbst erhielt. Falls Rosalie [seine Schwester] einmal auf seine Liebe angewiesen sein sollte, dann bewahre sie Gott davor – ich fürchte, sein sozialer Umgang hat ihn zu Denk- und Handlungsweisen verführt, die gänzlich verschieden von denen sind, die er in England besaß. Ich bin stolz auf den Unterschied zwischen Deinen Prinzipien und seinen, und es ist mein Wunsch, in Deinen Augen als der dazustehen, der ich sein sollte. Hätte ich meine Pflichten meinem Gott gegenüber so treulich erfüllt wie ich sie gegenüber Edgar erfüllt habe, dann hätte der Tod, wann immer er kommen mag, für mich keinen Schrecken. Glaube mir, lieber Henry, wir nehmen liebevoll Anteil an Deinem Geschick, und unsere vereinten Gebete sind darauf gerichtet, dass Gott im Himmel Dich segnen und beschützen möge. Vertraue ihm, mein tüchtiger und ausgezeichneter Junge. Dass er Dich vor Gefahren bewahren möge, ist stets das Gebet deines Freundes und Dieners.

John Allan

Was war vorgefallen, dass Allan sich so negativ über seinen Pflegesohn äußerte? War es nur pubertärer Trotz gegenüber dem Vater, oder hatte Poe sich, wie manche Biographen vermuten, auf die Seite der Pflegemutter geschlagen, die vermutlich von ihrem Mann betrogen wurde? In seinem Testament bekennt sich Allan später zu zwei unehelichen Kindern, betont dort aber ausdrücklich, dass er die Beziehung zu deren Mutter erst nach dem Tode seiner Frau aufgenommen habe. Andererseits weckt der fromme Ton des Briefes den Verdacht, als müsse Allan sein schlechtes Gewissen beruhigen. Wie dem auch sei, für Edgar war diese Entwicklung auf eine geradezu tragische Weise desaströs; denn ein Jahr später wurde Allan durch den Tod seines steinreichen Onkels, der ihm einen Teil seines Vermögens vermachte, zu einem der reichsten Männer Virginias. Jetzt wäre zu erwarten gewesen, dass er die Ausbildung seines Pflegesohns, für die er zuvor selbst in Zeiten äußerster Finanzknappheit aufkam, noch viel großzügiger unterstützen würde. Doch das Gegenteil war der Fall.

Studium in Charlottesville | 1826–1827

Am 14. Februar 1826 bezog Poe die Universität von Virginia in Charlottesville. Die Hochschule hatte ihre Pforten erst im Jahr davor zum ersten Mal geöffnet; Thomas Jefferson hatte die Gründung gegen massive Widerstände durchgesetzt. Unter den *Founding Fathers* der jungen Nation war Jefferson derjenige, der die Prinzipien der Aufklärung am entschiedensten vertreten hatte. Vor allem ihm ist die strikte Trennung von Staat und Kirche in der Verfassung der USA zu verdanken, die er zuvor bereits in der Verfassung seines Heimatstaats Virginia verankert hatte. Diese Trennung war auch sein Hauptmotiv für die Neugründung einer Universität; denn bis dahin standen die amerikanischen Universitäten und Colleges, von wenigen Ausnahmen abgesehen, unter dem Einfluss religiöser Denominationen. Jefferson begnügte sich nicht damit, der neuen Universität ein strikt laizistisches Bildungsprogramm im Geist der Aufklärung zu verordnen,

Abb.4   Die von Thomas Jefferson gegründete und architektonisch entworfene Universität von Virginia in Charlottesville (Stich von 1831)

59

er entwarf sogar den Gebäudekomplex, in dem sie den Lehrbetrieb aufnahm – in streng klassizistischem Stil. Auch die ersten Professoren suchte er selbst aus. Die alten Sprachen Latein und Griechisch vertrat der erst 26 Jahre alte George Long vom Trinity College, Cambridge. Auf den Lehrstuhl für Neuere Sprachen wurde der Deutsche Georg Blättermann berufen, der Französisch, Italienisch und Spanisch lehrte. Weitere Professoren lehrten Mathematik und Philosophie.

Für das akademische Jahr 1826 hatten sich 177 Studenten eingeschrieben. Keiner von ihnen wird von der jungen Universität eine wissenschaftliche Ausbildung erwartet haben, dazu war die Personalausstattung noch zu dürftig. Für die meisten ging es darum, sich ein Mindestmaß an Allgemeinbildung anzueignen und – das dürfte vor allem bei den Söhnen der reichen Pflanzer der Hauptzweck gewesen sein – sich noch einmal unter Gleichaltrigen die Hörner abzustoßen, bevor sie, mit einer standesgemäßen Frau versehen, ihren Platz in der festgefügten Gesellschaft einnahmen. Der junge Poe, der von vielen als der Erbe eines der reichsten Männer des Bundesstaates angesehen wurde, hätte gut in diese *Jeunesse dorée* gepasst, wenn sein Pflegevater ihn entsprechend ausgestattet hätte. Doch der hatte ihn mit 110 Dollar nach Charlottesville geschickt, was nicht einmal ausreichte, um die Studiengebühren zu bezahlen. Statt drei Kurse zu belegen, wie es die Universität eigentlich vorschrieb, musste Poe sich mit zweien begnügen, und zwar in Latein und Französisch. Als seine Kasse leer war und John Allan weiter knauserte, versuchte er die Finanzlücke mit Gewinnen im Glücksspiel zu schließen, was rasch zu einem Berg von über 2000 Dollar Spielschulden geführt haben soll.

Dass es an der jungen Universität recht wüst zugegangen sein muss, zeigt eine gerichtliche Untersuchung, zu der Poe als Zeuge vorgeladen wurde. In seinem Brief an Allan vom Mai 1826 berichtet er, dass einige Studenten sich aus Angst vor Bestrafung mit Sack und Pack in die Berge geflüchtet hätten und dass es zu Verwarnungen, Suspendierungen und Relegationen gekommen sei. Poe selbst scheint in die inkriminierten Vorfälle nicht verwickelt gewesen zu sein. Doch dass er der Versuchung erlag, mit seinen betuchten Kommilitonen mitzuhalten, geht aus den Rechnungen hervor, die seinem Pflegevater präsentiert wurden. Als dieser sich daraufhin weigerte, dem ungeratenen Pflegesohn das zweite Studienjahr zu finanzieren, war dessen kurze akademische Laufbahn zu

Ende. Erst drei Jahre später schrieb Poe dem Pflegevater einen langen Rechtfertigungsbrief, in dem er den Spieß umdrehte und ihm die Schuld an seiner finanziellen Misere zuschob. Darin heißt es:

Ich behaupte kühn, dass es ausschließlich Ihre falsch verstandene Sparsamkeit war, die mich in all die Schwierigkeiten brachte, in die ich in Charlottesville verwickelt war. Die Kosten für die Institution beliefen sich bei niedrigster Schätzung auf mindestens 350 Dollar im Jahr. Sie hatten mich mit 110 Dollar dorthin geschickt. Davon wurden sofort 50 Dollar für Verpflegung fällig, 60 für die Vorlesungen von zwei Professoren, und Sie ließen nicht einmal die Gelegenheit aus mir vorzuwerfen, dass ich nicht drei belegt hatte. Weitere 15 Dollar musste ich für die Zimmermiete bezahlen. Bedenken Sie, all dies war im Voraus fällig, von 110 Dollar. 12 für das Bett, weitere 12 für die übrigen Möbel. So musste ich die Demütigung auf mich nehmen, zum Schuldner gegenüber einer öffentlichen Einrichtung zu werden, entgegen den Regeln dieser Institution, was mich sogleich ins Licht eines Bettlers rückte. Sie werden sich erinnern, dass ich Ihnen eine Woche nach meiner Ankunft schrieb und um mehr Geld und um Bücher bat. Sie antworteten darauf in äußerst beleidigendem Ton. Wenn ich die gemeinste Kreatur auf Erden gewesen wäre, hätte Ihre Reaktion nicht beleidigender sein können, wo ich doch nur außerstande war, 150 Dollar mit 110 Dollar zu zahlen. Ich hatte dem Brief an Sie Rechnungen über 149 Dollar beigelegt – wovon 39 noch ausstanden –, worauf Sie mir 40 Dollar schickten, so dass ein Dollar in meiner Tasche blieb. Kurz darauf erhielt ich ein Bücherpaket mit *Gil Blas* und den *Cambridge Mathematics* in 2 Bänden: Bücher, für die ich nicht die geringste Verwendung hatte, da ich nicht die Mittel besaß, mathematische Vorlesungen zu belegen. Doch Bücher brauchte ich, wenn ich weiter an der Institution bleiben wollte – und sie mussten folglich auf Kredit gekauft werden. Auf diese Weise liefen Schulden auf, Geld, das von Juden in Charlottesville zu horrenden Zinsen geliehen wurde; denn ich musste einen Diener, Brennholz, die Wäsche und tausend andere notwendige Dinge bezahlen. Es war dies, was mich liederlich werden ließ. Wie hätte ich es nicht werden können? Ich konnte mit keinen Studenten verkehren außer mit denen, die in der gleichen Lage waren, wenngleich aus anderen Gründen – sie aus Trunksucht und Extravaganz – ich, weil mein Vergehen darin bestand, niemanden zu haben, der für mich sorgte und mich liebte. Ich rufe Gott zum Zeugen, dass ich niemals die Ausschweifung liebte – diejenigen, die mich kennen, wissen, dass meine Bemühungen und meine Gewohnheiten weit entfernt von dergleichen sind. Doch ich wurde durch meine Genossen hineingezogen.

Solche Briefe schrieb Poe danach noch mehrfach an den Pflegevater, manche in bettelndem, geradezu unterwürfigem Ton, andere vorwurfsvoll bis hin zur Arroganz. Die Rechnung, die er in dem zitierten Brief aufmacht, ist richtig, doch die weit größeren Summen, die er an Spielschulden anhäufte, ließ er unerwähnt. Weshalb Allan den Pflegesohn, dessen schulische Leistungen er in früheren Briefen mit spürbarem Stolz kommentiert hatte, jetzt so knapp hielt, ist ein Rätsel. Es scheint so, als habe er ihn bewusst demütigen wollen. Da die Zahl von drei belegten Kursen nur auf ausdrücklichen Wunsch der Eltern unterschritten werden durfte, muss Allan, sofern die Universität ihre eigenen Regeln eingehalten hat, von ihr um die Zustimmung gebeten worden sein. Umso so unfairer ist deshalb sein Vorwurf, dass Poe nur zwei Kurse belegt habe. Da die ersten beiden Briefe, die Edgar nach Studienbeginn an den Pflegevater schrieb, noch ganz vertrauensvoll klingen, muss etwas vorgefallen sein, was zu einem unheilbaren Bruch führte. Möglicherweise hat Poe bei seiner Pflegemutter – zwischen ihnen bestand wohl nach wie vor gegenseitige Zuneigung und Vertrauen – um finanzielle Unterstützung gebeten und damit einen Blitz auf sich gezogen, der aus der Spannung zwischen den Eheleuten resultierte.

Was Poe in seinem knapp einjährigen Studium gelernt hat, ist schwer einzuschätzen. Angesichts der stupenden Belesenheit, die er später als Publizist an den Tag legte, ist die Zahl von nur sechs dokumentierten Buchausleihen aus der – erst seit April 1826 zugänglichen und noch dürftig ausgestatteten – Universitätsbibliothek erstaunlich gering. Die beiden Kurse in Latein und Französisch werden ihn zwar in der Beherrschung dieser Sprachen weitergebracht haben, doch von den weit gestreuten Interessen, die er später verfolgte, ist in dem Studienjahr noch wenig zu spüren. Frühe Gedichte muss er aber schon während des Studiums geschrieben haben, sonst hätte er kaum im Jahr danach den ersten Lyrikband herausbringen können. Zu seinem demütigenden Abgang von der Universität kam eine weitere bittere Erfahrung für den jungen Dichter: Nach der Rückkehr ins heimatliche Richmond musste er hinnehmen, dass seine heimliche Verlobte Sarah vom Vater einem anderen zugedacht war. Dass dieser auch seine Briefe an die Liebste unterschlagen hatte, erfuhr er erst in seinem letzten Lebensjahr.

Dichter in Uniform | 1827–1830

Über die Zeit von Poes Rückkehr nach Richmond bis zu seiner endgültigen Abreise von dort ist wenig bekannt. In einem auf «Montag» datierten Brief, den er vermutlich am 19. März 1827 schrieb, gibt er in bitterem Ton dem Pflegevater seinen Abschied bekannt:

> Solange ich denken kann, habe ich danach getrachtet, es zu Ansehen im öffentlichen Leben zu bringen – ein Streben, zu dem Sie selbst mich erzogen haben. … Eine Universitätsausbildung war daher mein innigster Wunsch, und Sie ließen mich glauben, dass er einmal erfüllt würde. Aber aus einer Laune heraus haben Sie meine Hoffnung zunichte gemacht, weil ich, fürwahr, mit Ihnen in einer Ansicht nicht übereinstimmte, die auszusprechen ich genötigt wurde …
>
> …
>
> Sie machen sich ein Vergnügen daraus, mich vor jenen herabzusetzen, von denen Sie annehmen, dass sie meine Interessen in der Welt befördern könnten. Sie lassen es zu, dass ich den Launen und Kapricen nicht nur Ihrer weißen Familie ausgesetzt werde, sondern ebenso der Autorität der Schwarzen – dieser Schmach konnte ich mich nicht länger unterwerfen: ich gehe.

Poes erstes Ziel war sein Geburtsort Boston, wo er im April eintraf. Dort hat er möglicherweise versucht, in die Fußstapfen seiner Eltern zu treten und ans Theater zu gehen. Jedenfalls könnte man in dem *young gentleman of Boston*, der ohne Namensnennung als neuer Schauspieler in der Ankündigung eines Theaterstücks genannt wird, den Dichter vermuten, der kurz darauf seinen ersten Lyrikband anonym mit dem Zusatz *by a Bostonian* herausbrachte. Falls dies zutreffen sollte, war Poes Vorsprechen vergeblich. Jedenfalls trat er, um nicht zu verhungern, am 26. Mai 1827 in die US Army ein und verpflichtete sich für fünf Jahre. Da er noch minderjährig war, hätte er dazu die Zustimmung seines Er-

ziehungsberechtigten gebraucht. Deshalb gab er sich als der 22-jährige
Edgar A. Perry aus.

Kurz danach erfolgte der für Poe viel wichtigere Eintritt in die Welt der
Literatur. Irgendwie war es ihm gelungen, den erst 19-jährigen Drucker
Calvin F. S. Thomas dazu zu bewegen, seinen ersten Lyrik-Band zu ver-
legen. Im Sommer 1827 erschien er in einer Kleinstauflage von vermutlich 50 Exemplaren unter dem Titel *Tamerlane and Other Poems, By a
Bostonian*. Tamerlane ist jener vom skythischen Hirten zum mächtigs-
ten Herrscher Asiens aufgestiegene Timur der Lahme, dessen englische
Bezeichnung *Timur the Lame* zu *Tamerlane* oder *Tamburlaine* verball-
hornt wurde. Shakespeares Zeitgenosse Christopher Marlowe hatte diesen machtgierigen, größenwahnsinnigen Mann zum Helden seiner ersten
Tragödie gewählt und ihn darin als den Inbegriff des Renaissancemen-
schen porträtiert. Dass Poe ihn zum Helden seines ersten langen Gedichts machte, sagt zweifellos etwas über sein eigenes Wesen aus. Gegenstand des Gedichts ist die lange Lebensbeichte, die der sterbende
Tamerlane – so absurd dies klingen mag – ausgerechnet vor einem
christlichen Pater ablegt. Darin kommt bereits das zum Ausdruck, was
sich wie ein *cantus firmus* durch Poes Werk zieht: Machtphantasie, die
in eine mit gleicher Wollust genossene Ohnmachtsphantasie übergeht.

Der literarische Inspirator des Gedichts war weniger der Renaissance-
dichter Marlowe als vielmehr der Romantiker Lord Byron, den Poe
schon als Schüler mit Hingabe las. Byron inszenierte sich in seinen
Dichtungen immer wieder als machtvollen Empörer, der zugleich das
Kainsmal eines Verfluchten trägt und auf die Niederlage stolzer ist als
auf einen Sieg. Auch die anderen kürzeren Gedichte des Bandes lassen
das byronische Schwanken zwischen Pathos und Weltschmerz erkennen. In seinem Vorwort behauptete Poe, er habe die Gedichte bereits
im Alter von 14 Jahren geschrieben. Mit solchen Legenden hat er auch
später noch oft seine Biographie ausgeschmückt. Trotz der unüberseh-
baren Unreife dieser frühen Gedichte zeigen sie doch bereits die große
Begabung ihres Autors. Eine kritische Rezeption blieb aber weitgehend
aus, was kaum verwundern kann; denn zu der Zeit hatte sich die amerikanische Lyrik auf dem Buchmarkt noch kaum etabliert. Ironischer-
weise zählt dieser Flop heute zu den teuersten Kostbarkeiten unter den
Erstdrucken amerikanischer Literatur.

Poe selber hatte keinerlei Möglichkeit, sich um den Verkauf seines

Buches zu kümmern; denn schon kurz nach Erscheinen des Bandes, am 31. Oktober 1827, wurde seine Artillerie-Einheit nach Fort Moultrie auf Sullivan's Island vor dem Hafen von Charleston verlegt, wo er bis zum 11. Dezember 1828 blieb. Die Insel sollte später der Schauplatz seiner populärsten Geschichte, *The Gold-Bug*, werden. Als Soldat hatte Poe durch seine rasche Auffassungsgabe schnell die Sympathie seines Vorgesetzten gewonnen. Doch dass ihn der militärische Dienst, zumal in einer gottverlassenen Gegend, auf Dauer nicht befriedigen konnte, liegt auf der Hand. Sein Vorgesetzter, dem er inzwischen seine wahre Identität und sein Alter gestanden hatte, war durchaus geneigt, eine vorzeitige Entlassung zu befürworten, machte allerdings zur Bedingung, dass Poe sich mit seinem Pflegevater aussöhnte und dessen Zustimmung einholte. Am 1. Dezember 1828 schrieb Poe deshalb den ersten versöhnlichen Brief an Allan, der aber unbeantwortet blieb. In weiteren Briefen wählte er die unterschiedlichsten Strategien. Er bekannte sich schuldig, versicherte, durch Erfahrung gereift zu sein, drohte mit seinem völligen Absturz ins Nichts, falls Allan ihm die Versöhnung verweigerte, und bat zwischen den Zeilen um finanzielle Unterstützung, indem er genau dies ausdrücklich bestritt.

Als alle Briefe unbeantwortet blieben, muss er gespürt haben, dass Allan ihn zwingen wollte, bei dem einmal gewählten Weg zu bleiben. So verlegte er sich nun darauf zu beteuern, dass er es in der Armee zu mehr bringen wolle als zum Sergeant Major, dem höchsten Rang, den ein einfacher Soldat erreichen konnte. Um weiter befördert zu werden, hätte er die Militärakademie von West Point besuchen müssen. Deshalb bat er Allan jetzt, ihn bei seiner Bewerbung dorthin zu unterstützen. In all seinen Briefen hatte Poe stets die Pflegemutter gegrüßt und sie seiner Liebe versichert. Das war es dann wohl, was bei Allan das Eis zum Schmelzen brachte; denn der Gesundheitszustand seiner Frau hatte sich zuletzt sehr verschlechtert. Als sie im Sterben lag, nahm Poe Urlaub, um sie noch einmal zu sehen, doch er kam zu spät. Sie starb am 28. Februar 1829. Sein Vater spendierte ihm für die Beerdigung einen schwarzen Anzug und die nötigen Accessoires. Zu einer herzlichen Versöhnung kam es zwar nicht, doch immerhin hatte Poe jetzt seine Zustimmung zur Bewerbung nach West Point. Die aber zog sich lange hin.

Am 15. April 1829 hatte Poe endlich die förmliche Entlassung aus dem einfachen Militärdienst erreicht, musste aber für die nicht abgedienten drei Jahre einen Ersatzmann finden und ihn bezahlen, wofür Allan ihm das Nötige, aber auch nicht mehr, zur Verfügung stellte. Um seine Bewerbung für West Point voranzutreiben, wollte er Washington so nahe wie möglich sein. Deshalb begab er sich zu seiner Familie väterlicherseits nach Baltimore. Dort lebte die Witwe seines Großvaters, die mit ihrer bescheidenen Pension die Schwester seines Vaters und deren Tochter und zeitweilig auch Poes Bruder William Henry mit ernährte. Obwohl Poe mehrmals die fünfzig Kilometer von Baltimore nach Washington zu Fuß zurücklegte, gelang es ihm nicht, das Verfahren zu beschleunigen. Aus den Dokumenten, die von dem langwierigen Papierkrieg um seine Entlassung und anschließende Bewerbung erhalten sind, geht hervor, dass er auch hier wieder eine Legende spann; denn er gab an, dass seine Eltern durch einen Brand des Theaters in Richmond umgekommen seien und er daraufhin als «Sohn & Erbe» von Allan adoptiert worden sei. Seine Aufnahme in die Militärakademie erfolgte schließlich im Frühjahr 1830.

In der Wartezeit versuchte er seine literarische Karriere voranzutreiben. So gelang es ihm, Teile eines neuen, längeren Gedichts mit dem Titel *Al Aaraaf* in der Zeitschrift *Baltimore Gazette and Daily Advertiser* unterzubringen. Als Pseudonym wählte er Marlow, womit er sich zum Autor jener *Tamburlaine*-Tragödie bekannte, die dem gleichen Heros gewidmet ist wie sein *Tamerlane*. Das vollständige Gedicht kam im Dezember 1829 in dem Band *Al Aaraaf, Tamerlane, and Minor Poems* heraus, der von Hatch & Dunning verlegt wurde. Es ist Poes längstes und schwierigstes Gedicht, das er selber mit dreißig Anmerkungen versehen hat, in denen es von lateinischen, italienischen und französischen Zitaten nur so wimmelt. Selbst ein deutsches Goethe-Zitat ist dabei. Al-Aaraaf ist der arabische Name für eine im Koran erwähnte Zwischenwelt zwischen Himmel und Hölle, die Poe auf einer Supernova lokalisiert, die Tycho Brahe am 11. November 1572 im Sternbild Cassiopeia entdeckte und die dort nur 16 Monate lang sichtbar war. Er macht den Stern zum Sitz von Nesace, einem weiblichen Engel, der im Auftrag Gottes für die Verbreitung der Schönheit zuständig ist. Ihr untersteht auch Ligeia, die Verkörperung der Musik des Kosmos. Diesen Namen wird er später der interessantesten Titelfigur seiner Geschichten über idealisierte Frauengestalten geben. Wer das Gedicht mit Hilfe eines guten Kommentars liest, wird darin eine grobes Handlungsgerüst erkennen, das bereits die typische Thematik des späteren Werks enthält. Es klingt darin die pantheistische Gottesvorstellung an, die er zuletzt in seinem gedanklichen Hauptwerk *Eureka* konsequent entwickelte. Vor allem aber geht es um die Schönheit, die jenseits von Gut und Böse – daher die Zwischenwelt zwischen Himmel und Hölle – das Wesen der Kunst ausmacht. Da Gott, wie Poe in *Eureka* ausführt, die Welt wie ein Künstler schuf, stehen die Schönheit und der Wille Gottes im Zentrum der Welt. Stilistisch orientiert er sich hier nicht mehr an Byron, sondern an zwei so gegensätzlichen Dichtern wie dem christlichen Visionär John Milton und dem Romantiker Thomas Moore, dessen Sammlung orientalisierender Verserzählungen *Lalla Rookh* (1817) in der englischsprachigen Welt zu einem Dauerbestseller wurde.

Poes Gedichtband enthält noch ein weiteres Gedicht, das einen Grundton seines späteren Werkes anschlägt. Es ist das Sonett *To Science (An die Wissenschaft)*. Da Poe oft als Ahnherr der Science Fiction angesehen wird, sei es hier vollständig zitiert:

> O Wissenschaft, du wahres Kind der Zeit!
> Dein forschend Aug' verändert alle Dinge.
> Du nagst am Dichterherzen und spannst weit
> – Ein Geier! – des Realen dumpfe Schwinge.

> Wie sollte dich der Dichter lieben? Wie
> Dich weise nennen, wo du ihm den Flug
> Verwehrst zu Schätzen himmlischer Magie,
> Wohin ihn einst die kühne Schwinge trug?

> Warfst du Diana nicht von ihrem Wagen,
> Die Nymphen nicht aus ihres Waldes Hut?
> Sie ließen sich zu fernren Sternen tragen.

> Nahmst du nicht den Najaden ihre Flut,
> Den Elfen nicht das Gras – und mir den Traum
> Vom Sommer unterm Tamarindenbaum?

Diesem romantischen Credo blieb Poe auch später treu, wenngleich seine *tales of ratiocination* dem zu widersprechen scheinen.

In der Wartezeit bis zur Aufnahme in West Point hatte Poe keine Einkünfte, so dass er immer wieder Bettelbriefe an den Pflegevater schreiben musste, der ihm daraufhin kleine Summen schickte, die von mora-lischen Belehrungen begleitet waren. Damit kühlte sich die ohnehin nur schwach aufgewärmte Beziehung zwischen den beiden erneut ab.

Als Poe endlich im Frühjahr 1830 mit seiner Ausbildung an der Militär-akademie begann, war vorauszusehen, dass er auch diese nicht abschlie-ßen würde; denn inzwischen fühlte er sich bereits ganz und ausschließ-lich als Dichter. Den schulischen Teil der Ausbildung nutzte er zunächst durchaus für seine persönliche Bildung. Von den angebotenen Fächern wählte er Französisch und Mathematik. Darin erwies er sich, wie schon früher auf der Schule und der Universität, als brillanter Student. Als er aber im Herbst 1830 die Mitteilung bekam, dass sein Pflegevater wieder geheiratet hatte, konnte er sich ausmalen, dass er nun nichts mehr von ihm zu erwarten hatte. Es dauerte auch nur bis zum Ende des Jahres, bis er von Allan einen Brief erhielt, in dem dieser ihm den Abbruch jeglicher Kommunikation ankündigte. Anscheinend waren ihm Gerüch-te zu Ohren gekommen, wonach Poe ihn als Trunkenbold verleumdet habe. Poe seinerseits erwiderte die Abfuhr mit dem längsten Brief, den er jemals an ihn schrieb. Auf vier Seiten sparte er nicht mit Vorwürfen und sarkastischen Hieben gegen Allan und Entschuldigungen in eigener Sache. Es ist der Brief, aus dem an früherer Stelle bereits ausführlich zi-tiert wurde. Mit unverhohlenem Trotz forderte er Allan jetzt auf, noch einmal die Rolle des Vormunds zu spielen und sein Entlassungsgesuch aus der Akademie zu unterstützen. Eine Antwort blieb aus. Daraufhin provozierte Poe seinen Rausschmiss durch bewusste Pflichtverletzun-gen, was ihn am 28. Januar 1831 vor ein militärisches Disziplinargericht brachte, das seine unehrenhafte Entlassung beschloss. Der ihm wohlge-sinnte Vorgesetzte Superintendent Thayer erreichte immerhin, dass die Entlassung auf den 6. März terminiert wurde, so dass der ausstehende Sold gerade ausreichte, seine Schulden zu bezahlen. Poe verließ West Point aber schon am 19. Februar und machte sich auf den Weg nach New York.

«Israfel» | 1831

In seinem Reisegepäck nach New York hatte Poe eine erweiterte Sammlung seiner Gedichte, für die er zuvor bei seinen Kameraden an der Akademie Subskriptionen gesammelt hatte. Ob sie wussten, was für Gedichte darin stehen würden, ist zu bezweifeln. Wahrscheinlich ließ Poes Aufmüpfigkeit sie auf freche, rebellische Verse hoffen. Der Band *Poems by Edgar A. Poe*, in dem sechs der früheren kurzen Gedichte gegen sechs neue ausgetauscht und die längeren überarbeitet wurden, kam im April 1831 heraus. Gewidmet ist er dem US-Kadettencorps. Unter den neuen Gedichten ist heute am bekanntesten das schon früher zitierte *An Helen*, von dem Poe erst kurz vor seinem Tode sagte, dass er es für Mrs. Stanard geschrieben habe. Doch die darin zum Ausdruck gebrachte Mythisierung weiblicher Schönheit ist so allgemein, dass wohl auch die Erinnerung an seine eigene Mutter und an die verehrte Pflegemutter mitschwingt. Die hohe Wertschätzung, die das Gedicht heute genießt, lässt erkennen, welche Reife der erst 22-jährige Dichter inzwischen erreicht hatte. Ein anderes Gedicht hat den kryptischen Titel *The Valley of Nis*, den Poe später in *The Valley of Unrest* änderte. In *Nis* vermuten manche Kommentatoren die Umkehrung von *sin* (Sünde), wofür das Gedicht aber keinen Anhaltspunkt gibt. Da im Zentrum ein «namenloses Grab» steht, benutzt Poe hier offenbar die altertümliche Wendung *nis* für *not is*, d.h. ‹ist nicht›.

Um Poes obsessives Thema, die Klage über den Tod einer schönen Frau, geht es noch direkter in den Gedichten *Irene* (später *The Sleeper*) und *A Paean* (später *Lenore*). Zu Poes wichtigen Gedichten zählt auch *The Doomed City* (später *The City of the Sea*). Darin wird in glühenden Farben das Bild einer aus kunstvollen Bauten errichteten Totenstadt am Meer beschworen, der aus der Tiefe des Wassers ein Höllenschlund entgegengähnt. Da nicht gesagt wird, weshalb die Stadt verflucht ist, fehlt das Moralische darin. Stattdessen entwirft Poe wie später in der

Geschichte *Siope (Silence)* ein Bild äußerster Leblosigkeit; denn in der Totenstadt rührt sich kein Hauch.

Das wichtigste, weil repräsentativste unter den neuen Gedichten ist aber *Israfel*. Wie schon bei *Al Aaraaf* entnahm Poe auch hier die Titelfigur dem Koran, den er durch die Übersetzung von George Sales kennenlernte. Poe stellt seinem Gedicht in Kursivdruck das folgende Koranzitat als Thema voran:

> Und der Engel Israfel,
> dessen Herzensfasern eine Laute sind
> und der die süßeste Stimme hat
> von allen Geschöpfen Gottes.

Diesen Engel beschwört Poe in expressiver Sprache als den Inbegriff eines Dichters, der den ganzen Kosmos mit seiner Leier in Bann schlagen kann. Das Gedicht beschließt er mit dem Gedanken, dass, wenn er und Israfel die Plätze tauschen könnten, Israfels Gesänge zwar weniger himmlisch wären, aber sein eigenes Gedicht umso kühner und gewaltiger.

Eine so expressive Dichtersprache und einen so emphatischen Machtanspruch als Dichter hatte es in englischer Sprache zuvor nur in Samuel T. Coleridges *Kubla Khan* (1816) und in Percy B. Shelleys *Ode to the West Wind* (1819) gegeben. In England setzte erst Algernon Charles Swinburne den viktorianischen *lilies and languors of virtue* (den «Lilien und Langweiligkeiten der Tugend») die *raptures and roses of vice* (die «Ekstasen und Rosen des Lasters») entgegen, weshalb dieser Dichter zu einem der frühesten und glühendsten Bewunderer Poes in England wurde. In Amerika sah es nicht anders aus. Auch hier war die von den Lesern erwartete und von den Dichtern gelieferte Lyrik auf einen Ton gefälliger Melodik und inhaltlich auf gutbürgerliche Sentimentalität gestimmt. In diese zur Konvention erstarrte Spätromantik schlugen Poes *Poems* wie die sprichwörtliche Pranke des Löwen hinein.

Aufschlussreich ist vor allem das lange Vorwort, das Poe dem Band als «Brief an Mr.B.» vorausschickt. Es ist sein erstes poetisches Credo, dem später noch weitere folgen sollten. Darin stützt er sich auf theoretische Äußerungen des Engländers Samuel Taylor Coleridge, der zusammen mit William Wordsworth mit dem Gedichtband *Lyrical Ballads* die englische Hochromantik eingeläutet hatte. Für Wordsworth hat Poe nur Spott übrig. Das ist insofern irritierend, als er selber manches sagt, was Wordsworth in seinem programmatischen Vorwort zur zweiten Auflage der *Lyrical Ballads* mit anderen Worten auch gesagt hatte. So heißt es beispielsweise bei Poe:

> Aristoteles, mit der ihm eigenen Sicherheit, hatte die Dichtkunst als die philosophischste Form der Literatur bezeichnet – aber es musste ein Wordsworth kommen, um sie zur metaphysischsten zu erklären. Er scheint zu denken, dass der Zweck der Poesie die Belehrung sei oder sein sollte – doch es ist eine Binsenwahrheit, dass der Zweck unserer Existenz die Glückseligkeit ist; wenn dem so ist, sollte der Zweck von jedem Teil unserer Existenz und von allem, was mit ihr verbunden ist, die Glückseligkeit sein. Darum sollte auch die Belehrung die Glückseligkeit zum Ziel haben; und Glückseligkeit ist nur ein anderer Name für Lust – folglich sollte auch die Belehrung die Lust zum Zweck haben.

Dem hätte Wordsworth kaum widersprochen. In seinem Vorwort ist *pleasure* der meistverwendete Schlüsselbegriff. Bei ihm steht: «Der Zweck der Dichtung ist, Erregung hervorzurufen in Koexistenz mit einem Überschuss an Lust.» Wordsworth wagte sogar die ästhetische Lust mit der sexuellen zu vergleichen; denn alle Lust entspringt für ihn aus dem «Erkennen des Ähnlichen im Unähnlichen und des Unähnlichen im Ähnlichen». Die Stelle, die Poe zum Anlass seiner Attacke gegen Wordsworth nimmt, lautet in dessen Vorwort so:

> Aristoteles, wurde mir gesagt, nannte die Dichtung die philosophischste Form von Literatur. So ist es. Ihr Gegenstand ist die Wahrheit, nicht individuell und lokal, sondern generell und operativ; nicht gegründet auf äußerem Zeugnis, sondern durch Leidenschaft lebendig in die Herzen gesenkt: Wahrheit mit ihrem eigenen Zeugnis, welches Kraft und Göttlichkeit jenem Tribunal verleiht, an das sie appelliert, und von dem sie das Gleiche zurückerhält.

Poes Dissens mit Wordsworth entzündete sich an dessen Forderung nach Wahrheit. Darin spürte er jenen «Didaktizismus», den er später immer wieder attackierte und als «Häresie der Literatur» bezeichnete. Für ihn war – und blieb bis zuletzt – die Schönheit der Leitstern.

Zuflucht in Baltimore | 1831–1835

Nach der Entlassung aus der Militärakademie war Poe ohne jedes Einkommen. Wie es ihm überhaupt gelang, die wenigen Wochen bis zur Publikation seines Gedichtbandes in New York zu finanzieren, ist nicht bekannt. Die einzige Zuflucht, die sich ihm danach bot, war seine Großmutter in Baltimore. Dorthin ging er spätestens Anfang Mai, wahrscheinlich aber schon früher. Im Haushalt der Großmutter lebten zu der Zeit außer ihr noch ihre Tochter Maria, verwitwete Clemm, deren achtjährige Tochter Virginia und der zehnjährige Sohn Henry, sowie Poes Bruder William Henry, der nach dem Tod der Eltern von seinem Großvater aufgenommen worden war. Über die ersten beiden Jahre, die Poe dort verbrachte, ist wenig bekannt. Schon kurz nach seiner Ankunft starb am 1. August der Bruder im Alter von 24 Jahren an den Folgen seiner Trunksucht. In all den Jahren nach dem Tod der Mutter hatten die Brüder den Kontakt zueinander aufrechterhalten. Henry, der in Aussehen und Temperament seinem Bruder sehr ähnlich gewesen sein muss, war mit 18 oder 19 Jahren zur Marine gegangen und hatte sich den sprichwörtlichen Wind um die Nase wehen lassen. Auch er schrieb Gedichte, Geschichten und Skizzen, die er unter dem Kürzel W. H. P. publizierte. Einige seiner Gedichte finden sich, über lange Passagen wortgleich, bei Edgar, so dass schwer zu entscheiden ist, wer von beiden der Autor ist. Nach dem vollständigen Bruch mit John Allan hatte Edgar sich mehrfach hilfesuchend an seinen Bruder gewandt, doch der einst so tatkräftige Seemann war inzwischen durch seinen Alkoholismus so geschwächt, dass er nicht einmal für sich selbst sorgen konnte.

In der zweiten Jahreshälfte muss Poe eine Reihe von Kurzgeschichten geschrieben haben, die er dem in Philadelphia erscheinenden *Saturday Courier* schickte, als der einen Wettbewerb mit Einsendeschluss 1. Dezember ausschrieb. Den Preis von 100 Dollar für «die beste amerikanische Geschichte» gewann zwar eine Delia Bacon mit *Love's Martyr* (*Märtyrer der Liebe*), doch Poe scheint mit seinen Geschichten auf den zweiten Platz gekommen zu sein. Nachdem die prämierte Geschichte am 7. Januar im *Courier* abgedruckt worden war, erschienen nämlich dort in kurzen Abständen Poes Geschichten *Metzengerstein, The Duc de l'Omelette, A Tale of Jerusalem, A Decided Loss* (späterer Titel: *Loss of Breath*) und *The Bargain Lost* (später *Bon-Bon*). Ob er dafür ein Honorar erhalten hat, ist nicht bekannt. Poe hat die Erzählungen später im *Southern Literary Messenger* ohne einen Hinweis auf das frühere Erscheinen publiziert.

Im Laufe des Jahres 1832 fügte Poe den fünf genannten Erzählungen sechs weitere hinzu, um alle zusammen, eingebettet in eine Rahmenerzählung, als Buch unter dem Titel *Tales of the Folio Club* herauszubringen. Die sechs neuen waren *Lionizing, The Visionary* (später *The Assignation*), *Shadow, Epimanes* (später *Four Beasts in One*), *Silence* und *MS. Found in a Bottle*. Mehrere dieser Geschichten reichte er 1833 bei einem Preisausschreiben des *Saturday Visiter* ein und gewann mit *MS. Found in a Bottle* (*Manuskriptfund in einer Flasche*) den ersten Preis in Höhe von 50 Dollar. Das scheint das erste Geld gewesen zu sein, das er mit seiner Feder verdiente. Wichtiger als der Verdienst war aber die Bekanntheit, die ihm die Veröffentlichung der Geschichte einbrachte. Zu den ersten, die auf ihn aufmerksam wurden, zählte der knapp vierzig Jahre alte John Pendleton Kennedy, der selbst Geschichten über das Leben auf den Plantagen der Südstaaten schrieb und bald ein sehr loyaler Freund des Dichters wurde. Kennedy gehörte zur Jury des Preisausschreibens und muss sogleich die große Begabung des jungen Autors erkannt haben. Er nahm von Anfang an Anteil an seinem Geschick und versuchte zu helfen, wo es nur ging. Unter allen männlichen Briefpartnern war er derjenige, an den Poe die ehrerbietigsten und vertrauensvollsten Briefe schrieb. Einen weiteren kleinen Erfolg hatte Poe mit der Geschichte *The Visionary*, die im Januar 1834 in *Godeys Lady's Book* erschien. Damit war er als Autor zum ersten Mal in einer Zeitschrift mit großer überregionaler Verbreitung vertreten.

Etwa zur gleichen Zeit, vermutlich im Februar, machte Poe den letzten Versuch, sich mit John Allan auszusöhnen. Der erst 54-Jährige, der mit seiner zweiten Frau inzwischen zwei Kinder hatte, war schwer erkrankt, was Poe zu Ohren gekommen sein muss. In der Hoffnung, doch noch etwas von der erhofften Erbschaft retten zu können, suchte Poe ihn auf, doch die neue Mrs.Allan wollte ihn nicht zu dem Schwerkranken vorlassen. Als Poe sich dennoch Zutritt verschaffte, drohte ihm der Alte mit dem Krückstock. Kurz darauf, am 27. März, starb er. In seinem Testament bedachte er seine ehelichen wie seine außerehelichen Kinder, doch Edgar war nicht erwähnt. Damit ging für Poe ein leidvolles Kapitel seines Lebens mit einer bitteren Enttäuschung zu Ende. Auch wenn er wenig Grund dazu hatte, scheint er doch bis zuletzt gehofft zu haben, dass ihm dieser reiche Mann, wenigstens aus schlechtem Gewissen, etwas vermachen würde. In Allans Nachlass fanden sich die unbeantworteten Bettelbriefe, die Poe von West Point und New York in flehendem Ton an ihn geschrieben hatte. Auf der Rückseite eines der Briefe fand sich eine Notiz, die Allans Sicht der Beziehung zum Ausdruck bringt. Poe hatte seinen Brief mit dem Satz begonnen: «Es sind nun über zwei Jahre her, dass Sie mir geholfen haben». Allans Notiz lautet:

> Es sind nun mehr als zwei Jahre her, dass ich dieses feine Relikt des schwärzesten Herzens und der tiefsten Undankbarkeit empfing, gleichermaßen ehr- und prinzipienlos an jedem Tag seines Lebens, was mir erneut seine verkommene Natur bestätigt.

Auch wenn ein Großteil der Schuld an dem Zerwürfnis wohl Allans Lieblosigkeit zuzuschreiben ist, scheint es doch so, als habe Poe den Machtkampf mit dem Pflegevater förmlich gesucht, um sich nach der Niederlage als unschuldiges Opfer fühlen zu können.

Aus Poes Privatleben ist aus dieser Zeit noch eine Liebesaffäre mit der siebzehnjährigen Mary Starr überliefert, die in Poe-Biographien auch unter dem Nachnamen ihres Onkels Devereux erscheint, in dessen Haushalt sie lebte. Da die einzige Quelle dafür ein Bericht ist, den Mary selber fünfzig Jahre später gab, ist nicht sicher, ob die Geschichte von Poes stürmischer Werbung bis hin zu Handgreiflichkeiten mit Marys Mutter wirklich stimmt. Vielleicht hat die Umworbene ein wenig übertrieben, um in der Biographie des inzwischen berühmten, wenn auch verruchten Dichters eine bessere Figur abzugeben. Allerdings hat Mary, die als verehelichte Mrs.Jennings nach New Jersey zog, dort familiären Kontakt zu Poe und seiner Frau gepflegt, als die beiden in Fordham bei New York lebten.

Richmond:
«The Southern Literary Messenger» | 1835–1837

E in Silberstreif zog an Poes Horizont herauf, als er den ersten Kontakt zu dem von Thomas Willis White in Richmond eben erst gegründeten *Southern Literary Messenger* knüpfte. White, der als Drucker begonnen hatte, brauchte einen kompetenten Literaten, der den inhaltlichen Teil übernehmen konnte. Nachdem Poe auf Anraten Kennedys an White geschrieben hatte, begannen die beiden sich einander anzunähern. Bevor daraus eine Anstellung wurde, hatte Poe einen Tiefpunkt in seinen finanziellen Verhältnissen erreicht. Am 7.Juli 1835 war seine Großmutter gestorben, was bedeutete, dass seine Tante, die verwitwete Maria Clemm, und deren Tochter Virginia kein Einkommen mehr hatten. So musste es Poe wie eine Rettung in letzter Minute empfinden, als White ihm die Mitarbeit an seiner Zeitschrift anbot, mit einem Monatsgehalt von anfangs 40, später 60 Dollar. Der Anstellungsvertrag wurde zunächst nur für einen Probemonat geschlossen. White nahm sich seines jungen Redakteurs väterlich wohlwollend an und lud ihn zu sich nach Hause ein, wo Poe auch die 18-jährige Tochter Eliza kennenlernte. Ihr widmete er offenbar das Gedicht *To Elizabeth* im *Messenger*, das er vorher seiner Cousine Elizabeth Rebecca Herring ins Album geschrieben hatte und das er 1845 noch einmal für eine poetische Adresse an die von ihm umworbene Mrs.Osgood verwertete.

Eigentlich hätte Poe, der zum ersten Mal in seinem Leben ein geregeltes Einkommen bezog, in Richmond ganz zufrieden sein können. Doch schon nach zwei Wochen an seiner neuen Wirkungsstätte erreichte ihn ein Brief seiner Tante, der ihn in Panik versetzte. Darin teilte sie ihm mit, dass sein Cousin Neilson Poe, der mit Virginias Halbschwester aus der ersten Ehe ihres Vaters verheiratet war, das Angebot gemacht habe, die knapp Dreizehnjährige zu sich zu nehmen und ihr eine gute Erziehung angedeihen zu lassen. Für Poe hätte das die Trennung von seiner Cousine bedeutet, für die er eine tiefe Zuneigung entwickelt hatte. In einem beschwörenden, geradezu hysterisch klingenden Brief schrieb er zurück: «Ich liebe, du weißt es, ich liebe Virginia leidenschaftlich und treu ergeben. Ich kann mit Worten nicht ausdrücken, welch glühende Hingabe ich für meine liebe kleine Cousine empfinde». Am Schluss des Briefes fügt er ein Postskriptum für Virginia an: «Meine liebe, meine süße Sissy, mein liebstes kleines Weibchen, denk nach, bevor du deinem Cousin das Herz brichst. Eddy».

Die neue Situation stürzte Poe in eine tiefe psychische Krise. Ein Brief, den er an Kennedy schrieb, klingt wie ein Hilferuf. Poe suchte sein Leben lang nach liebevoller Zuwendung bei Frauen. Dass ihm nun die eine durch die andere entzogen werden sollte, empfand er als Verrat und reagierte darauf mit tiefer Depression, die er mit Alkohol zu betäuben versuchte. White warnte ihn in einem väterlich ermahnenden, doch höflich verklausulierten Brief vor weiteren Exzessen. «Kein Mann ist sicher, der schon vor dem Frühstück trinkt», heißt es darin. Mit der Lösung seines Problems zögerte Poe nicht lange. Er begab sich nach Baltimore und holte am 22. September beim dortigen Bezirksgericht für sich und Virginia eine Heiratslizenz ein, was eine förmliche Verlobung bedeutete. Ob im Anschluss daran eine private Trauung erfolgte, ist umstritten. Die öffentliche kirchliche Trauung geschah jedenfalls erst am 16. Mai 1836. Zu der Zeit war Virginia noch keine 14 Jahre alt.

Über Poes Ehe ist viel spekuliert worden. Seine Kritiker sehen darin einen Fall von Pädophilie und Inzest. Tatsächlich war die Verheiratung so junger Frauen nicht illegal, wurde aber doch als bedenklich angesehen. Das Gleiche gilt für die Ehe zwischen Cousin und Cousine. Von einem lasziven sexuellen Interesse an der Kindfrau kann bei Poe aber keine Rede sein. Es wird im Gegenteil von vielen vermutet, dass die Ehe nie vollzogen wurde. Virginia, deren engelhafte Schönheit von allen Zeitgenossen aus seinem Bekanntenkreis gerühmt wurde, war für ihn die Verkörperung von weiblicher Reinheit und Unschuld schlechthin. Das geradezu obsessive Verlangen nach solchen Unschuldsidolen ist in der puritanisch geprägten angelsächsischen Welt des 19. Jahrhunderts vielfach belegt. In England gab es zahlreiche Beispiele dafür. So ließ der Kulturkritiker John Ruskin seine erste Ehe unvollzogen und verliebte sich nach der Scheidung ohne sexuelle Absicht in ein zehnjähriges Mädchen. Asexuell, wenngleich hocherotisch war auch die Beziehung des Oxforder Mathematikprofessors Charles Lutwidge Dodgson, besser bekannt als Lewis Carroll, zu der zehnjährigen Alice Liddell, für die er *Alice im Wunderland* schrieb. In Amerika war die Idolisierung der Unschuld noch weit stärker ausgeprägt; denn die junge Nation hielt sich kollektiv etwas darauf zugute, dass sie sich als das unschuldige Kind vom verdorbenen europäischen Vater losgesagt hatte.

So sehr Poe wegen seiner Alkoholexzesse moralisch angegriffen wurde, so wenig ist ihm in sexueller Hinsicht etwas vorgeworfen worden. Frauen gegenüber verhielt er sich so untadelig, dass man ihn eher für impotent als für lasziv und pädophil halten könnte. Nicht einmal die von Freud diagnostizierte Spaltung der männlichen Libido in zwei Frauenbilder – in die verehrte, aber nicht begehrte Heilige und die begehrte, aber verachtete Hure – ist bei ihm zu beobachten. Seine *femmes fatales* sind keine Huren. Sieht man einmal von Berenice in der gleichnamigen Erzählung ab, von deren Zähnen sich der Erzähler bedroht fühlte, was Kritiker als *vagina dentata* deuten, so gibt es keine einzige Frauengestalt in seinem Werk, der man eine auffallende Sexualität attestieren würde. Bei Poe gab es, wie sich in seinem späteren Leben zeigen sollte, sehr wohl eine Spaltung des Frauenbildes, doch nicht die zwischen der Heiligen und der Hure, sondern die zwischen Engel und Mutter. Dabei gewann die Sehnsucht nach der Mutter nach dem Tod des Engels Virginia in ihm fast ganz die Oberhand. Die Frau, die er am innigsten liebte, von der er sich jeden Abend mit einem Gutenachtkuss verabschiedete, der er alles beichtete und die er in allem um Rat fragte, war Muddy, wie er seine zur Schwiegermutter gewordene Tante nannte.

Nach der Verlobung ging Poe nach Richmond zurück, um dort für sich, seine junge Frau und die Schwiegermutter eine Wohnung zu suchen. White, der geglaubt hatte, Poe habe den Dienst quittiert, stellte ihn wieder ein, jedoch unter der Bedingung, dass er sich keine Alkoholexzesse mehr leisten dürfe. Bei einem Wochenlohn von 15 Dollar konnte der Sechsundzwanzigjährige nun seiner Frau und ihrer Mutter aus eigenen Mitteln ein bescheidenes Heim finanzieren. Doch aus dem Häuschen, das er ihnen in Aussicht stellte, wurde nichts. Stattdessen wohnte er mit den beiden Frauen in einer Pension, was einen beträchtlichen Teil seines Einkommens verschlang. Maria Clemm hatte den Plan, selbst eine Pension zu eröffnen und so zum Familieneinkommen beizutragen. Doch dazu fehlte das Startkapital, was Poe in die missliche Lage versetzte, nun abermals Bettelbriefe schreiben zu müssen.

Seine Tätigkeit als Herausgeber des *Messenger* – was er de facto war, wenngleich White ihm diese Stellung nicht offiziell zuerkannte – übte er mit außerordentlichem Fleiß aus. Noch vor seiner Anstellung hatte er der Zeitschrift die oben erwähnte Geschichte *Berenice* geschickt, die bereits im März 1835 darin erschienen war. Es ist die erste jener Erzählungen von mysteriösen Frauengestalten, die mit Poes Namen untrennbar verbunden sind, obgleich sie nur einen sehr kleinen Teil seines Werks ausmachen. Die Geschichte wird von einem Mann namens Egaeus erzählt, der als kränkelndes Kind mit einer Neigung zum Grübeln in einem düsteren Schloss aufwächst, wo er sich in die Bücher der riesigen Bibliothek vergräbt. Im gleichen Haus lebt seine Kusine Berenice, die das genaue Gegenteil ist. Sie ist lebhaft, gesund, schön und von heiterem Gemüt, bis plötzlich bei ihr eine körperliche und geistige Auszehrung einsetzt, auf die der Erzähler so reagiert:

> In den hellsten Tagen ihrer unvergleichlichen Schönheit war ich mit Sicherheit nicht in sie verliebt. In der sonderbar abnormen Verfassung meines Wesens kamen die Gefühle nie aus dem Herzen, meine Leidenschaften waren *immer* solche des Geistes. Durch das Grau des frühen Morgens – in den Schattengittern des Waldes am Mittag – und in der Stille meiner Bibliothek in der Nacht war sie vor meinen Augen vorbeigehuscht, doch ich sah sie nicht als die lebendige, atmende Berenice, sondern als die Berenice meiner Träume; nicht als ein Wesen der Erde aus Erde, sondern als die Abstraktion eines solchen Wesens; nicht als etwas zum Bewundern, sondern zum Analysieren; nicht als Objekt der Liebe, sondern als Thema abstrusester, obgleich zusammenhangloser Spekulationen. Und *jetzt* – jetzt schauderte mich in ihrer Gegenwart, und ich wurde blass, wenn sie sich nahte; doch, ihren verfallenen und trostlosen Zustand bitter beklagend, erinnerte ich mich, dass sie mich seit langem liebte, und in einem schlimmen Augenblick sprach ich zu ihr von Heirat.

Die eigentümliche Spaltung zwischen Geist und Sinnlichkeit, die Poe dem Erzähler hier als Bekenntnis in den Mund legt, trifft so genau das sonderbare Verhalten, das der Dichter selber im Laufe seines Lebens Frauen gegenüber an den Tag legte, dass es wie eine Selbstdiagnose anmutet. Im Fortgang der Geschichte heiratet der Erzähler die Frau, die kurz darauf stirbt und in einer Gruft begraben wird. Doch Egaeus fühlt sich in der Erinnerung so durch die Zähne der Toten bedroht, dass er in einem Anfall von Bewusstseinsstörung das Grab öffnet und der Toten das Gebiss herausbricht. Danach stellt sich heraus, dass Berenice nur scheintot gewesen war und dass er sie durch das Herausbrechen der Zähne getötet hat.

Die Angst vor der Frau, die hier zum Ausdruck kommt, steht auch in der nächsten Geschichte im Mittelpunkt, die einen Monat später im *Messenger* erschien. Morella, die Titelfigur der Erzählung, ist eine überirdisch schöne, hochintelligente und universal gebildete Frau, die der Erzähler auf eine unerotische Weise wie eine Göttin verehrt und heiratet. Auch für ihn verwandelt sich die faszinierende Schönheit und geistige Tiefe seiner Frau in etwas, das ihm Schrecken einflößt und in ihm den Wunsch nach ihrem Tod auslöst. Bevor sie im Kindbett stirbt, sagt sie zu ihm «Die Tage, da du mich lieben konntest, gab es nicht – doch die du im Leben verabscheutest, sollst du im Tode verehren.» Die neugeborene Tochter lässt er viele Jahre namenlos aufwachsen. Doch als er sie, wie unter dem Zwang eines Dämons, schließlich auf den Namen der Mutter tauft, sieht er plötzlich, wie deren Geist vom Körper der Tochter Besitz ergreift, die mit dem Schrei «Ich bin hier!» tot zusammenbricht. Den Rest seines Lebens verbringt der Erzähler, wie es ihm die erste Morella auf dem Sterbebett verkündet hatte, in düsterer Trauer, die aber für ihn größeres Glück bedeutet als die Gegenwart der lebenden Frau.

Die krönende Ausformung dieses für ihn so obsessiven Themas schuf Poe drei Jahre später in *Ligeia*. Für den *Messenger* schrieb er stattdessen wieder satirische Grotesken wie die Erzählung *Lionizing* und Jux-Geschichten (*hoaxes*) wie die Mondfahrt von Hans Phaal (*Hans Phaal – A Tale*). Noch vor seiner Anstellung hatte die Zeitschrift die zuvor im *Courier* erschienenen Geschichten nachgedruckt und danach von Monat zu Monat die noch ungedruckten aus dem geplanten *Folio Club*-Band herausgebracht. Jetzt aber war Poe nicht nur als Autor gefragt. Er musste auch sonst sehen, wie er seine Zeitschrift füllen konnte. Damit begann seine Tätigkeit als Rezensent. 1836 waren es erst 26 Rezensionen, im Jahr darauf schon 78, die er beisteuerte. Dabei sind die eindeutig identifizierten Beiträge aus seiner Feder vermutlich nicht alles; denn um jede Erwerbsmöglichkeit zu nutzen, schrieb er anonym oder unter anderen Namen auch für andere Zeitschriften. Die Tätigkeit als Rezensent kitzelte aus ihm das heraus, was ihm später immer wieder zum Verhängnis werden sollte, nämlich ein unkontrollierbares, an Größenwahn grenzendes Machtgefühl.

Da in den 30er Jahren die amerikanische Literatur außer James Fenimore Cooper und Washington Irving noch keine prominenten Autoren
hatte, stammten die von Poe rezensierten Bücher mit wenigen Ausnahmen von unbedeutenden Verfassern, die seine oft vernichtenden Kritiken durchaus verdienten. Zudem erschien seine Zeitschrift in einer
kleinen Stadt, so dass sie wie ein David gegen die Goliaths aus Boston,
New York und Philadelphia antreten musste. Als Südstaatler hatte Poe
gegenüber den «Froschteichlern» aus Boston einen tiefen Minderwer-
tigkeitskomplex, den er nun dadurch abreagierte, dass er sich vom win-
zigen Richmond aus als literarischer Präzeptor der Nation gerierte. Damit erreichte er zwar, dass der *Messenger* überregional Aufmerksamkeit
erregte und die Auflage steil nach oben ging, doch White begann nun zu
befürchten, dass seine Zeitschrift auf diese Weise aus ihrem Südstaa-
tenkontext hinauskatapultiert würde. Schon als *Berenice* darin erschien,
hatte er sein Unbehagen bekundet, da die Geschichte die Grenzen des
gutbürgerlichen Geschmacks überschritt. Jetzt musste er immer häufiger erleben, dass sich sein Angestellter wie der Eigentümer des Blattes
aufspielte.

Poe scheint die wachsende Spannung ignoriert zu haben. Statt sich
mit White zu arrangieren, genoss er seine neue Prominenz und ließ sich
ins Gesellschaftsleben der Stadt hineinziehen, was immer häufiger zur
Trunkenheit führte, da er, wie später von Zeugen mehrfach berichtet
wurde, schon nach einem einzigen Glas Wein die Selbstkontrolle verlor.
White hatte ihn bei seiner Wiedereinstellung gewarnt und ihm gedroht,
dass der erste Rückfall in die Trunksucht zu seiner Kündigung führen
würde. Auch von seinem Freund und Mentor Kennedy bekam Poe mah-
nende Worte zu hören. Am 9. Februar 1836 schrieb ihm dieser:

> Sie sind jetzt stark genug, um Kritik auszuhalten. Ihr Fehler ist Ihre Nei-
> gung zur Extravaganz. Bitte, hüten Sie sich davor. Sie werden finden, dass
> auf hundert exaltierte Schreiber ein *natürlicher* kommt. Einige Ihrer Bizar-
> rerien hielt man fälschlich für Satiren – und bewunderte sie als solche.
> Jene verdienen es wohl, aber Sie selber nicht; denn Sie haben sie nicht so
> gemeint. Ich schätze bei Ihnen das Groteske – es ist vom Allerbesten dieser
> Art; und ich bin sicher, dass Sie auf dem Feld des Komischen, ich meine
> des Serio-Tragikomischen, Wunder vollbringen werden.

Extravaganz ist in der Tat eine treffende Bezeichnung für eine Grund-
tendenz in Poes Charakter. Der maßvolle Mittelweg war nicht seine Sa-

che. Wenn er Komik anstrebte, geriet sie ihm ins Groteske; wenn er Satiren schrieb, wurden sie so absurd, dass der Leser die Zielscheibe nicht mehr erkennt; und wo er gedankenschwer ist, wird er so mystisch, dass selbst Literaturwissenschaftler sich mit der Deutung schwer tun. Dass Poe die mäßig dotierte, aber doch sichere Stellung bei White so leichtfertig aufs Spiel setzte und die Kündigung des Arbeitsverhältnisses mehr oder weniger provozierte, war nach dem Bruch mit seinem Pflegevater die zweite folgenschwere Fehlentscheidung, der noch weitere folgen sollten. Aus einem Brief, den White am 27. Dezember 1836 Nathaniel Beverley Tucker schrieb, geht nicht eindeutig hervor, ob für ihn Poes Rückfall in die Trunksucht oder seine Selbstherrlichkeit als «Herausgeber» der Zeitschrift der ausschlaggebende Grund für die Kündigung war. Immerhin bringt White darin seine uneingeschränkte Anerkennung für Poes Genie zum Ausdruck und er deutet an, dass dessen Verlust für den *Messenger* von Nachteil sein könnte; doch er fügte hinzu: «Mag ich mich auch als der Esel erweisen, für den er mich, wie ich annehme, hält, so will ich doch wieder meinen eigenen Kräften vertrauen.»

Poes Arbeitsverhältnis lief Ende Januar 1837 aus. Trotzdem lieferte er der Zeitschrift noch weitere Beiträge, die dort auch erschienen, so die ersten beiden Fortsetzungen von *The Narrative of Arthur Gordon Pym, of Nantucket* für die Januar- und Februar-Nummer und den Essay *Maelzel's Chessplayer* für die April-Ausgabe. Im letztgenannten Text betrat Poe zum ersten Mal ein Feld, das später als sein ganz spezielles angesehen wurde. Der Essay befasst sich mit dem vermeintlichen Schachautomaten, mit dem der Österreicher Johann Nepomuk Mälzel in den Jahren 1825 bis 1837 über die Jahrmärkte Süd- und Nordamerikas tingelte. Mälzel hatte das Gerät, das einen Schach spielenden Türken darstellt, aus dem Nachlass seines Erfinders Wolfgang Ritter von Kempelen erworben. Poe durchschaute den Trick und erkannte an den Reaktionen des angeblichen Automaten, dass sich darin ein Mensch verbergen musste. In dem Aufsatz zeigt er sich zum ersten Mal als der mit mathematischem Scharfsinn arbeitende Analytiker, dessen archetypische Verkörperung später sein Detektiv Dupin werden sollte.

Ein Hungerjahr in New York | 1837

D as frustrierende Ende seiner Tätigkeit für den *Messenger* bewog Poe, mit Frau und Schwiegermutter nach New York zu gehen, um dort sein Glück zu versuchen. Vielleicht glaubte er, sich als Herausgeber und Kritiker bereits einen solchen Namen gemacht zu haben, dass er auch in der Metropole eine entsprechende Tätigkeit finden würde. Doch New York war mit seinen 300 000 Einwohnern dreizehnmal größer als Richmond, und das Netzwerk der Literaten in dieser Stadt war so fein geknüpft, dass es für einen Zugereisten, noch dazu einen Südstaatler, schwer war, Anschluss zu finden. Zudem hatte man hier nicht vergessen, dass Poe einen der Ihren, Theodore Sedgewick Fay, mit einer vernichtenden Kritik von dessen Roman *Norman Leslie* schwer getroffen hatte. In New York, wo zahlreiche Autoren von ihrer Feder leben mussten, hatte sich ein ganz anderer Rezensionsstil ausgebildet, der eher auf gegenseitige Gefälligkeit als auf rigorose Einforderung hoher Standards ausgerichtet war. Diese als *puffing* bezeichnete wechselseitige Lobhudelei war etwas, das Poe zutiefst verachtete. Außerdem hatte er für seine Übersiedlung nach New York den ungünstigsten aller denkbaren Zeitpunkte gewählt; denn 1837 erlebten die Vereinigten Staaten infolge eines Bankenzusammenbruchs eine der schwersten Wirtschaftskrisen des 19. Jahrhunderts. So konnte er sich nur mit Gelegenheitsarbeiten über Wasser halten, während Muddy versuchte, das Haushaltseinkommen durch das Betreiben einer kleinen Familienpension aufzubessern.

Die zweieinhalb Jahre nach Poes Weggang aus Richmond, davon rund fünfzehn Monate in New York, sind biographisch extrem schwach belegt. Nur zwei Briefe von ihm selbst und einer an ihn sind aus dieser Zeit erhalten. Von seinen Kurzgeschichten konnte er im ersten Jahr nur zwei an den Mann bringen. *Von Jung. The Mystific* (späterer Titel *A Mystification*) erschien im Juni 1837 im *American Monthly Magazine*, und etwas später nahm das schon im Herbst 1837 erscheinende *Baltimore Book* von 1838 die Geschichte *Siope – A Fable* (späterer Titel *Silence*) auf. Die erste der beiden Geschichten hat einen für Poe typischen *hoax* zum Gegenstand. Die zweite gehört zu seinen sprachlich faszinierenden, aber schwer deutbaren philosophischen Fabeln, wie er sie später noch mehrfach schrieb. Poe hatte sie vermutlich schon 1833 fertig, weshalb sie in ihrer Symbolik den frühen Gedichten ähnlicher ist als den späteren Erzählungen. Darin erzählt ein Dämon von einem Menschen, der einsam auf einem Felsen «in Libyen, an den Ufern des Zaire» saß und auf eine kranke Welt voll giftiger Pflanzen und fauler Gewässer herabschaute. Vergeblich habe der Dämon versucht, den Mann mit Stürmen und wilden Tieren zu erschrecken. Erst als er ihn mit absoluter Stille quälte, löste das bei ihm Entsetzen aus. Ein Schlüsselsatz der Geschichte fällt gleich am Anfang nach der Beschreibung eines Reichs gigantischer Wasserlilien, als es heißt: «Aber da ist eine Grenze um ihr Reich – die Grenze des dunklen, schrecklichen, erhabenen Urwalds.» Auf die Bedeutung von Grenzen bei Poe soll erst am Schluss dieses Buches ausführlicher eingegangen werde.

In dem Jahr in New York kann Poe kaum mehr als 50 Dollar eingenommen haben, so dass er und die beiden Frauen wohl von den Einkünften aus Muddys Privatpension gelebt haben werden. Der Buchhändler William Gowan, der acht Monate dort ihr Gast war, schrieb später über Poe:

> Während dieser Zeit sah ich ihn oft und hatte Gelegenheit, mich mit ihm zu unterhalten. Und ich muss sagen, ich sah ihn nie auch nur im Geringsten unter dem Einfluss von Alkohol oder einem anderen Laster nachgebend. Er war vielmehr einer der höflichsten, wohlerzogensten und intelligentesten Gesprächspartner, denen ich jemals bei meinen Reisen und Aufenthalten in den verschiedensten Gegenden des Globus begegnet bin. Nebenbei, er hatte auch einen besonderen Anlass, ein guter Mensch und ein guter Ehemann zu sein; denn er hatte eine Frau von unvergleichlicher Schönheit und Liebenswürdigkeit. Ihre Augen hätten mit denen einer Huri wetteifern, ihr Gesicht den Genius eines Canova herausfordern können. Ihr Temperament und ihre Gemütsart waren von äußerster Sanftheit. Zudem schien sie sich ihm und jedem seiner Interessen so hinzugeben wie eine Mutter ihrem erstgeborenen Kind. Während jener Zeit schrieb er seine längste Prosa-Erzählung mit dem Titel *Adventures of Arthur Gordon Pym*. Es war die erfolgloseste aller seiner Arbeiten, obwohl sie von dem

einflussreichen Verlagshaus Harper & Brüder herausgebracht wurde, das sonst die Mittel hat, eine erste Auflage innerhalb einer Woche zu verkaufen. Trotzdem verkaufte sie sich nicht. Poe hatte ein bemerkenswert angenehmes und einnehmendes Gesicht, das die Damen ganz entschieden als gutaussehend bezeichnen würden.

«Arthur Gordon Pym» und «Ligeia» | 1839

Was William Gowan als Poes «erfolglosestes» Werk bezeichnete, ist zumindest dem Umfang nach sein gewichtigstes. Zwei Fortsetzungen dieses einzigen Romans aus seiner Feder waren bereits 1836 im *Messenger* erschienen. Im Jahr darauf kam es in dem sehr renommierten Verlag Harper als Buch heraus und erwies sich als Flop. Auch bei diesem Werk, das neben dem Haupttitel einen Untertitel von der Länge einer halben Seite trägt, handelt es sich im Grunde um einen *hoax*; denn Poe, dessen Name nicht auf dem Titelblatt erscheint, behauptet im Vorwort, von Pym beauftragt worden zu sein, dessen Reisebericht für den Druck aufzubereiten. Die lange, nicht sonderlich romanhafte Geschichte zerfällt in drei klar unterschiedene Teile.

Im ersten werden die Abenteuer eines Jugendlichen erzählt, der sich als blinder Passagier auf ein Schiff schleicht, dort eine blutige Meuterei und danach einen Schiffbruch miterlebt, bei dem es zuletzt unter den vier überlebenden zu Kannibalismus kommt. Zuvor aber gelang es dem Erzähler mit drei Genossen, die Meuterer zu überwältigen, indem er sie dadurch schockte, dass er sich ihnen während eines Trinkgelages in der Verkleidung einer halbverwesten aufgedunsenen Leiche zeigt. Schon diese Inhaltsangabe mutet wie eine Parodie auf populäre Seefahrtsromane an, wie sie vor allem der britische Schriftsteller Captain Frederick Marryat geschrieben hat. Die Erzählung enthält nahezu alle typischen Versatzstücke des Genres. Selbst ein holländisches Schiff voller Leichen treibt an den Schiffbrüchigen vorbei – der fliegende Holländer lässt grüßen. Das alles wird von Poe äußerst detailliert, oft wie ein Minutenprotokoll, erzählt, so dass der Eindruck entsteht, als wolle er den Stoff einer Kurzgeschichte auf Romanlänge strecken.

Der zweite Teil, in dem die beiden überlebenden Schiffbrüchigen von einem englischen Schiff gerettet und auf eine Expedition in die Antarktis mitgenommen werden, liest sich wie einer der beliebten zeitgenössischen Expeditionsberichte, die Poe als Quelle benutzte und oft seitenlang sinngemäß oder wörtlich zitiert. Dieser Teil ist gespickt mit genauen Positionsangaben, geographischen Informationen und Handbuchwissen zur Nautik, Meeresfauna und zur Entdeckungsgeschichte der südlichen Hemisphäre. Hier wird nicht mehr erzählt, sondern die Illusion eines wissenschaftlichen Reports geweckt.

Im dritten Teil durchquert das Schiff die Packeiszone in Richtung Südpol und findet dahinter eisfreies Wasser, das immer wärmer wird. Schließlich entdecken die Seefahrer ein vegetationsreiches Land, das von schwarzen Wilden bewohnt wird. Auch sonst herrscht dort die schwarze Farbe vor, während die Wilden beim Anblick von etwas Weißem in panischen Schrecken geraten und den Ruf «tekeli-li» ausstoßen. Zuletzt kommt es zwischen der Schiffsbesatzung und den Wilden zu einem erbitterten Kampf, den nur der Erzähler Pym und sein Kamerad Dirk Peters überleben. Die beiden können sich, nachdem ihr Schiff explodiert ist, in einem Kanu retten, in dem sie, zusammen mit einem gefangengenommenen Wilden, die Fahrt in Richtung Südpol fortsetzen. Auf dem immer wärmer werdenden Wasser paddeln sie in eine weiße Welt hinein. Weiße Vögel kommen ihnen entgegen, eine weiße ascheartige Substanz fällt vom Himmel, und zuletzt erscheint vor ihnen eine schneeweiße menschliche Gestalt von übermenschlicher Größe, während ihr Kanu einem Katarakt entgegentreibt. Hier bricht die Erzählung ab. In einer Schlussbemerkung teilt Poe als Herausgeber dem Leser mit, dass Pym kürzlich verstorben sei, und er fügt eine eigene Deutung der kryptischen Zeichen an einer Felswand in Tsalal, dem Land der schwarzen Wilden, an, in denen er äthiopische, arabische und ägyptische Hieroglyphen erkennt, die zusammen den Gegensatz Schwarz-Weiß ausdrücken.

Dass diese lange Erzählung keinen Erfolg haben würde, war vorauszusehen. Nicht ohne Grund hat Poe später mit seiner theoretischen Forderung nach einem «singulären Effekt» in der Dichtung nur dem kurzen Gedicht und der kurzen Erzählung mögliche Vollkommenheit zugebilligt. Lange Gedichte wie Miltons *Paradise Lost* und Romane sind seiner

Meinung nach nur aneinander gereihte kurze Gedichte bzw. kurze Erzählungen. Ihm selbst fehlte die Fähigkeit des Panoramablicks, die der epische Dichter braucht. Sein *Pym* ist in der Tat eine Aneinanderreihung von kurzen Erzählungen, wobei er den ersten Teil mit sensationellen Effekten so spickt, als wollte er dem sensationslüsternen Lesepublikum zeigen, dass er es noch besser kann als die populäre Unterhaltungsliteratur. Pym, der alle Fährnisse überlebt, ist eine Art Münchhausen in einem Milieu von makabrer Brutalität, nur mit dem Unterschied, dass Poe für die lebensrettenden Maßnahmen, die seinem Helden einfallen, anscheinend realistische Glaubwürdigkeit beansprucht. Jedenfalls fehlt der Erzählung jegliche Ironie, und ebendeshalb fallen ihre Unstimmigkeiten besonders auf. Wenn beispielsweise die Schiffbrüchigen aus der Tiefe eines seit Wochen vollgelaufenen Schiffswracks eine lebende Galapagos-Schildkröte holen, die als Proviant mitgenommen worden war, dann sieht das sehr nach *hoax* aus; denn Schildkröten können nicht wie Fische unter Wasser atmen. Man könnte eine lange Liste weiterer Unstimmigkeiten aufzählen. Nur wenn man die Erzählung als parodistische Verulkung der Abenteuerliteratur liest, ergeben die unmöglichen Vorgänge einen Sinn.

Der dritte Teil aber lässt sich nicht mehr als Parodie lesen. Hier gibt Poe ein erstes Beispiel für jene Grenzüberschreitungen, die er später immer wieder thematisiert hat. Sein Held Pym verlässt die Sphäre der wissenschaftlich beherrschten Welt und dringt in eine Vor- oder Überwelt ein, an deren Anfang oder Ende jene weiße Gestalt steht, von der die Spaltung in Schwarz und Weiß, in Gut und Böse ausgeht. Solche Weltdeutungen hat Poe später mehrfach versucht und zuletzt in *Eureka* bis zum Ursprung des Kosmos zurückgeführt. Was er an dem Roman verdient hat, ist nicht bekannt. Doch es kann nicht viel gewesen sein; und für die gleichzeitig in England erschienene Ausgabe erhielt er ohnehin nichts, da es zwischen den Ländern kein Copyright-Abkommen gab.

So unvollkommen Poes Romanversuch ausfiel, so vollkommen gelang ihm die kurze Geschichte *Ligeia*, die er vermutlich noch in New York schrieb, obwohl sie erst nach seiner Übersiedlung nach Philadelphia im September 1838 in der in Baltimore erscheinenden Zeitschrift *American Museum of Science, Literature and the Arts* herauskam. Poe selbst hat sie mehrfach als seine beste bezeichnet, und viele Poe-Kritiker stimmen dem zu. Doch dass sie oft auch als seine typischste angesehen wird, wirft ein zu einseitiges Licht auf sein Gesamtwerk. In der Geschichte berichtet ein Erzähler von seiner Liebe zu einer Frau, in der sich majestätische Schönheit mit unübertrefflicher Geistes- und Willenskraft verband, die ihm aber nach kurzer Ehe durch den Tod genommen wurde. Darauf suchte er, hilflos wie ein mutterloses Kind, sogleich Ersatz für sie und fand ihn in der blonden, blauäugigen Lady Rowena Trevanion von Tremaine. Doch schon kurz nach der Heirat entwickelte er gegenüber der neuen Frau einen abgrundtiefen Hass:

> Dass meine Frau die wilde Launenhaftigkeit meines Wesens fürchtete, dass sie mich mied und wenig liebte, bemerkte ich rasch, doch es verschaffte mir eher Vergnügen als das Gegenteil. Ich verabscheute sie mit einem Hass, der eher der eines Dämons als der eines Menschen war. Meine Erinnerung flog zurück (oh, welche Intensität des Bedauerns!) zu Ligeia, der geliebten, erhabenen, schönen, begrabenen.

Rowena spürt die Anwesenheit der Verstorbenen und wird von zunehmender Schwäche erfasst. Eines Nachts sitzt der Erzähler an ihrem Krankenbett und sieht, wie eine unsichtbare Hand eine rubinrote Flüssigkeit in den Wein der Kranken tropfen lässt. Er will seine Frau hindern, den Wein zu trinken, ist aber wie gelähmt. Sie trinkt und stirbt wenig später. Doch kurz vor ihrem Begräbnis wird er bei einer Nachtwache an ihrem Totenbett Zeuge, wie der Leichnam langsam, in Schüben mit großen Abständen dazwischen, zum Leben erwacht und dabei die Gestalt Ligeias annimmt. Als sich die Gestalt schließlich erhebt, gibt es für ihn keinen Zweifel mehr: es ist Ligeia. Die Erzählung endet damit, dass er sich der Zurückgekehrten zu Füßen wirft.

Die Geschichte ist gesättigt mit orientalischem Dekor: Poe schwelgt in der Beschreibung eines schlossähnlichen Hauses mit schweren Vorhängen, Ottomanen und goldenen Kandelabern. Sie ist außerdem voll von Kulturzitaten. Schon der Name Ligeia, den er bereits in seinem Gedicht *Al Aaraaf* verwendete, verweist auf Mythologisches; denn so heißt eine der Sirenen, die durch ihren Gesang betören und sterben müssen, wenn ein Sterblicher ihnen widersteht. Rowena ist der Name der blonden, blauäugigen Angelsächsin, die in Sir Walter Scotts Roman *Ivanhoe* mit der dunkelhaarigen exotischen Jüdin Rebecca kontrastiert wird. Alles das mutet wie das metafiktionale Spiel einer postmodernen Erzählung an. Doch bei Poe gibt es keine Anzeichen von Ironie und spielerischer Distanzierung. Im Gegenteil, das Werk hat etwas Hypno-tisierendes, dass den Leser aus der natürlichen Welt heraus und in die übernatürliche hineinzieht.

Den innersten Kern der Geschichte bringt das Motto zum Ausdruck, das Poe der Geschichte voranstellte. Als Quelle des Zitats nennt er den englischen Philosophen Joseph Glanvill aus dem 17. Jahrhundert. Da das Zitat aber trotz intensiver Nachforschungen der Poe-Spezialisten in Glanvilles Werken nicht aufgefunden werden konnte, ist zu vermuten, dass es von Poe selber stammt. Umso wichtiger ist es für das Verständ-nis der Geschichte. Es lautet (auf die Nachbildung der altertümlichen Sprachform wird verzichtet):

> Und der Wille liegt in dem, was nicht stirbt. Wer kennt die Geheimnisse des Willens mit seiner Kraft? Denn Gott ist nichts anderes als der große Wille, der alle Dinge dank der Intensität seiner Natur durchdringt. Der Mensch würde sich nicht den Engeln beugen, noch dem Tode, außer durch die Schwäche seines gebrechlichen Willens.

Dass Poe dem Willen größere Bedeutung beimisst als dem scharfen Ver-stand, hat er auch in anderen Werken zum Ausdruck gebracht. Die Machtspiele, die seinen grotesk-komischen ebenso wie seinen Horror-geschichten zugrunde liegen, sind nichts anderes als Willenskämpfe, wobei er sich als Erzähler entweder in der Rolle des Siegers oder des Verlierer sieht. In *Ligeia* ist die Frau die Siegerin, während der Erzähler sich von ihr hilflos in Besitz genommen fühlt.

Philadelphia:
«Burton's Gentleman's Magazine» | 1838–1840

Im Frühsommer 1838 ging Poe mit Frau und Schwiegermutter nach Philadelphia. Die Stadt war zu der Zeit mit ca. 220 000 Ein-wohnern nur wenig kleiner als New York, aber dank ihrer alten Quäkertradition konservativer und daher für einen Südstaatler ein kon-genialeres Umfeld. Auch hier hatte Poe große Mühe, als Literat Fuß zu fassen. Immerhin gelang es ihm, im *American Museum*, wo bereits *Li-*

BURTON'S

GENTLEMAN'S MAGAZINE.

EDITED BY

WILLIAM E. BURTON AND EDGAR A. POE.

VOLUME V.

FROM JULY TO DECEMBER.

By a gentleman, we mean not to draw a line that would be invidious between high and low, rank and subordination, riches and poverty. No. *The distinction is in the mind.* Whoever is open, just, and true; whoever is of a humane and affable demeanour; whoever is honorable in himself, and in his judgment of others, and requires no law but his word to make him fulfil an engagement;—such a man is *a gentleman*,—and such a man may be found among the tillers of the earth as well as in the drawing rooms of the high born and the rich.

De Vere.

PHILADELPHIA.

PUBLISHED BY WILLIAM E. BURTON,

DOCK STREET, OPPOSITE THE EXCHANGE.

1839.

Abb.5   Frontispiz von Burton's Gentleman's Magazine *(1839)*

geia herauskam, zwei weitere Erzählungen unterzubringen. Im November erschienen dort *The Psyche of Zenobia* (späterer Titel *How to Write a Blackwood Article*) und die Fortsetzung davon unter dem Titel *The Scythe of Time* (später *A Predicament*). Darin kehrte er zum Genre der grotesken Satire zurück, das den größeren Teil seines Gesamtwerks ausmacht. Da er keine Gelegenheit zum Gelderwerb ungenutzt lassen konnte, nahm er auch den mit 50 Dollar honorierten Auftrag an, das Buch *The Conchologist's First Book, or A System of Testaceous Malacology* unter seinem Namen herauszubringen. Dabei handelt es sich um die Überarbeitung eines britischen Lehrbuchs über Muschel- und Schalentiere, das von Captain Thomas Brown verfasst und 1833 in Glasgow publiziert worden war. Der Biologieprofessor Thomas Wyatt hatte davon eine teure amerikanische Ausgabe herausgebracht, brauchte aber für Vorlesungszwecke eine preiswertere, die er entweder aus Gründen des Copyrights nicht unter seinem Namen herausgeben wollte oder weil er glaubte, sie mit dem prominenteren Namen Poes besser verkaufen zu können. Jedenfalls übernahm Poe die Brotarbeit und handelte sich damit später den Vorwurf des Plagiats ein.

Licht am Ende des Tunnels sah Poe erst, als William E. Burton ihm die Mitarbeit an dem von ihm gegründeten *Gentleman's Magazine* anbot. Burton war eine schillernde Figur. Der gebürtige Engländer war als Schauspieler nach Amerika gekommen und hatte hier in komischen Rollen solchen Erfolg gehabt, dass er sich mit der Gründung einer Zeitschrift eine weitere Einnahmequelle verschaffen konnte. Moralisch stand er in einem üblen Ruf. Er hatte Frau und Kind in England zurückgelassen, war eine neue, anscheinend bigamistische Ehe eingegangen, hielt sich Mätressen und zeigte im Übrigen ein Geschäftsgebaren, das einen empfindlichen Menschen wie Poe abstoßen musste. Zudem war in *Burton's Gentleman's Magazine* die negativste Kritik des *Pym* erschienen, von der Poe annahm, das Burton sie selbst geschrieben hatte. Trotzdem konnte er es sich nicht leisten, seine Arbeiten nicht auch Burton anzubieten. Als gewiefter Geschäftsmann merkte dieser sofort, dass Poe in einer Notlage war. So schrieb er ihm einen Antwortbrief, in dem er zuerst über die Höhe seiner Betriebskosten jammerte und seine Zeitschrift als ein Zuschussunternehmen beschrieb, dann aber doch ein Angebot machte:

Sagen wir zehn Dollar die Woche für den Rest des Jahres? Sollten wir zusammen bleiben, woran zu zweifeln ich keinen Grund sehe, werden Ihre Vorschläge für 1840 in Kraft treten. Ein Monat Kündigungsfrist auf beiden Seiten. Zwei Stunden am Tag, von gelegentlichen Ausnahmen abgesehen, sollten, wie ich glaube, für alles Erforderliche ausreichen, außer für Artikel, die Sie selber schreiben. Auf jeden Fall könnten Sie leicht die nötige Zeit für eine andere leichte Nebenbeschäftigung finden – solange Sie Ihre Talente nicht zum Nutzen von Publikationen einsetzen, die die Aussichten des G. M. beeinträchtigen.

Poe nahm das Angebot an und wuchs, wie schon beim *Messenger*, rasch in die Rolle des Herausgebers hinein, ohne diesen Posten offiziell zu erhalten. Aus den zwei Stunden wurde ein Vollzeitjob. Für Erzählungen und Gedichte, die in der Zeitschrift abgedruckt wurden, gab es drei Dollar Seitenhonorar, doch Rezensionen waren mit dem Wochengehalt abgegolten. Wie so oft in seinem Leben ließ Poe auch hier jeglichen Geschäftssinn vermissen und stürzte sich in die schlecht bezahlte Arbeit des Rezensierens, statt sich auf das einträglichere Schreiben kreativer Texte zu konzentrieren. 1839 erschienen von ihm 57 Rezensionen, 1840 waren es 22. Die vier Geschichten, die er im ersten Jahr seiner Mitarbeit in Burtons Zeitschrift herausbrachte, hatte er schon vorher abgeschlossen. Eine davon, *The Man That was Used Up*, ist eine seiner typischen grotesken Satiren und als solche nicht bedeutend, die beiden anderen aber zählen zu seinen Spitzenwerken.

The Fall of the House of Usher (Der Fall des Hauses Usher) erschien im Mai 1839. Es ist die Geschichte, die bis heute als Inbegriff des spezifisch Poeschen Horrors gilt. Auf den ersten Blick scheint sie noch ganz in der Tradition der englischen *Gothic novel* zu stehen, wie sie von Horace Walpole mit *The Castle of Otranto* begründet und durch Ann Radcliffe mit Romanen wie *The Mysteries of Udolpho* popularisiert worden war. Mrs. Radcliffe unterschied in einer theoretischen Schrift zwischen *terror* (Schrecken) und *horror* (Grauen). Schrecken war ihrer Meinung nach das, was bei Shakespeare und Milton Erhabenheit bewirkt, während Grauen nur auf sensationellen Nervenkitzel abziele. Sie selbst stand in der Tradition der Aufklärung und lehnte irrationalen Horror ab, weshalb in ihren Romanen am Ende alle vermeintlich übernatürlichen Ereignisse rational aufgeklärt werden. Erst nach ihr bildete sich in England unter dem Einfluss deutscher Schauerromane und -dramen die romantische Variante der *Gothic novel* aus, in der das Übernatürliche und das Irrationale dominieren. Poes Geschichte gehört offensichtlich zur Literatur des Horrors, obwohl es bei ihm nicht um Beschwörung irrationaler Mächte, sondern um psychische Kräfte im Innern des Menschen geht. Auf den Vorwurf, er stehe zu sehr in der Tradition der deutschen Schauerromantik, erwiderte er im Vorwort der ersten gesammelten Ausgabe seiner Erzählungen: «Wenn in vielen meiner Produktionen der Schrecken das Thema ist, so behaupte ich, dass dieser Schrecken nicht aus Deutschland, sondern aus der Seele kommt.»

D. H. Lawrence sah im Zentrum der Usher-Geschichte das Inzest-Motiv, da er die Schwermut Roderick Ushers auf das Dahinsiechen seiner innig geliebten Zwillingsschwester zurückführte. Eine erotische oder gar sexuelle Beziehung zwischen den beiden wird aber mit keinem Wort angedeutet. Poe selber hat durch das Einfügen des vorher bereits separat veröffentlichten Gedichts *The Haunted Palace* die Richtung angezeigt, in der die ganze Erzählung verstanden werden sollte. In dem Gedicht geht es um den verödeten Palast der Vernunft, so wie es in der Geschichte um die Ohnmacht der hypersensiblen Geistigkeit Roderick Ushers geht. In *Eureka* wird Poe später ausführen, dass die individuelle Subjektivität durch die Partikularisierung der uranfänglichen Einheit entstanden ist, was durch einen Willensakt Gottes ausgelöst wurde. Im Hause Usher leben Menschen, deren geschwächter Wille nicht mehr ausreicht, ihre hypertrophe Geistigkeit aufrechtzuerhalten, weshalb sie zurück in die Einheit des Uranfangs fallen.

Das andere der beiden Spitzenwerke ist die Erzählung *William Wilson*, die Poe für das schon 1839 erschienene Jahrbuch *The Gift for 1840* schrieb und gleich nach dem Erscheinen in *Burton's Magazine* nachdruckte. Es ist die Geschichte, die heutigen Lesern als Poes modernste erscheinen wird. Auf sie wurde bereits im Zusammenhang mit Poes Schulbesuch in England näher eingegangen. Die Begegnung Wilsons mit seinem Doppelgänger wird darin von Anfang an als ein Machtkampf gezeigt. So wie Poe von Mitschülern als ein Junge beschrieben wurde, der immer dominieren wollte, so sagt auch Wilson von sich, dass er ein ununterdrückbares Verlangen nach Dominanz hat, weshalb er den Doppelgänger zunächst als Konkurrenten empfindet. In dem Ringen der beiden Wilsons spiegelt sich ganz offensichtlich Poes inneres Ringen zwischen auftrumpfendem Machtanspruch und trotzigem Absturz in die Ohnmacht. Was die Geschichte wesentlich moderner als *Der Fall des Hauses Usher* erscheinen lässt, ist das Fehlen des typischen Horror-Milieus. Die erschreckende Konfrontation eines Menschen mit seinem identischen Spiegelbild bricht hier in den realistisch beschriebenen Alltag auf ähnlich rätselhafte Weise ein, wie bei Kafka die Verwandlung Gregor Samsas, der eines Morgens als Insekt aufwacht.

Eine weitere Geschichte, die Poe im ersten Jahr seiner Arbeit für Burton in dessen Magazin herausbrachte, ist *The Conversation of Eiros and Charmion*. Es ist der erste der drei philosophischen Dialoge, in denen er Gedanken entwickelte, die er später in *Eureka* breit ausführte. Der Dialog ist das Zwiegespräch zweier Überlebender nach dem Weltuntergang, der aber nicht als Katastrophe, sondern positiv als Rückkehr aus der Partikularisierung in die göttliche Einheit des Anfangs gedeutet wird. Es handelt sich also um die generalisierte Entsprechung für das, was in individualisierter Form im *Fall des Hauses Usher* gezeigt wurde. Im Jahr 1840 begann Poe in *Burton's Magazine* von Januar bis Juni in Fortsetzungen mit seinem zweiten Versuch einer längeren romanhaften Erzählung: *The Journal of Julius Rodman*. Darin geht es um eine Expedition quer durch den amerikanischen Kontinent bis zum Pazifik. Um die Erzählung als authentischen Reisebericht erscheinen zu lassen, publizierte Poe sie anonym und gab vor, ein aufgefundenes Tagebuch zu redigieren. Es war wieder einer seiner typischen *hoaxes*. Wie schon in *Arthur Gordon Pym* schöpfte er reichlich aus fremden Quellen, darunter aus Washington Irvings Erzählung *Astoria*, die er 1837 im *Messenger* rezensiert hatte. Hauptquelle, für Irving wie für Poe, war aber der 1814 erschienene zweibändige Bericht, den Lewis und Clark geschrieben hatten, die von Thomas Jefferson mit der Erkundung des nordamerikanischen Kontinents beauftragt worden waren. Poe erzählt die Geschichte auffallend lustlos. Man merkt ihr an, dass ihm nichts mehr daran lag, für *Burton's Magazine* seine Phantasie zu bemühen; und nach seinem Ausscheiden aus der Redaktion ließ er das Projekt sanft entschlafen.

Außer dem abgebrochenen Roman schrieb Poe für Burtons Zeitschrift nur noch die unbedeutende Groteske *Peter Pendulum, the Business Man* (später nur noch *The Business Man*), die in der Februar-Nummer 1840 erschien. Von den insgesamt rund 80 Rezensionen befassten sich die meisten mit zweit- und drittklassigen Werken. Aus dem Mittelmaß ragen nur zwei heraus: Dickens, dessen Roman *Nicholas Nickleby* Poe im

Dezember 1839 positiv rezensierte, und Longfellow, von dem er zuerst das Prosa-Buch *Hyperion* und danach die Gedichtsammlung *Voices of the Night* einer Kritik unterzog. In der ersten Rezension bescheinigte er Longfellow zwar Talent, vermisste in dem Buch aber die Einheit und fand den Dichter im Ganzen unbedeutend. In der zweiten Rezension erhob er gegen den Mann, in dem er bald seinen übermächtigen Konkurrenten sehen sollte, zum ersten Mal den Vorwurf des Plagiats, aus dem sich später der sog. «Longfellow-Krieg» entwickeln sollte.

Im ersten Halbjahr 1840 schrieb Poe außerdem zahlreiche kurze Essays für *Alexander's Weekly Messenger*, eine billige Familienzeitschrift, die sich die Beförderung von Moral und Religion zur Aufgabe machte. Die von ihm behandelten Themen reichen von der gerade erfundenen Daguerreotypie über literarische Porträts bis hin zu einem Artikel über das Schwimmen, in dem er anonym berichtet, wie ein gewisser Mr. Poe im Alter von 15 Jahren an einem heißen Junitag siebeneinhalb Meilen den James River flussauf geschwommen sei, mit einer Stundengeschwindigkeit von drei Meilen. Das Thema aber, das er bei dieser Nebenbeschäftigung plötzlich für sich entdeckte und in 15 Essays aufgriff, ist das Lösen von Rätseln und das Entschlüsseln von Geheimschriften. Poe forderte dabei sogar seine Leser auf, ihm verschlüsselte Texte zu schicken, die zu entziffern er sich anheischig machte. Allerdings spielte er hier ein (Macht)Spiel mit gezinkten Karten; denn er akzeptierte nur Texte, die nach dem von ihm angegebenen Verfahren verschlüsselt wurden, so dass das Entschlüsseln für ihn ein Kinderspiel war. Immerhin hatte er hier einen Samen ausgesät, aus dem wenig später *Der Goldkäfer* hervorgehen sollte.

Mit Burton stand Poe von Anfang an überquer. Er empfand den geschäftstüchtigen Theatermann und Zeitungsmanager als einen ungebildeten Schmierenkomödianten. Später nannte er ihn unverblümt einen Schurken. Im Mai 1840 muss Burton ihm einen Brief geschrieben haben, den er als so beleidigend empfand, dass er mit schwerem Kaliber zurückschoss. Unter anderem ging es um eine Forderung von 100 Dollar, die Poe seinem Verleger angeblich schuldete, was er entschieden bestritt. Poes heftige Reaktion auf den Brief machte jede weitere Zusammenarbeit unmöglich und so kam es zum endgültigen Bruch. Außerdem hatte Burton selber das Interesse an seiner Zeitschrift verloren und suchte nach einem Käufer für sie, da er inzwischen die Gründung eines neuen Theaters betrieb und dafür Geld brauchte. Die Animosität zwischen ihm und Poe ging aber weiter. Anscheinend hatte Burton Gerüchte über Poes Alkoholexzesse in Umlauf gesetzt, die diesen so erbosten, dass er in einem langen Brief an den befreundeten Arzt Dr. J. E. Snodgrass vom 1. April 1841 den Plan einer Verleumdungsklage erörterte, den er dann aber doch fallen ließ.

Während Poes literarisches Schaffen durch seine Publikationen und durch erhaltene Briefe an Freunde, Verleger und schreibende Kollegen gut dokumentiert ist, weiß man über sein Privatleben aus jener Zeit wenig. Muddy und Virginia werden ihm stets das Heim geboten haben, in das er sich zurückziehen konnte, wenn seine reizbare Natur sich in größeren und kleineren Fehden wundgerieben hatte. Doch genauere Einblicke in sein Familienleben gibt es kaum. Anscheinend war er zu sehr von seiner Arbeit in Anspruch genommen, um zu Hause Geselligkeit zu pflegen, oder er scheute sich, seine ärmlichen Wohnverhältnisse offen zur Schau zu stellen. Was über seine alkoholischen Eskapaden von Zeitgenossen kolportiert wurde, wird sicher eine reale Basis gehabt haben, doch allzu großen Raum können sie in dieser Zeit in seinem Leben nicht eingenommen haben, sonst hätte er wohl kaum das enorme Arbeitspensum bewältigt.

«Tales of the Grotesque and Arabesque» | 1840

1839 war es Poe endlich gelungen, das Verlagshaus Lea & Blanchard in Philadelphia dafür zu gewinnen, seine gesammelten Erzählungen in zwei Bänden unter dem Titel *Tales of the Grotesque and Arabesque* herauszubringen. Dass ihm das nichts einbringen würde, geht bereits aus dem Brief hervor, den der Verlag ihm am 28. September 1839 schrieb. Darin ist von einer Auflage von 1750 Exemplaren die Rede und von einem Honorar, das ausschließlich aus einigen Freiexemplaren bestand. Ein vierzig Jahre später veröffentlichtes Memorandum des Verlegers Lea spricht von nur 750 Exemplaren. Die Sammlung enthielt 25 Erzählungen, von denen nur *Why the Little Frenchman Wears His Hand in a Sling* noch nicht vorher erschienen war. Der Titel der beiden

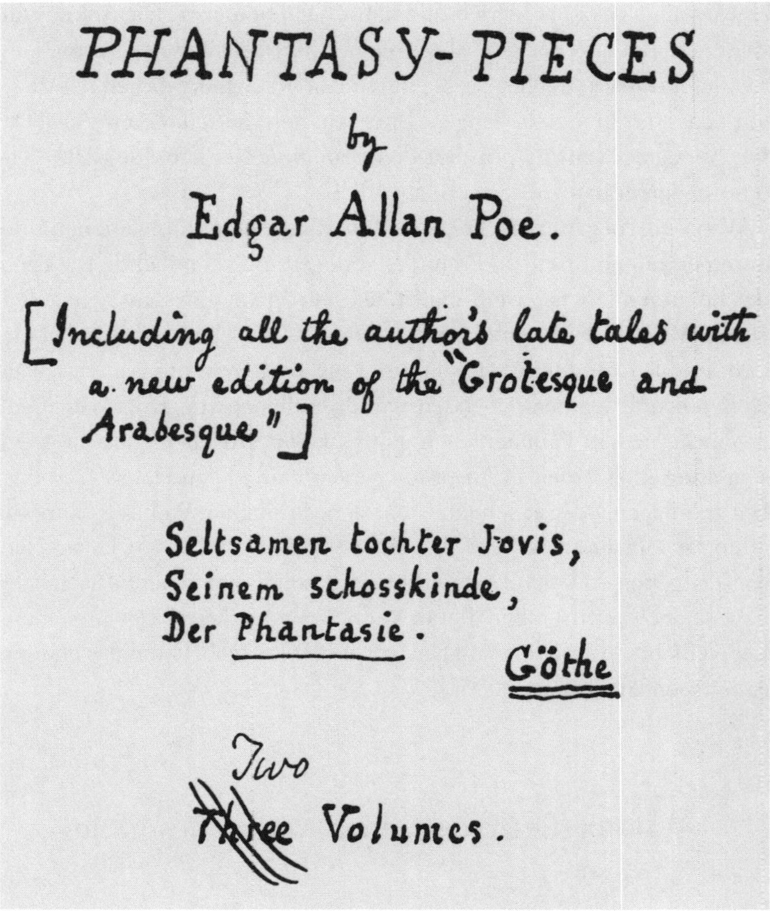

PHANTASY-PIECES

by

Edgar Allan Poe.

[*Including all the author's late tales with a new edition of the "Grotesque and Arabesque"*]

Seltsamen tochter Jovis,
Seinem schosskinde,
Der Phantasie.

Göthe

~~Two~~
~~Three~~ Volumes.

Abb.6   Poes Titelblatt-Entwurf für die nicht realisierte erweiterte Zweitauflage seiner Tales of the Grotesque and Arabesque

Bände teilt die Erzählungen in «groteske» und «arabeske» ein, wobei sich der erste Begriff auf die Satiren und komisch-burlesken Stücke, der zweite auf die phantastischen bezieht, zu denen vor allem die Horror-Geschichten zählen. Auf diese geht Poe in seinem Vorwort ein, in dem er die bereits früher zitierte Feststellung trifft, dass «der Schrecken nicht aus Deutschland, sondern aus der Seele» komme. Tatsächlich machen die Horror-Geschichten aber nur ein Viertel der Sammlung aus.

In dem Vorwort benutzt Poe zum ersten Mal an exponierter Stelle den Begriff *short story*, allerdings ohne ihn näher zu definieren; erst in der zwei Jahre später erscheinenden Rezension von Hawthornes *Twice-Told Tales* stehen die Sätze, die immer wieder als die erste Theorie der Kurzgeschichte zitiert werden. Im Vorwort zu den *Tales* ist auch die Rede von der *unity of design* (Einheit der Anordnung), aber eine solche Einheit ist in der Sammlung kaum zu erkennen. Poe hat später, am ausdrücklichsten in einem Brief an Philip P. Cooke vom 9. August 1846, immer wieder betont, dass seine Werke bei aller offensichtlichen Vielfalt Facetten eines einheitlichen Ganzen seien. Auch darin kommt der bereits mehrfach erwähnte Gedanke der Ausdifferenzierung einer ursprünglichen Einheit in eine «partikularisierte» Mannigfaltigkeit und deren Rückkehr in die Einheit zum Ausdruck.

Als Motto stellte Poe der Sammlung auf dem Titelblatt ein deutsches Zitat aus Goethes Ode *Meine Göttin* voran, das allerdings wegen des weggelassenen Artikels fehlerhaft klingt. Gewidmet hat er die Ausgabe Colonel William Drayton aus Philadelphia, der als sein Vorgesetzter in Fort Moultrie ein freundschaftliches Verhältnis zu ihm unterhielt, das die beiden in Philadelphia wieder aufgenommen hatten. Die Kritiken waren überwiegend positiv, doch der Verkauf lief schleppend, da der Versand von Büchern immer noch erheblich teurer war als der von Zeitschriften. Um den Absatz zu befördern, gab Poe dem zweiten Band eine Sammlung von lobenden Erwähnungen seiner Erzählungen bei, die er aus Zeitungen, Zeitschriften und Briefen exzerpiert hatte.

Obwohl es ihm so gut wie nichts einbrachte, hat er auch später immer wieder versucht, seine Erzählungen gesammelt in Buchform herauszubringen. Bereits zwei Jahre nach dem Erscheinen der ersten Ausgabe bemühte er sich, allerdings vergeblich, um eine erweiterte Zweitauflage, die den Titel *Phantasy-Pieces* tragen sollte, den er bereits im Vorwort zur ersten Ausgabe nannte. Das erinnert an E.T.A. Hoffmanns *Phantasiestücke*, die Poe zumindest dem Titel nach kannte. In seinem Entwurf für das Titelblatt verwendet er wieder das Goethe-Motto der ersten Auflage (Abb. 6). Wie genau Poe die deutschen Werke, die er erwähnt, wirklich kannte, ist schwer zu sagen, da er oft mehr Kenntnis vortäuschte, als er besaß. Andererseits war er aber immer bestrebt, sich sachkundiger als seine Kritiker zu machen; denn nichts ertrug er so schwer, wie wenn andere bei ihm das taten, was er selber am liebsten tat, nämlich Fehler nachweisen. Dass er für die *Phantasy-Pieces* keinen Verleger fand, zeigt die Schwierigkeiten für Autoren von Kurzgeschichten besonders deutlich an. Immerhin waren unter den 36 Geschichten der geplanten erweiterten Zweitauflage drei neue Reißer: seine erste Detektivgeschichte *The Murders in the Rue Morgue*, der Thriller *A Descent into the Maelström* und die wie ein Prosagedicht komponierte Erzählung *The Mask of the Red Death*.

Philadelphia: «Graham's Magazine» | 1840–1842

Nach dem Bruch mit Burton machte sich Poe mit aller Kraft an das Projekt, von dem er seit langem träumte und das er bis zu seinem Ende immer wieder in Angriff nehmen sollte: die Gründung einer eigenen Zeitschrift. Bereits am 13. Juni 1840 kündigte er im *Saturday Courier* das Erscheinen seines *Penn Magazine* für den 1. Januar 1841 an. Kurz darauf begann er mit der Verbreitung eines Werbeprospekts, in dem er das Konzept der Zeitschrift vorstellte. Darin erwähnt er bereits im ersten Satz seine Tätigkeit am *Southern Literary Messenger*, die ihm den Ruf eines gnadenlosen Rezensenten eingebracht hatte. Er gibt zu, dass er es dort mit der Schärfe seiner Kritik etwas übertrieben habe. Gleichzeitig kündigt er für die neue Zeitschrift an, dass sie sich mit gleicher Unbestechlichkeit, nur etwas moderater, um die Aufrechterhaltung höchster literarischer Standards bemühen werde. Es solle darin ausschließlich um Literatur und nicht um andere Belehrung gehen. Das Ziel solle sein «zu gefallen; und das mit den Mitteln der Vielseitigkeit, der Originalität und der Schärfe» (*versatility, originality, and pungency*). Nichts darin solle das Magazin mit «Possenreißerei, Zotigkeit oder Profanität» (*buffoonery, scurrillity, or profanity*) besudeln, was «der Makel einiger der kraftvollsten europäischen Druckerzeugnisse» sei. Der Prospekt schließt mit den Sätzen:

> Das *Penn Magazine* wird in Philadelphia erscheinen, am Ersten jeden Monats, und es wird einen Halbjahresband von ca. 500 Seiten ergeben. Der Preis wird 5 Dollar im Jahr betragen, zahlbar im Voraus oder nach Erhalt der ersten Nummer, die am 1. Januar 1841 erscheinen wird.

Dass Poe das kühne Schiff, das er auf Kiel gelegt hatte, nicht zu Wasser bringen würde, war vorauszusehen. Für ein rein literarisches Programm war selbst in Philadelphia, wo es immerhin eine längere Bildungstradition gab, das Publikum zu klein. Erfolgreich waren nur solche Zeitschriften, die neben literarischer Unterhaltung auch moralische Erbauung und allgemeine Information anboten. Außerdem lag der Preis für ein Jahresabonnement mit 5 Dollar relativ hoch. Die konkurrierenden Magazine begnügten sich mit drei Dollar. Dem Erreichen eines größeren Publikums außerhalb Philadelphias standen vor allem die nach Entfernung gestaffelten Postgebühren im Wege. Erst 1845 sorgte ein Kongressbeschluss für die Vereinheitlichung der Tarife. Als Poe sein Schiff zum angekündigten Zeitpunkt nicht flott bekam, gab er noch immer nicht auf, sondern kündigte an, dass das Erscheinen der ersten Nummer aus Krankheitsgründen auf den 1. März verschoben werden müsse. Auch dieser Termin verstrich. Am 1. April fügt Poe einem Brief an seinen Freund Snodgrass das folgende Postskriptum an:

Das *Penn*, hoffe ich, ist nur «verwundet, aber nicht tot». Es wäre, wie angekündigt, am 1. März unter glorreichen Auspizien und mit ausreichendem Kapital im Rücken erschienen, wenn nicht unerwartet die Banken in Schwierigkeiten geraten wären. Inzwischen hat mir Mr. Graham ein generöses Angebot gemacht, das ich mit großem Vergnügen angenommen habe. Das *Penn*-Projekt wird ohne Frage zu einem späteren Zeitpunkt wieder aufgenommen.

George Rex Graham war für Poe in einem kritischen Moment der rettende Engel. Der erst 27 Jahre alte Selfmademan hatte seinen Lebensunterhalt als Möbeltischler verdient, während er sich auf das Anwaltsexamen vorbereitete. Dann wurde er stellvertretender Herausgeber von Atkinsons *Saturday Evening Post*. Von Atkinson kaufte er dessen Monatsmagazin *Casket*, und als Burton im November 1840 sein *Gentleman's Magazine* zum Kauf anbot, erwarb er auch das für 3 500 Dollar und verschmolz die beiden zu *Graham's Magazine*. Poes Mitarbeit an der neuen Zeitschrift, die dank der Zusammenlegung der Abonnenten der beiden Vorgänger mit einer Auflage von ca. 5 000 starten konnte, begann zwar erst mit der April-Nummer von 1841, doch bereits in der Dezember-Nummer 1840 erschien in beiden zunächst noch getrennten Zeitschriften, die den Zusatz *Graham's Magazine* trugen, die Geschichte *The Man of the Crowd*.

Es ist, nach *William Wilson*, die zweite Erzählung, die sich durch erstaunliche Modernität von Poes übrigen bis dahin erschienenen Werken abhebt. Sie hat im Grunde keine Handlung; denn es geschieht darin nichts weiter, als dass der Erzähler lange Zeit vom Fenster eines Cafés aus das Treiben auf einer Londoner Straße beobachtet und dann einen unablässig durch die Stadt irrenden Mann verfolgt. Die Essenz der Geschichte spricht Poe bereits im ersten Satz aus, wo er aus einer ungenannten Quelle auf Deutsch zitiert: «er lasst sich nicht lesen». Die dann folgende Parabel zeigt den vergeblichen Versuch des Erzählers, zuerst das Gewimmel anonymer Passanten auf der Straße und danach das Gesicht des alten Mannes zu «lesen». Das Prosastück endet mit dem Fazit:

> «Dieser alte Mann», sagte ich mir zuletzt, «verkörpert den Geist des tiefen Verbrechens. Er weigert sich allein zu sein. *Er ist der Mann in der Menge.* Es ist müßig ihm zu folgen; denn ich werde nichts über ihn erfahren noch über seine Taten. Das schlechteste Herz auf der Welt ist ein schockierenderes Buch als der ‹Hortulus Animae›, und vielleicht ist es eine der großen Gnaden Gottes, dass «es sich nicht lesen lässt».

In einer Fußnote nennt Poe den vollen lateinischen Titel des erwähnten Buches eines gewissen Grüninger aus dem Jahre 1500, das anstößige Abbildungen enthielt. Das Jahr 1841, in dem Poe Grahams Zeitschrift als stellvertretender Herausgeber wesentlich prägte, zählt zu den produktivsten seines Lebens. Schon die Zahl der von ihm rezensierten Bücher ist eindrucksvoll: 1841 waren es 43, im Jahr darauf 32. Außerdem begann er seine Herausgebertätigkeit bereits in der ersten Nummer mit einem Paukenschlag, nämlich mit der Erzählung *The Murders in the Rue Morgue,* die als die erste echte Detektivgeschichte der Welt angesehen wird. Darin hat er das Verfahren der *ratiocination* zum ersten Mal konsequent durchgeführt. Der Amateurdetektiv Dupin, den er ein Jahr später in *The Mystery of Marie Rogêt* und drei Jahre danach in *The Purloined Letter* erneut auftreten lässt, wurde zum Ahnherrn von Sherlock Holmes und anderen berühmten Detektiven dieses Typs.

In der zweiten von ihm betreuten Nummer brachte Poe eine weitere Erzählung heraus, die seitdem untrennbar mit seinem Namen verbunden ist und zu einem Klassiker der Weltliteratur wurde: *A Descent Into the Maelström*. Die Anregung zu der Geschichte gab wohl die im September 1834 in *Frazer's Magazine* erschienene Geschichte *The Maelstrom: A Fragment* von Edward Wilson Landor. Weitere Informationen zur Geographie des Meeresstrudels entnahm Poe der *Encyclopaedia Britannica*. Wie zuvor in der Detektivgeschichte geht es auch hier um die Lösung eines Problems durch kühle Überlegung. Den Maelstrom gibt es tatsächlich vor der norwegischen Küste. Doch gefährlich wird er nur bei starkem Westwind, und selbst dann würde er nicht zu einem sich förmlich in die Tiefe bohrenden Strudel ausarten. Dass Poe hier die natürliche Realität in der Form eines scheinbar naturwissenschaftlichen Berichts radikal verändert, tut der Glaubwürdigkeit der Geschichte keinen Abbruch; denn es geht darin nicht um die Aufklärung eines Naturphänomens, sondern um den Überlebenskampf eines Menschen, der in den Schlund des Strudels gesogen wird und dank kühler Überlegung dem Tod aus dem Rachen springt. Auch dass sich in der kurzen Zeit dieses Grenzerlebnisses sein schwarzes Haar schlohweiß färbt, wird der Leser nicht als künstlerischen Makel empfinden.

Die Geschichte nimmt den thematischen Faden von *MS. Found in a Bottle* und *The Narrative of Arthur Gordon Pym* auf und gibt ihm die komprimierteste Form. Auf der gleichen Linie liegt ein Jahr später *The Masque of the Red Death*. Auch hier geht es, metaphorisch gesprochen, um einen Strudel; denn die tausend Personen, mit denen sich Prinz Prospero seit einem halben Jahr in seinem Schloss vor der draußen wütenden Pest verbarrikadiert hat und mit denen er jetzt einen Maskenball feiert, werden förmlich in den Tod hinein gesogen, der plötzlich als verhüllte, aber körperlose Gestalt unter den Gästen auftaucht und als ersten durch seinen bloßen Anblick den Prinzen tötet. Sprachlich ist die Geschichte vielleicht Poes vollkommenste. Sie liest sich wie ein kunstvoll rhythmisiertes Prosagedicht. Wie in der vorigen Erzählung geht es auch hier um ein Grenzerlebnis, wobei die Zwischenwelt zwischen Leben und Tod als makabres Maskenfest erscheint.

Einen zweiten, für ihn ebenso charakteristischen thematischen Faden, der von *Berenice* über *Morella* zu *Ligeia* führte, nahm Poe in der Erzählung *Eleonora* wieder auf, die am 18. September 1841 in der *New York Weekly Tribune* erschien. Darin gab er dem Thema eine neue Wendung; denn jetzt erscheint die idealisierte Frau nach ihrem Tod dem

Ehemann nicht als Dämon, der sich in den Körper ihrer Nachfolgerin hineindrängt, sondern als guter Geist, der der zweiten Ehe seinen Segen gibt. Eine dritte thematische Linie, die Poe 1839 mit seinem letzten Beitrag für Burtons Zeitschrift unter dem Titel *The Conversation of Eiros and Charmion* eröffnet hatte, setzte er im August 1841 in *Graham's Magazine* mit *The Colloquy of Monos and Una* fort. Die beiden philosophischen Dialoge, denen 1845 mit *The Power of Words* ein dritter folgt, bereiten vor, was Poe 1848 in *Eureka* breit ausführen wird. Ein ganz neues Thema hatte er im Juli 1841 in der gleichen Zeitschrift mit *The Island of the Fay* angeschlagen. Dieser Text, der sich eher als Skizze denn als Geschichte bezeichnen lässt, ist sein erster zusammenhängender Entwurf jener Landschaftsutopie, die er später in *The Domain of Arnheim* und *Landor's Cottage* theoretisch begründen und in sein Konzept von Schönheit einfügen wird.

Neben Spitzenwerken wie den genannten brachte Poe aber auch jetzt wieder Leichtgewichtiges in der Zeitschrift unter, so beispielsweise die Groteske *Never Bet Your Head, A Moral Tale*, der er später den Titel *Never Bet the Devil Your Head. A Tale with a Moral* gab. Darin greift er eine Erzählform wieder auf, die in seinen frühen Werken breiten Raum einnahm. Es ist eine absurde, mit gelehrten Zitaten und satirischen Seitenhieben auf die literarische Konkurrenz vollgestopfte, im Kern aber doch recht platte Geschichte, in der Toby Dammit, der ewig fluchende Freund des Erzählers, buchstäblich seinen Kopf verliert, als er ihn an den Teufel darauf verwettet, dass er es schaffen werde, mit einer eleganten Flanke über den Schlagbaum vor einer überdachten Brücke zu setzen. Bei dem Versuch köpft er sich selber an der Blechkante des Daches. Das makabre Motiv des Geköpftwerdens hatte Poe schon 1838 in der Satire *The Scythe of Time* eingesetzt, wo die neugierige Zenobia ihren Kopf durch die Öffnung einer Kirchturmuhr steckt und von deren Zeiger enthauptet wird.

Auch die Geschichte *A Succession of Sundays* (späterer Titel *Three Sundays in a Week*), die am 27. November 1841 in der *Saturday Evening Post* in Philadelphia erschien, zählt zu den Bagatellen in Poes Schaffen. Darin erlaubt er sich wieder einen seiner *hoaxes*, indem er seine Leser glauben macht, dass für zwei Männer, die in entgegengesetzter Richtung die Erde umsegeln und sich am gleichen Sonntag am Ort der Erzählung treffen, wegen der Überschreitung der Datumslinie in beiden Richtungen

dieser Sonntag der vorausgegangene und zugleich der nächstfolgende
sei. Die Pseudo-Erklärung muss als Pointe der Geschichte herhalten, in
der am Anfang einem jungen Mann vom Vater der Angebeteten gesagt
wurde, dass er die Tochter erst bekäme, wenn drei Sonntage in eine
Woche fielen.

Neben Erzählungen schrieb Poe für *Graham's Magazine* noch eine
Serie über Geheimschriften und eine über Autographen, in der er versuchte, den Charakter bekannter zeitgenössischer Schriftsteller aus ihren Handschriften herauszulesen, was ihm unter den Kollegen keine
Freunde machte. Die meiste Arbeit dürfte er aber in die Rezensionen
investiert haben, von denen er dreißig bis vierzig pro Jahr ablieferte.
Bedenkt man, dass viele davon sehr ausführlich waren und 20, 30 oder
mehr Seiten umfassten, kann man über seine Arbeitsleistung nur stau-
nen. Dass die Rezensionen mit seinem festen Gehalt abgegolten waren,
wird ihn sicher gewurmt haben; denn durch sie wurde er davon abgehal-
ten, Geschichten zu schreiben, für die er zusätzlich honoriert worden
wäre. Ein weiterer Dorn im Auge war ihm auch, dass Berühmtheiten
wie Longfellow für einen einzigen Beitrag ein vielfach höheres Honorar
bekamen als er selber für die Arbeit eines Monats. Trotzdem ist schwer
verständlich, weshalb er die sichere Stellung, die ihm und den beiden
Frauen genug für ein bescheidenes Leben einbrachte, auch diesmal
wieder leichtfertig aufgab. In einem Brief an Frederick W. Thomas vom
25. Mai 1842 nennt er als Grund den «Wischi-waschi-Charakter» (*namby-
pamby character*) der Zeitschrift und fügt hinzu: «Ich beziehe mich dabei
auf die nichtswürdigen Bilder, Modezeichnungen, Musikbeiträge und
Liebeserzählungen. Im Übrigen entsprach das Gehalt nicht der Arbeit,
die ich gezwungen war zu investieren.»

Dass Poe mit einem Jahresgehalt von 800 Dollar unterbezahlt war,
muss ihm besonders bitter bewusst geworden sein, als sein Nachfolger
Griswold mit einem Anfangsgehalt von 1000 Dollar eingestellt wurde.
Auch von Seiten Grahams ist unverständlich, weshalb er den Mann, der
die Auflage seiner Zeitschrift innerhalb eines einzigen Jahres von 5000
auf 35000 gesteigert hatte, nicht zu halten versuchte. Bei ihrer Trennung gab es zwar Irritationen wegen einer Summe, die Poe dem Verleger angeblich schuldete, doch die ganze Zeit vorher hatte Graham sich
seinem Chefredakteur gegenüber äußerst wohlwollend gezeigt und
auch später fand er für Poe nur lobende Worte. In dem genannten Brief

an Thomas bedankt sich Poe zwar für dessen Versuche, ihm eine Stellung im staatlichen Zollamt zu verschaffen, doch diese ungewisse Aussicht dürfte kaum der Grund für seine Kündigung gewesen sein. So bleibt als Erklärung nur, dass Poe sich ganz seinem Lebenstraum, der Herausgabe einer eigenen Zeitschrift, widmen wollte. Graham hatte ihm anfangs in Aussicht gestellt, ihm dabei finanziell behilflich zu sein. Doch dann scheint er die Lust verloren zu haben, mit seinem Geld ein Konkurrenzblatt zur eigenen Zeitschrift aufzubauen. Sein hinhaltendes Taktieren und zuletzt die offenbar klare Absage könnte der empfindliche Dichter als Düpierung empfunden haben, was ein weiterer Grund, vielleicht sogar der ausschlaggebende, für seine Kündigung gewesen sein mag.

In dem einen Jahr bei *Graham's Magazine* hat Poe nicht nur einige seiner besten Geschichten geschrieben, er hat auch als Rezensent die Gelegenheit genutzt, seine kritischen Maßstäbe zu begründen und grundsätzliche Aussagen zur Poetik zu formulieren. So lieferte er in seiner Rezension von Hawthornes *Twice-Told Tales* beiläufig eine Definition, die später als Geburtsurkunde der *short story* angesehen wurde, obwohl er diesen Ausdruck gar nicht benutzt, sondern nur von *tale* spricht. Kurze Prosaerzählungen gab es lange vor Poe. Wenn man sie überhaupt auf einen Stammvater zurückführen kann, dann auf Boccaccio, der mit der *novella* das Modell für die spätere Novelle lieferte. Ohne einem bestimmten Formprinzip zu folgen, hatte in den USA bereits Washington Irving mit großem Erfolg kurze Erzählungen publiziert, die er *sketches* nannte. Auch der von Poe geschätzte Charles Dickens begann mit dieser Form in den *Sketches by Boz*. Die im 19. Jahrhundert vor allem in Amerika sich rasch ausbreitenden Zeitungen und Zeitschriften boten den Verfassern kurzer Prosatexte ein stetig wachsendes Betätigungsfeld, das auch Poe bald als seine Haupteinnahmequelle entdeckte. Wenn er hier auf einen Zug aufsprang, der bereits in voller Fahrt war, weshalb gilt er dann als der Ahnherr der offenbar doch gar nicht so neuen Form?

Traditionelle Erzählungen im Sinne von *tales* haben einen linear progressiven Verlauf. Sie führen mit einer steigenden Handlung auf einen Höhepunkt hin, auf den eine fallende Handlung folgt, die entweder eine ernsthafte Katastrophe oder ein weniger ernstes Dénouement des geschürzten Handlungsknotens bringt. Poe hat mit seiner aus wenigen Sätzen bestehenden Theorie das linear-progressive Schema durch ein

zentrierendes ersetzt. Im Kern besteht seine Theorie aus drei Forde-
rungen. Erstens soll die Erzählung genau wie ein gutes Gedicht so kurz
sein, dass sie «in einer Sitzung» , d. h. in einer halben bis ganzen, allenfalls in zwei Stunden gelesen werden kann; zweitens soll sie «*totality*»
haben; und drittens soll die *totality* eine «*unity of effect or impression*»
bewirken. Diese Definition ersetzt das Hinführen zu einem Höhepunkt
durch die Fokussierung auf ein Wirkungszentrum. Damit hat Poe die
Grundform der beiden Typen von Kurzgeschichte definiert, die sich
nach ihm herausgebildet haben: die auf eine Pointe fokussierte Ereignisgeschichte, die anfangs die Standardform war, und die modernere,
von Tschechow eingeführte und von James Joyce, Katherine Mansfield
und Hemingway perfektionierte Situationsgeschichte, die heute als die
künstlerisch anspruchsvollere gilt. Poe selber hat überwiegend Ereignis-
geschichten geschrieben, doch gibt es bei ihm, zumindest ansatzweise,
auch Situationsgeschichten, wenngleich diese noch nicht so vollendet
sind wie die der vier Obengenannten.

Was den Unterschied zwischen der kurzen Prosaerzählung und dem
Gedicht betrifft, so sieht Poe im Gedicht die Möglichkeit des *purely
beautiful,* des Schönen in reiner Form, während er der Erzählung die
Möglichkeit zuschreibt, Wahrheit zu vermitteln. Dafür bietet sich vor
allem die *tale of ratiocination* an, also jene Form der regressiv erzählten,
logisch-analytischen Aufklärungsgeschichte, für die er mit seinen Detektivgeschichten das Muster geliefert hat. Das Entscheidende für Poe
ist der Effekt, wobei es keine Rolle spielt, ob dieser progressiv durch
Fokussierung auf einen Handlungshöhepunkt oder regressiv durch Aufklärung eines im Fokus stehenden Geheimnisses erreicht wird.

Wie bereits erwähnt, hat er auch Situationsgeschichten geschrieben,
in denen weder das eine noch das andere der Fall ist, sondern die Fokussierung in einer Verdichtung des Dargestellten besteht. Am wirkungs-
vollsten gelingt ihm dies in der Erzählung *The Island of the Fay* (1841).
Dort beginnt er, wie so oft, mit philosophischen Reflexionen, die in das
Fazit münden, dass alle Lebensformen des Universums, im Großen wie
im Kleinen, ein stetes Kreisen um eine ferne Gottheit seien. Danach
erzählt er, wie er am Ende einer längeren Wanderung an ein Gewässer
kommt, in dem er in der Abenddämmerung eine kleine Insel liegen
sieht. Während er bei untergehender Sonne halb träumend auf diese
Insel schaut, die auf einer Seite hell leuchtet und auf der anderen in

zunehmendes Dunkel versinkt, halluziniert er eine geheimnisvolle, feen-
artige Gestalt, die in einem Kanu die Insel umkreist und wie ein magi-
scher Uhrzeiger immer wieder auf der lichten Seite auftaucht und im
wachsenden Dunkel verschwindet. Bezeichnenderweise erwähnt er bei
der Beschreibung des Gewässers die Strudel, die die Insel umströmen
und weiße Flocken von Rinde der am Ufer stehenden Platane (*sycamore*)
in kreisende Bewegung versetzen.

Der Strudel – als konkrete oder symbolische Form – ist etwas, das bei
Poe sowohl die Fokussierungstechnik seiner Geschichten als auch das
darin erzählte Geschehen sinnfällig zum Ausdruck bringt. Schon in der
Geschichte *MS. Found in a Bottle* gerät der fiktive Verfasser der Flaschenpost mit seinem Schiff in einen gewaltigen Strudel, der ihn aus
der Zeit herauszusaugen scheint. In *Arthur Gordon Pym* steht am Ende
der Erzählung die Ahnung eines Strudels, der sich am Südpol auftut,
wobei offen bleibt, ob aus ihm etwas herauskommt oder ob alles in ihn
hinein gesogen wird. In anderen Erzählungen begeht entweder der Erzähler wie unter einem unwiderstehlichen Sog eine bestimmte Tat, oder
der Leser wird durch die beschwörende Erzählweise in die Geschichte
hinein gesogen wie bei dieser Geschichte von der Insel und ihrer Fee.

Poe hat seine Anforderungen an eine gute Kurzgeschichte selbst nicht
immer erfüllt. Manche seiner Erzählungen beginnen, wie die eben betrachtete, mit längeren philosophischen Überlegungen, die die formale
Einheit beeinträchtigen. Andere, wie einige der Satiren, haben keinen
prägnanten Fokus, sondern attackieren mehrere Zielscheiben nachein-
ander. Doch seine besten Geschichten haben *unity* und *effect* in so ho-
hem Maß, dass sie bis heute ihre Leser, um das Bild des Strudels aufzu-
nehmen, in sich hineinziehen. In einem Punkt hat Poe später seiner
eigenen, in der Hawthorne-Rezension geäußerten Theorie widersprochen. Dort beschreibt er die Prosaerzählung als Vehikel von «Wahrheit»
und empfiehlt dazu das Instrument der *ratiocination*. In seinen späteren
theoretischen Äußerungen zur Poetik wird er aber den Anspruch auf
Wahrheitsvermittlung mit wachsender Entschiedenheit aus der Dichtung verbannen und nur noch die Schönheit gelten lassen.

Ein Erlebnis, das in Poes Zeit bei Graham fiel und lange in ihm nachwirkte, war seine Begegnung mit Dickens. Poe gehörte zu den ersten
amerikanischen Kritikern, die Dickens' Rang als Erzähler erkannten.
Schon für den *Southern Literary Messenger* hatte er 1836 Dickens' Skiz-

zenband *Watkins Tottle and Other Sketches* und den Roman *The Posthumous Papers of the Pickwick Club* rezensiert. In *Burton's Magazine* ließ er 1839 die Kritik von *Nicholas Nickleby* folgen, und in *Graham's Magazine* waren 1841 seine Besprechungen von *The Old Curiosity Shop, Master Humphry's Clock* und *Barnaby Rudge* erschienen. Dem letztgenannten Buch hatte er sich mit besonderem Scharfsinn gewidmet; denn er besprach die ersten Fortsetzungen, ohne den Schluss zu kennen, und bildete sich einiges darauf ein, den Fortgang der Erzählung zumindest teilweise richtig vorausgesagt zu haben. Dass Dickens seinen amerikanischen Bewunderer 1842 auf seinem Triumphzug durch Amerika kennenlernen wollte, ist verständlich. Im März kam die Begegnung zustande, und Poe sollte später oft mit Stolz darauf verweisen.

Poes Privatleben verlief in dieser Zeit zunächst ereignislos. Sein Einkommen reichte aus, um sich und den beiden Frauen einen bescheidenen Lebensunterhalt zu sichern, während die enorme Arbeitslast dafür sorgte, dass er kaum Gelegenheit zu alkoholischen Ausschweifungen hatte. Doch dann zeichnete sich im Januar 1842 ein Schicksalsschlag ab, der von da an als dunkle Wolke über seinem Eheleben lag. Bei einer kleinen häuslichen Feier, vielleicht aus Anlass seines Geburtstags, sang Virginia zur eigenen Begleitung am Klavier, als sie plötzlich einen Blutsturz erlitt. Poe, dessen Mutter an Schwindsucht gestorben war, begriff, dass seine Frau nicht mehr lange leben würde. Graham, der mit Poe nicht nur geschäftlich, sondern auch privat verkehrte, schrieb 1850 einen Beitrag in seinem Magazin mit dem Titel *The Late Edgar Allan Poe*. Darin heißt es:

Die Liebe zu seiner Frau war eine Art hingebungsvoller Verehrung für den Geist der Schönheit, den er vor seinen Augen dahinschwinden sah. Ich sah, wie er sie umsorgte, wenn sie krank war, mit all der liebevollen Furcht und zärtlichen Ängstlichkeit einer Mutter für ihr Erstgeborenes – ihr leisester Husten verursachte ihm einen Schauder, ein sichtbares Frösteln des Herzens. Ich ritt einmal mit ihnen an einem Sommerabend aus, und die Erinnerung an seine wachsamen Augen, mit denen er auf die geringste Veränderung der Farbe ihres lieben Gesichts achtete, verfolgt mich noch immer wie die Erinnerung an eine traurige Melodie. Es war diese stündliche Vorausahnung ihres Verlustes, die ihn zu einem so traurigen und gedankenvollen Manne machte und seinem unsterblichen Lied eine so klagende Melodie gab.

Die «stündliche Vorausahnung» des Verlustes seiner geliebten Frau scheint der Auslöser dafür gewesen zu sein, dass er von nun an immer wieder Trost im Alkohol suchte. Ob er in den vier Jahren davor so enthaltsam gewesen war, wie er behauptete, ist ungewiss; doch nun wurden seine Exzesse in Philadelphia stadtbekannt. Als er im Juni 1842 eine Reise nach New York unternahm, betrank er sich bis zur Bewusstlosigkeit. Auf dieser Reise soll er seine einstige Freundin Mary Starr, jetzt verheiratete Mrs. Jennings, in ihrem Haus in New Jersey aufgesucht und dort einen peinlichen Auftritt verursacht haben. Ob allerdings alles, was Mary sehr viel später über ihre Affäre mit Poe berichtete, zutrifft, ist zweifelhaft. Angeblich verschwand er nach dem Vorfall. Als er nicht nach Philadelphia zurückkehrte, machte Muddy sich nach New Jersey auf und fand ihn in hilflosem Zustand am Stadtrand von Jersey City. Danach schwor er, wie später noch oft, strikte Enthaltsamkeit.

*Abb.7 Angebliches Porträt von Virginia um 1842
(vermutlich eine Fälschung)*

Der gute Engel Virginia

D ie Ehefrauen großer Männer führen in deren Biographien meist nur ein Schattendasein, so auch Poes junge Frau Virginia, deren Bild gleich doppelt überschattet ist: Zum einen, weil die schöne junge Frau schon so früh dahinsiechte, zum anderen, weil der Verdacht nahe liegt, dass ihr Mann die erst Dreizehnjährige aus einer pädophilen Neigung heraus heiratete. Um mit Letzterem zu be-

Abb. 8 Das einzige gesicherte, gleich nach ihrem Tode angefertigte Porträt von Virginia (Aquarell, 1847)

ginnen: Für eine pädophile Neigung gibt es bei Poe sonst keinerlei Anzeichen, und was seine Ehe betrifft, so vermuten manche Biographen,
dass er sie nie vollzogen hat. Die Kinderlosigkeit des Paares könnte dafür sprechen. Von ihm selbst gibt es dazu nur eine einzige, durch einen
Zeitgenossen überlieferte und insofern ungesicherte Äußerung, wonach
Poe vor Freunden gesagt haben soll, er sei in den ersten zwei Jahren nur
«formell» Ehegatte gewesen und habe getrennt von seiner Frau geschlafen. Dass er ein liebevoller Ehemann war, der in seiner jungen Frau einen Engel sah, wird von allen bezeugt, die im Hause Poes verkehrten.
Er nannte sie Sissy nach ihrem Mittelnamen Eliza, wobei zu vermuten
ist, dass da auch die Erinnerung an seine jung verstorbene Mutter Elizabeth mitspielte. Doch einen Mutterersatz suchte er in ihr mit Sicherheit nicht; denn den hatte er bereit in Muddy, ihrer Mutter, gefunden.

In ihrer äußeren Erscheinung muss Virginia eine Frau von besonderem Liebreiz gewesen sein. Leider ist das einzige Bild von ihr, dessen
Authentizität gesichert ist, ein nach ihrem Tode hastig angefertigtes
Aquarell (Abb. 8). In Poe-Biographien taucht zwar regelmäßig noch eine
zweite Zeichnung auf, die Poe selber angefertigt haben soll, doch die
meisten Forscher sehen darin eine Fälschung (Abb. 7). Mit ihren gro
ßen schwarzen Augen, der weißen Haut und dem dunklen Haar scheint
Virginia in der Tat Poes Mutter ein wenig ähnlich gewesen zu sein,
sofern deren dilettantisch gemaltes Miniaturporträt der Wirklichkeit
entspricht. Wann sich bei ihr die ersten Symptome der Schwindsucht
zeigten, ist nicht bekannt. Da diese Krankheit die körperliche Erscheinung, außer in der Endphase, kaum beeinträchtigt, wurde Virginia von
Zeitgenossen als eine blühende junge Frau beschrieben. Nur eine unnatürliche Röte auf ihrer weißen Haut wurde gelegentlich an ihr beobachtet, was als Symptom der Krankheit hätte gedeutet werden können.
In den ersten Jahren der Ehe kann sie ihrem Mann sicher nicht
mehr als ein liebendes Kind gewesen sein. Um an seiner Arbeit Anteil
zu nehmen, war sie nicht reif genug. Auch später scheint sie sich für
seine Dichtung kaum interessiert zu haben. Da die Hausfrauenpflichten
von ihrer Mutter erfüllt wurden, bestand ihre Aufgabe wohl im Wesentlichen darin, für ihren Mann als die Verkörperung eines Ideals gegenwärtig zu sein. Bei Gesellschaften in kleinem Rahmen pflegte sie aber
zu singen und sich dabei am Klavier zu begleiten. Als ihr Leiden später
so weit fortgeschritten war, dass sie kaum noch das Haus verlassen

konnte, ermunterte sie ihren Mann dazu, den geselligen Verkehr zu Frauen wie Mrs. Osgood aufrechtzuerhalten, selbst wenn die Leute von einem ehebrecherischen Verhältnis munkelten. Die Zeugnisse aus ihrem Freundeskreis berichten nichts von Eifersucht auf ihrer Seite. Es gibt aber auch keine gesicherten Beweise dafür, dass sie Grund dazu gehabt hätte. Der anrührendste Liebesbeweis aus ihrer eigenen Feder ist das naive Gedicht, das sie in ihrem letzten Lebensjahr aus Anlass des Valentinstages für ihren Mann schrieb. Sie wählte dafür die Form eines Akrostichons, bei dem die Anfangsbuchstaben der Zeilen den Namen ‹Edgar Allan Poe› ergeben.

> *E* wig will ich wandeln mit Dir,
> *D* ein will ich ganz und auf immer sein.
> *G* ib nur ein kleines Häuschen mir,
> *A* ußen umrankt mit wildem Wein.
> *R* echt weit weg von den Sorgen der Welt,
> *A* bseits der Sünden und lästernden Zungen.
> *L* iebe allein ist, was uns erhält,
> *L* iebe heilt auch meine kranken Lungen.
> *A* ch, wie schön sind die stillen Stunden,
> *N* iemand schaut dann zu uns herein.
> *P* erfektes Glück, wir hätten's gefunden,
> *O* hne dem Lärm unser Ohr zu leihn.
> *E* wig soll Friede und Glück mit uns sein.

Dass eine so naive Form von Unschuld neben einem Mann existieren konnte, der im Rufe eines Immoralisten stand, wirft auch ein Licht auf ihn. Obgleich Poe selbst seine Sehnsucht nach Unschuld nicht in so kindlich-naiver Form ausdrückte wie seine Frau, hat er sie doch ebenfalls empfunden. Das Landschaftsidyll *Landor's Cottage*, das er als ästhetische Utopie entwirft, ist nur die kunstvollere Version dessen, was Virginia in ihrem Gedicht ausspricht. Am reinsten aber kommt sein unerfüllter Traum von Unschuld in dem Gedicht *Annabel Lee* zum Ausdruck, in dem er die Erinnerung an seine dann bereits verstorbene Frau zu mythischer Allgemeingültigkeit erhob. Das Gedicht wird als Epilog diese Biographie beschließen.

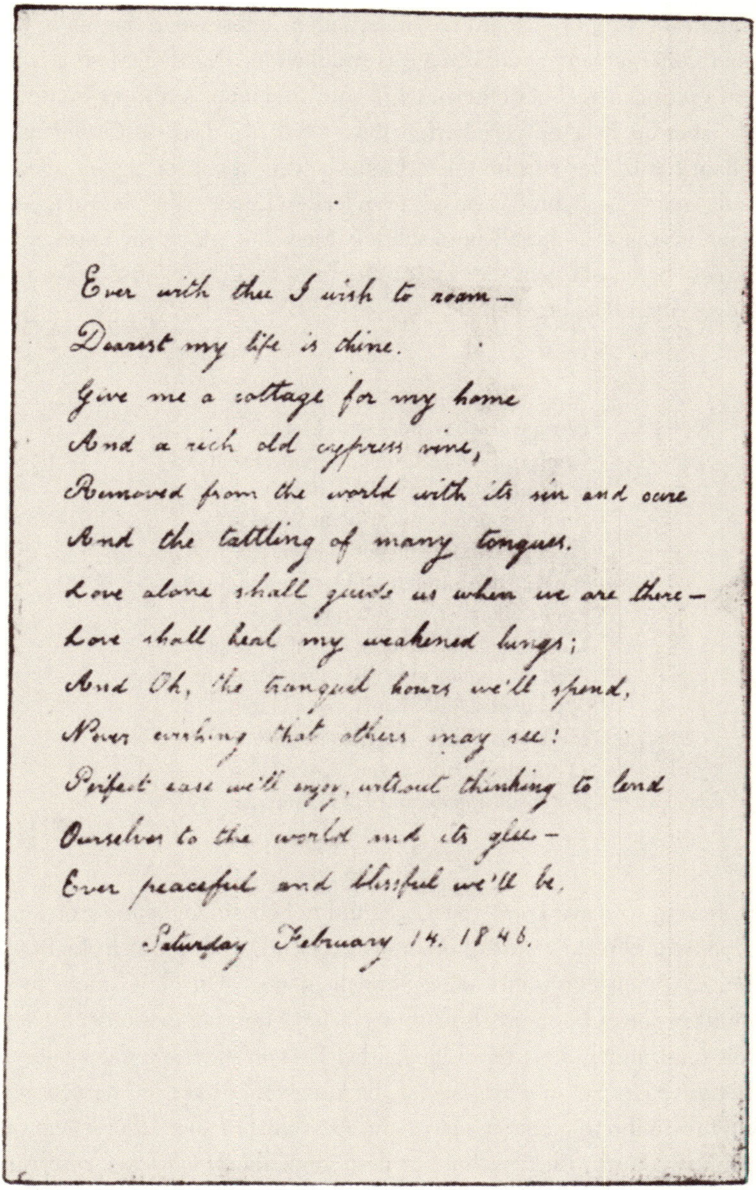

Ever with thee I wish to roam —
Dearest my life is thine.
Give me a cottage for my home
And a rich old cypress vine,
Removed from the world with its sin and care
And the tattling of many tongues.
Love alone shall guide us when we are there —
Love shall heal my weakened lungs;
And Oh, the tranquil hours we'll spend,
Never wishing that others may see!
Perfect ease we'll enjoy, without thinking to lend
Ourselves to the world and its glee —
Ever peaceful and blissful we'll be.

Saturday February 14. 1846.

Abb. 9   Virginias Valentin-Gedicht für ihren Ehemann (1846)

Der böse Engel Griswold

Rufus Wilmot Griswold, der im Juni 1842 Poes Nachfolge als Herausgeber von *Graham's Magazine* antrat, figuriert als der böse Geist in Poes Biographie; denn er ist verantwortlich dafür, dass der Dichter für lange Zeit als zwar genialer, aber unmoralischer Trunkenbold in die amerikanische Literaturgeschichte einging. Dabei fände Griswold für seine Verfehlungen vielleicht ebenso viel Nachsicht wie Poe, hätte er auch nur ein wenig von dessen Genie gehabt. Da er aber kein Dichter, sondern nur ein geschäftstüchtiger Literat war, trifft ihn die volle Verachtung für die verleumderischen Machenschaften, mit denen er Poes Ruf nach dessen Tod schädigte.

Griswold, sechs Jahre jünger als Poe, war das zwölfte von vierzehn Kindern eines frommen Schusters und Farmers in Benson, Vermont. Als er Poe in Philadelphia zum ersten Mal traf, war er erst 26 Jahre alt, hatte aber bereits ein bewegtes Leben hinter sich. Nachdem er mit seinem Bruder von zu Hause weggelaufen war, erlernte er zunächst das Druckerhandwerk, versuchte aber vergeblich, seinen Platz in der Gesellschaft zu finden. Im Alter von 22 ließ er sich zum Baptistenprediger ausbilden, heiratete und war danach unter anderem als Herausgeber von Horace Greeleys *Tribune* in New York tätig. Diese Stelle gab er aber auf, um sich ganz der von ihm seit 1839 geplanten Anthologie *The Poets and Poetry of America* zu widmen, deren erste Auflage 1842 herauskam. Schon in den ersten sechs Monaten nach ihrem Erscheinen kam es zu drei Neuauflagen, denen danach von Jahr zu Jahr weitere folgten. Es war der für lange Zeit umfangreichste Querschnitt durch das Schaffen der amerikanischen Versdichter und ökonomisch die erfolgreichste Anthologie des Jahrhunderts in den USA. Die Auswahl der aufgenommenen Dichter entsprach jedoch in keiner Weise der heutigen Einschätzung. So ist beispielsweise der unbedeutende, mit Griswold befreundete Dichter Charles Fenno Hoffman mit zwölf Seiten vertreten, während auf Longfellow vier und auf Poe zwei entfallen. Poe hatte Griswold auf dessen Bitte hin die drei Gedichte zugeschickt, die er damals für seine besten hielt, nämlich *The Coliseum, The Haunted Palace* und *The Sleeper*. Außerdem hatte er zur Information über seine Person einen autobiographischen Abriss beigefügt, in dem er sich ein abenteuerliches Leben andichtete, das ihn nach einem abgeschlossenen Universitätsstudium nach Europa und dort bis St.Petersburg geführt haben soll. Es ist das an seinem frühen Idol Byron orientierte Phantasiebild eines genialen Dichters, der sich bereits in der Alten Welt literarischen Lorbeer erworben hatte, bevor er nach Amerika zurückkehrte. Es mutet wie eine Strafe des Schicksals an, dass Poe, der es hier mit der Wahrheit so wenig genau nahm, später das Opfer von Griswolds Unwahrhaftigkeit wurde.

Poes Verhältnis zu Griswold gibt Rätsel auf, die bis heute nicht gelöst sind. Sein Schwanken zwischen Freundschaftsbekundungen und gehässiger Feindschaft spiegelt sich in den Rezensionen, die er über die Anthologie schrieb. In der ersten, die im Mai 1842, einen Monat nach Erscheinen des Buches, in *Graham's Magazine* zu lesen war, bezeichnet er die Sammlung als «die beste ihrer Art». Einen Monat später ließ er in derselben Zeitschrift eine Kritik folgen, die die unangemessene Präsentation der ausgewählten Dichter rügte. Am 28.Januar 1843 nahm in *Saturday Museum* eine anonyme Kritik, deren Autorschaft umstritten ist, die Anthologie scharf ins Gericht und scheute nicht vor Verbalattacken gegen den Kompilator zurück. Wenn Griswold Poe als ihren Autor ansah, ist verständlich, dass er von da an unversöhnlichen Hass auf den Konkurrenten empfand. Poe seinerseits hat sich privat immer wieder sehr verächtlich über Griswold geäußert, was ihn aber nicht hinderte, ihm am 16.Januar 1845 einen Entschuldigungsbrief zu schicken. Denn zwei Tage zuvor hatte Griswold ihn um einen Beitrag zu der neuen Anthologie *Prose Authors of America* gebeten; und diese Chance einer Veröffentlichung konnte Poe sich nicht entgehen lassen. Der Text, den Griswold in die Anthologie aufnahm, war die Erzählung *The Fall of the House of Usher*, die dadurch den Status eines amerikanischen Klassikers erhielt.

Trotz dieser Wiederannäherung blieb das Verhältnis der beiden gespannt. Poe war schon früh zu der berechtigten Überzeugung gelangt, fast allen seinen schreibenden Zeitgenossen überlegen zu sein, musste

Abb.10 *Rufus W. Griswold (undatierter Stich)*

aber mitansehen, wie andere, die ihm nicht das Wasser reichen konnten, erheblich erfolgreicher waren als er. Kein Wunder also, dass er
Neid und Groll empfand. Was Griswold betraf, so war schon die Tatsache, dass dieser als sein Nachfolger in der Redaktion von *Graham's Magazine* 200 Dollar mehr Gehalt erhielt, Grund genug für Bitterkeit. Im
Übrigen war ihm der Konkurrent allein schon deshalb unsympathisch,
weil er aus dem ihm verhassten Neuengland kam.

Während Griswold in den meisten Poe-Biographien nur als der Verleumder des Dichters figuriert, lässt Kenneth Silverman ihm insofern
Gerechtigkeit widerfahren, als er auch die tragischen Lebensumstände
dieses Mannes schildert, der als der böse Engel in Poes Leben erscheint
und dabei wie eine Figur aus einer seiner Geschichten anmutet. Kurz
vor dem Erscheinen der Anthologie machten sich bei Griswold Anzeichen einer rasch fortschreitenden Tuberkulose bemerkbar. Gerade erst
27 Jahre alt litt er an schwindendem Augenlicht und begann Blut zu
spucken. Kurz darauf traf ihn ein zweiter Schlag, als seine Frau, die er
mit dem erstgeborenen Kind in New York zurückgelassen hatte, drei
Tage nach der Geburt des zweiten Kindes starb. Hatte es vorher ge-

schienen, als halte er seine Frau absichtlich in der Ferne, so wirkte er jetzt wie ein gebrochener Mann. Silverman berichtet, wie Griswold, nachdem er im November 1842 seine Frau in New York begraben hatte, vierzig Tage später dorthin zurückkehrte, die Leiche exhumieren ließ, sich auf sie warf, sie küsste und dann ohnmächtig auf ihr zusammenbrach. Dort blieb er liegen, bis Freunde ihn fanden. Danach heiratete der 27-Jährige eine 42-jährige Jüdin, die sich in der Hochzeitsnacht als Zwitter erwies. Nach der Scheidung heiratete er eine wohlhabende Frau und lebte mit ihr in einem großen Haus in New York. Doch das Unglück blieb ihm auf den Fersen. Er selber wäre 1849 fast ertrunken, als er beim Besteigen einer Fähre einen epileptischen Anfall erlitt und ins Wasser fiel. 1853 befand sich seine 15-jährige Tochter in einem Eisenbahnwagen, der von einer geöffneten Zugbrücke ins Wasser stürzte, worauf sie bereits für tot erklärt wurde, bevor sie nach stundenlangen Wiederbelebungsversuchen ins Leben zurückkehrte. Im selben Jahr erlitt er bei einer Gasexplosion schwere Verbrennungen; und 1857 raffte ihn die Tuberkulose im Alter von 42 Jahren hinweg.

Trotz dieses dramatischen Schicksals – sympathisch scheint Griswold keinem Zeitgenossen gewesen zu sein. Die New Yorker Schriftstellerin Ann Sophia Stephens beschrieb ihn etwa so, wie Dickensleser den kriecherische Intriganten Uriah Heep in Erinnerung haben. Eine andere literarische Figur, an die sich heutige Leser erinnert fühlen mögen, ist Mozarts böser Engel Salieri in Peter Shaffers Stück *Amadeus*. Umso unbegreiflicher ist, dass Poe diesen Mann am Ende seines Lebens zu seinem literarischen Nachlassverwalter bestimmte. Es gibt für diesen Wunsch kein schriftliches Dokument, doch Miss Susan Ann Talley, mit der Poe kurz vor seinem Tode sprach, berichtet – allerdings sehr viel später –, dass er ihr einen Brief Griswolds gezeigt habe, in dem dieser die ihm angetragene Aufgabe angenommen habe. Dass Poe den Wunsch geäußert hatte, ist nicht zu bezweifeln, sonst hätte die stets um sein Wohl bemühte Muddy niemals gleich nach seinem Tode die nötigen Schritte für die Herausgabe der Werke eingeleitet. Doch was Poe dazu bewogen hat, bleibt ein Rätsel. Man ist versucht zu glauben, dass er auch hier dem «Kobold des Perversen» nachgab und sich dem Manne auslieferte, von dem er keine Freundlichkeit erwarten konnte. Es mutet wie eine bewusste Selbstdemontage an: ob aus Trotz gegenüber der Welt oder in der Erwartung, als Märtyrer in die Literaturgeschichte einzugehen, ist schwer zu sagen. Griswold selber fühlte sich durch den Auftrag keineswegs geehrt. In einem Brief an James Russell Lowell, den er entweder am 18. oder 25. Oktober 1849 schrieb – er ist auf «Donnerstag Morgen» datiert –, heißt es:

> Poe war nicht mein Freund – ich war nicht der seine – und er hatte kein Recht, mir die Pflicht zur Herausgabe seiner Werke aufzuladen. Er tat es nun aber, und unter den gegebenen Umständen konnte ich schlecht ablehnen, den Wünschen seiner Freunde zu entsprechen. Wegen seiner Gewohnheit *sich zu wiederholen* und seiner Art, sich Dinge *anzueignen* – besonders in den *Marginalien* – ist dies eine schwierige Aufgabe. Aber ich werde sie ausführen so gut ich kann in der kurzen Zeit, die mir gewährt wurde – d.h. in *drei Wochen*.

Philadelphia: Triumph und Absturz | 1842–1844

Mit dem Ausscheiden aus der Redaktion von *Graham's Magazine* fühlte Poe sich zunächst von der Last einer ungeliebten, als Fron empfundenen Arbeit befreit. Mit der Last war aber auch das regelmäßige Einkommen geschwunden. So musste er erst einmal sehen, wie er den Lebensunterhalt für seine Familie bestreiten konnte. Jetzt galt es für ihn, die eigene Zeitschrift auf den Markt zu bringen. Doch ohne einen Kapitalgeber war an deren Publikation nicht zu denken. Seine Tätigkeit als Kritiker setzte er in der zweiten Hälfte von 1842 mit den drei erwähnten Rezensionen zu Griswolds *The Poets and Poetry of America* fort. Die nächste Erzählung, *The Mystery of Marie Rogêt*, erschien in drei Fortsetzungen im November, Dezember und Januar in *Snowden's Ladies' Companion*. Die Geschichte, die im Untertitel als Fortsetzung von *The Murders in the Rue Morgue* bezeichnet wird, kann sich mit ihrer Vorgängerin nicht messen. Wenn auf 80 Seiten die einzelnen in der Presse veröffentlichten Daten einer unaufgeklärten Mordtat von Poes Meisterdetektiv Dupin Stück für Stück mit messerscharfer Logik überprüft und in mehrfachen Wiederholungen immer wieder neu beleuchtet werden und wenn der Erzähler dann am Ende lapidar erklärt, der Fall sei gelöst, aber er wolle die Lösung nicht publik machen «aus Gründen, welche wir nicht näher ausführen wollen, die aber vielen Lesern einleuchten werden», dann ist das wieder einer von seinen *hoaxes*. Im Übrigen enthält auch diese Geschichte, die bei der Langsamkeit der analytischen Argumentation absolut wasserdicht zu sein scheint, Unstimmigkeiten. Um nur eine zu nennen: der Mörder hatte die Leiche, um sie besser transportieren zu können, mit einer Trageschlaufe versehen, indem er einen Stoffstreifen aus ihrem Kleid «vom unteren Rocksaum bis hinauf zur Hüfte» herausriss, ihn aber vom Gewand nicht abtrennte. Dieser Streifen sei dreimal um ihre Taille geschlungen und fest verknotet gewesen. Wenn nun die unglückliche Marie eine Wespentaille von 60 cm hatte, muss der Streifen mindestens 3 x 60 cm plus der Länge für den Knoten gehabt haben. Das heißt, dass das Gewand vom Rocksaum bis zur Hüfte rund zwei Meter lang gewesen sein muss, was Marie zu einer Riesin machen würde.

Poe hat in dieser Geschichte einen tatsächlichen Kriminalfall verwertet, der in New York kurz vorher Aufsehen erregte. Das Opfer hieß Mary Cecilie Rogers. Die von Dupin analysierten Presseäußerungen hat Poe z.T. wörtlich den New Yorker Zeitungen entnommen, wobei er vorgibt, sie aus dem Französischen übersetzt zu haben. Am Schluss der Geschichte liefert er, wie später in *The Purloined Letter*, eine längere philosophische Erörterung über Wahrscheinlichkeitstheorie und den mathematischen Hintergrund für die schrittweise Akkumulierung scheinbar zufälliger Evidenzen zu einem eindeutigen Beweis. Da er aber das Ergebnis zurückhält, fühlt sich der Leser düpiert. Wie in *Ligeia* und anderen Geschichten kommt er am Schluss auch hier auf den Willen zu sprechen. Ohne dass die Beziehung zur Geschichte wirklich klar wird, schreibt er unvermittelt:

Um richtig verstanden zu werden, ich spreche von Koinzidenzen und nichts anderem. Was ich oben über dieses Thema gesagt habe, mag genügen. Tief in meinem Herzen gibt es keinen Glauben an Übernatürliches. Dass die Natur und ihr Gott zweierlei sind, wird kein denkender Mensch bestreiten. Dass letzterer, indem er erstere schafft, diese nach seinem Willen kontrollieren oder modifizieren kann, steht ebenfalls außer Frage. Ich sage: «nach seinem Willen»; denn es ist eine Frage des Willens und nicht, wie der Wahnwitz der Logik annimmt, der Macht. Es ist nicht so, dass die Gottheit ihre Gesetze nicht modifizieren könne, sondern dass wir sie beleidigen, wenn wir an die mögliche Notwendigkeit einer Modifikation auch nur denken.

Verständlich wird diese kryptische Aussage vielleicht später im Lichte dessen, was über *Eureka* und zuletzt im Schlusskapitel dieser Biographie gesagt wird. Allerdings ist kaum anzunehmen, dass Poe mit seiner Geschichte auf ein philosophisches Fazit zusteuerte. Wahrscheinlicher ist, dass er das Geheimnis des Kriminalfalls nur darum so in die Länge dehnte, weil er Text für drei Fortsetzungen brauchte; denn bis Ende 1842 hatte er nur noch zwei weitere Geschichten anzubieten, die allerdings heute zu seinen bekanntesten zählen.

Auf die erste, *The Pit and the Pendulum*, wurde bereits am Anfang dieses Buches ausführlich eingegangen. Poe konnte sie in *The Gift*, dem in New York schon im Dezember 1842 erschienenen Almanach für das Jahr 1843, unterbringen. Ebenso berühmt ist die zweite, *The Tell-Tale Heart (Das verräterische Herz)*, die im Januar 1843 in *The Pioneer* erschien. Es ist die makaberste unter den Geschichten, die das zum Thema haben, was zwei Jahre später im Titel der Erzählung *The Imp of the Perverse* steht. Es geht darin um einen Mord, zu dem der Erzähler grundlos durch ein plötzlich aufwallendes «perverses» Verlangen angestachelt wird, und um ein Geständnis, zu dem er auf ähnliche Weise getrieben wird.

Die Zeitschrift, in der die Geschichte erschien, war von dem Dichterkollegen James Russell Lowell in Boston gegründet worden, mit dem Poe seit einiger Zeit korrespondierte und kooperierte, obwohl er ihn erst zwei Jahre später persönlich kennenlernte. Beide Dichter versuchten, ihre Projekte gegenseitig zu fördern, was konkret bedeutete, dass sie einander für literarische Beiträge wenig oder gar nichts zahlten. Der *Pioneer* war bereits nach der dritten Ausgabe am Ende. Wie prekär die finanzielle Lage der beiden Dichter war, ist daran abzulesen, dass Poe auf die Bitte Lowells hin großzügig auf das vereinbarte Honorar verzichtete und kurz darauf selber so sehr in der Klemme war, dass er die 10 Dollar dann doch einfordern musste.

Eine dritte, noch berühmtere Geschichte, *The Gold-Bug*, hatte Poe Anfang 1843 fertig und bereits für 52 Dollar an Graham verkauft. Doch als die im Januar 1843 in Philadelphia neu gegründete Zeitschrift *Dollar Newspaper* in ihrer April-Nummer einen Preis von 100 Dollar für die beste Kurzgeschichte auslobte, erbat Poe sie sich im Austausch gegen mehrere Rezensionen zurück und bewarb sich mit ihr um den Preis, den er auch prompt gewann. Es war das höchste Honorar, das er jemals mit einem Werk erzielte. Hätte es damals in den USA ein funktionierendes Urheberrecht gegeben, wäre *Der Goldkäfer* für ihn zur Goldgrube geworden. Selbst wenn die geschätzte Zahl von 300 000 illegalen Nachdrucken, die er am 28.5.1844 in einem Brief an James Russell Lowell erwähnt, eine seiner vielen Übertreibungen sein sollte, hätte eine angemessene Honorierung auch nur eines Drittels dieser Zahl seine finanziellen Probleme auf einen Schlag gelöst. Bereits in ihrem Erscheinungsjahr kam die Erzählung als Einakter in Philadelphia auf die Bühne und in den Jahren danach wurde sie auch in England und Frankreich nachgedruckt. Auch wenn sie als Dichtung in den Augen der meisten Kritiker von Werken wie *Ligeia* oder *The Purloined Letter* überstrahlt wird, markiert sie doch einen Punkt in seinem Schaffen, der für seine Stellung in der Literaturgeschichte von großer Bedeutung ist.

Die Geschichte beginnt und verläuft fast bis zum Ende so, wie vor allem deutsche Leser es von einer klassischen Novelle gewohnt sind. Wer Heyses Novellentheorie kennt, wird eine geradezu exemplarische Novelle erwarten; denn schon der Titel scheint das anzukündigen, was Heyse den «Falken» einer Novelle nannte. Er verstand darunter ein Bildmotiv, das – ähnlich wie der Falke in der Geschichte Boccaccios, auf die Heyse sich bezieht – als geheimes Sinnzentrum der Erzählung fungiert. Dass die deutschen Novellendichter eine große Vorliebe für solche «Falken» hatten, lässt sich oft schon an den Titeln ihrer Novellen ablesen. Von Eichendorffs *Das Marmorbild* über die *Judenbuche* der Droste bis hin zu *Das Amulett* von C. F. Meyer gibt es eine lange Reihe von Novellen, die ihren «Falken» förmlich vor sich her tragen. Die genannten Werke kannte Poe nicht, aber er kannte Fouqués *Undine* und wohl auch Werke von E.T.A. Hoffmann und anderen deutschen Romantikern. Auf jeden Fall war er mit dem romantischen Geist vertraut, dem der «Falke» entsprang. Die Romantiker versuchten, reale Bildmotive symbolisch so aufzuladen, dass sie sich wie Fenster in eine geistige Sphäre öffneten. Auch der «Falke» in den Novellen ist so ein Fenster. Im Übrigen sind die deutschen Novellen durchweg dramatisch angelegt. Sie lassen sich meist ohne große Mühe in ein fünfaktiges Handlungsschema gliedern. Am Anfang wird in Form einer «Exposition» ein geheimnisvoller Handlungsanlass vorgestellt, der durch die «steigende Handlung» zum «Höhepunkt» geführt wird; dann folgt die «fallende Handlung», die mit der Auflösung des Handlungsanlasses, dem «Dénouement», endet.

Die Kurzgeschichte in der von Poe praktizierten Form der Ereignisgeschichte zieht diese fünfgliedrige Struktur zu einem Drei-Schritt-Schema zusammen, das nur noch aus steigender Handlung, Wendepunkt und fallender Handlung besteht. In seinen frühen Werken, zumal in seinen Gedichten, war auch Poe bestrebt, die diesseitige Welt durch symbolische Fenster zur jenseitigen hin zu öffnen. Doch im *Goldkäfer* praktiziert er das Verfahren nur noch als Spiel, als *hoax*. Bis zum Auffinden des Schatzes unter dem Tulpenbaum lässt er den Leser – und auch den fiktiven Erzähler – in dem Glauben, dass nur die geheimnisvolle Kraft des goldenen Käfers auf die Spur des Schatzes geführt haben kann. Bis zu diesem Punkt ist die Erzählung wie eine klassische Novelle angelegt. Sie beginnt mit der Einführung des «Falken» und setzt sich mit der Suche nach dem vermeintlichen Fundort des Schatzes fort. Die ergebnislose erste Grabung fungiert als das, was Gustav Freytag in seiner Dramentheorie als «retardierendes Moment» bezeichnet. Danach bringt die zweite Grabung das erhoffte Resultat, und nun wartet der Leser auf das endgültige Dénouement. An dieser Stelle aber bricht Poe die romantische Novelle ab und enthüllt sie als *hoax*. Erst jetzt beginnt die eigentliche Kurzgeschichte, die einem Drei-Schritte-Schema folgt: Auffinden der Botschaft – Entzifferung – Auffinden des Schatzes. Diese Geschichte wird nicht mehr dem Erzähler des ersten Teils, sondern der Hauptfigur, dem detektivisch arbeitenden Legrand, in den Mund gelegt. Auf das, was er erzählt, und auf die darin enthaltenen Unstimmigkeiten wurde bereits im Kapitel «Poe à la Poe» eingegangen. In einer romantischen Novelle hätte der Leser hinter dem Goldkäfer eine, wenn auch nur erahnbare *wirkliche Wahrheit* erwartet, die Kurzgeschichte hingegen präsentiert eine *wahre Wirklichkeit*. Liest man Poes Geschichte so, dann kann man in ihr wie in einem Hohlspiegel den Übergang von der Romantik in den zu seiner Zeit bereits dominanten Realismus sehen.

Das Jahr 1843, das mit dem *Goldkäfer* Poes Durchbruch zu nationalem Ruhm brachte, hätte für ihn ein Erfolgsjahr werden können. Es fing bereits vielversprechend an. Endlich hatte er für sein Magazin in Thomas C. Clarke einen Geldgeber gefunden, mit dem er am 31. Januar einen Vertrag unterzeichnete. Da er inzwischen Bedenken hatte, dass der Name *Penn Magazine* zu sehr an eine regionale Zeitschrift für den Staat Pennsylvania denken ließ, entschied er sich in Absprache mit seinem Partner für den neuen Namen *The Stylus,* der schon vom Wort her seine hohen Ansprüche ausdrückte, wobei allerdings zu befürchten war, dass er vom breiteren Publikum als zu elitär empfunden werden könnte. Poe machte sich sogleich daran, einen neuen Prospekt für das Magazin zu entwerfen, um damit Subskribenten zu werben. Das Erscheinen wurde für den 1. Juli angekündigt. Clarke war bereits der Herausgeber des *Saturday Museum* und hatte somit ein Publikationsorgan, in dem er für die neue Zeitschrift werben konnte. Er nutzte auch sogleich Poes Bekanntheit für diesen Zweck aus, indem er ihn als Redaktionsmitglied des *Saturday Museum* ankündigte, obwohl Poe diese Tätigkeit gar nicht ausübte. Die Zeitschrift publizierte eine ausführliche Biographie des Dichters, die Poe als einen zweiten Lord Byron vorstellte, der aus einer

*Abb. 11   Erstes veröffentlichtes Porträt von Poe. Holzschnitt von
E. J. Pinkerton und Charles N. Parmelee nach einer Daguuerreotypie
in* The Philadelphia Saturday Museum, *25. Februar 1843*

alten, angesehenen Familie in Baltimore stamme, mit einer Frau aus bester Familie verheiratet sei und nach einem glanzvoll abgeschlossenen Hochschulstudium den Roman *Pym* geschrieben habe, der zahlreiche Auflagen erlebt habe. Einen weiteren zweibändigen Roman habe er unter einem Pseudonym veröffentlicht. Danach habe er sich nach Europa aufgemacht, um am Freiheitskampf der Griechen teilzunehmen und sei schließlich nach St. Petersburg gelangt, wo er in Schwierigkeiten geraten sei, aus denen ihm der amerikanische Konsul herausgeholfen habe.

Außer dieser fiktiven Biographie publizierte die Zeitung 32 Lobeshymnen, die andere Dichter angeblich auf Poe gesungen hatten, wobei dieser sich nicht scheute, private Komplimente, die Dichterkollegen ihm in Briefen gemacht hatten, als öffentliche Äußerungen auszugeben.

Begleitet wurde die Biographie von einem Porträt in Form eines Holzschnitts von E. J. Pinkerton und Charles N. Parmelee, dessen Vorlage die erste bekannt gewordene Daguerreotypie des Dichters war (Abb. 11). Als Poe das Porträt sah, war er entsetzt und schrieb am 25. Februar 1843 an seinen Freund F. W. Thomas: «Ich bin, weiß Gott, hässlich genug, aber doch nicht ganz so schlimm wie da.» Unter allen überlieferten Bildern von Poe ist dieses das am wenigsten bekannte und das dem späteren Bild des Dichters am wenigsten entsprechende. Vermutlich noch im selben Jahr fertigte der Maler A. C. Smith ein weiteres Porträt in Aquarell an, das die Vorlage für einen Stahlstich von Thomas B. Welch und Adam B. Walter wurde, der am 27. Februar 1845 in *Graham's Magazine* erschien (Abb. 12). Auch von diesem Porträt, das Poe bereits vor der Veröffentlichung zu sehen bekam, sagte er in einem Brief an James Russell Lowell vom 30. März 1844, dass es ihm kaum ähnlich sehe, während er mit der künstlerischen Ausführung zufrieden war.

Ein zweiter Silberstreif schien an Poes Horizont heraufzuziehen, als sein Freund F. W. Thomas ihm die Möglichkeit eröffnete, sich bei Präsident John Tyler um ein Staatsamt zu bewerben. Tylers Sohn Robert war ein ambitionierter Schriftsteller, der Poes kritisches Urteil schätzte; und Poes väterlicher Freund John Pendleton Kennedy war just zu der Zeit Abgeordneter im Kongress. Es kam also nur darauf an, einen günstigen Zeitpunkt abzupassen, um Poe zuerst mit dem Sohn Robert zusammenzubringen und ihn dann dem liberalen Präsidenten vorzustellen. Dieser Zeitpunkt schien sich im März 1843 zu bieten. Bei dieser Gelegenheit sollte sich Poe in Washington gleich noch mit einem Vortrag über das

*Abb.12   Zweites veröffentlichtes Porträt von Poe. Stahlstich von
Thomas B. Welch und Adam B. Walter nach einem Aquarell von
A. C. Smith in* Graham's Magazine, *Nr. 27, Februar 1845*

«Poetische Prinzip» vorstellen. Doch das Vorhaben stand unter keinem
guten Stern. Poe hatte Mühe, das Geld für die Reise zusammenzubringen, und als er schließlich dort war, musste er bei Freunden um weitere
10 Dollar betteln. Schließlich wurde das ganze Unternehmen für ihn zu
einem Fiasko. Er hatte damit gerechnet, dass Thomas ihn bei Robert
Tyler einführen und dieser sich dann bei seinem Vater für ihn verwenden
werde. Doch Thomas lag zu der Zeit krank im Bett und reichte Poe an
seinen Freund Jesse Dow weiter. Was dann im Einzelnen geschah, ist
nicht genau bekannt. Soviel aber steht fest, dass Poe in völlig betrun-
kenem Zustand bei Dow auftauchte und es diesem unmöglich machte,
ihn in die Regierungskreise einzuführen. Poe schrieb danach zerknirsch-
te Entschuldigungsbriefe an die Freunde, deren Ruf er durch sein Verhalten gefährdet hatte, doch seine Aussicht auf eine staatliche Sinekure war dahin. Mit etwas mehr Lebensklugheit hätte er vielleicht einen
ähnlichen Posten am Zollamt in Philadelphia bekommen, wie ihn etwas
später Hawthorne in Boston bekleidete. Thomas, der sich so uneigen-

nützig für ihn eingesetzt hatte und nun allen Grund gehabt hätte, zu ihm auf Distanz zu gehen, reagierte auf den Vorfall sehr nobel und hielt seinem Schützling weiterhin die Treue. Nachdem dieser zweite Silberstreif verglüht war, verlosch auch bald der erste. Clarke hatte mitbekommen, was in Washington geschehen war, und sah nun wohl ein zu großes Risiko darin, sich mit einem Alkoholiker auf das ungewisse Geschäft einer neu zu gründenden Zeitschrift einzulassen. Im Mai 1843 kündigte er den Vertrag und ließ Poe mittellos im Regen stehen. Für den ging es jetzt ums nackte Überleben. Von Mai bis Dezember konnte er nur die Geschichte *The Black Cat (Die schwarze Katze)* und die unbedeutende Bagatelle *Raising the Wind; or, Diddling Considered as One of the Fine Arts (Diddeln oder das Schwindeln als eine exakte Wissenschaft betrachtet)* sowie zwei Essays und zwei Rezensionen loswerden. Auch seine 1842 begonnene Suche nach einem Verleger für eine zweibändige Gesamtausgabe seiner Erzählungen unter dem Titel *Phantasy-Pieces* war bis dahin erfolglos geblieben. Schließlich erklärte sich der Verleger William H. Graham bereit, die Erzählungen in einer als *uniform serial edition* angekündigten Reihe unter dem Titel *The Prose-Romances of Edgar A. Poe* herauszubringen; doch der 1843 erschienene erste Band mit *The Murders in the Rue Morgue* und *The Man that Was Used up (Ein verbrauchter Mann)* muss auf so geringes Interesse gestoßen sein, dass kein weiterer folgte.

Poes finanzielle Lage wurde jetzt immer prekärer. Von November 1843 bis März 1844 hielt er sich mit insgesamt sechs oder möglicherweise sieben Vorträgen über *The Poetry of America* in Philadelphia, in Wilmington und Newark (beide in Delaware), in Baltimore sowie in Reading (Pennsylvania) notdürftig über Wasser. An Texten konnte er Anfang 1844 nur noch die kurze Skizze *Morning on the Wissahiccon*, die grotesk-absurde Erzählung *The Spectacles* und die zur Romantik des Übernatürlichen zurückkehrende Geschichte *A Tale of the Ragged Mountains (Eine Geschichte aus den Rauen Bergen)* unterbringen. Selbst wenn er, wie man annimmt, eine Reihe anonymer Texte an verschiedene Zeitschriften verkauft haben sollte, stand ihm im März 1844 das Wasser bis zum Halse. Da entschloss er sich, es noch einmal in New York zu versuchen, wohl in der Hoffnung, dort näher am Puls der amerikanischen Literatur zu sein.

Zweiter Versuch in New York | 1844

Anfang April 1844 ließ Poe Muddy und die Katze Catterina, die er in Briefen selten zu erwähnen vergaß, in Philadelphia zurück und begab sich mit Virginia per Bahn und Schiff nach New York, wo die beiden bei einem freundlichen Ehepaar ein vorläufiges Quartier fanden, das Poe in seinem Brief an Muddy als kleines Paradies beschreibt. Es war wie das Eintauchen in eine lang entbehrte Atmosphäre umsorgter Behaglichkeit. Doch Poe hatte nur noch viereinhalb Dollar in der Tasche, als er sich daran machte, New York zu erobern. Diesmal machte er sein Entree mit einem Paukenschlag.

Schon kurz nach seiner Ankunft gelang es ihm, der Tageszeitung *Sun* einen *hoax* zu verkaufen, der den Begriff sogar im Titel trug, allerdings erst, nachdem er in der Zeitung seine Wirkung getan hatte. Was in der posthumen Werkausgabe von 1850 als *The Balloon-Hoax (Der Ballon-Jux)* abgedruckt ist, erschien in reißerischer Aufmachung am 13. April in einer Extra-Ausgabe der *Sun*, die zuvor in der regulären Ausgabe so angekündigt wurde: «Erstaunliche Nachricht durch privaten Expressdienst aus Charleston über Norfolk! – Atlantischer Ozean in drei Tagen überquert!! – Auf Sullivan's Island Ankunft eines steuerbaren Ballons, erfunden von Mr. Monck Mason.» Es folgten weitere neugierig machende Details der Sensation und die Ankündigung, dass ab 10 Uhr morgens die Sonderausgabe mit dem ausführlichen Bericht zu haben sei. Die Ausgabe kam zwar erst gegen Mittag heraus und wurde nicht ganz so enthusiastisch aufgenommen, wie Poe es später darstellte, doch der Bericht selber wurde zunächst von vielen Lesern für wahr gehalten.

In der für ihn typischen Manier hatte Poe ihn mit technischen Details angereichert und zum Schluss sogar das Journal der Ballonfahrer angefügt, so dass verständlich ist, weshalb nicht nur unbedarfte Leser darauf hereinfielen. Allerdings hatte es in den Jahren zuvor bereits ähnliche *hoaxes* gegeben, und im selben Jahr war in *Alexander's Express Messenger* vom 21. Februar ein Artikel über Monck Masons Flugmaschinen erschienen, der seinerseits aus einem Pamphlet abgeschrieben war, aus dem auch Poe geschöpft hatte. Die Idee der Atlantiküberquerung hatte also in der Luft gelegen.

Das Strohfeuer, mit dem sich Poe in die New Yorker Presse einführte, war schnell verpufft, und er musste sehen, wie er seinen Lebensunterhalt verdienen konnte. Die in Philadelphia erscheinende Zeitschrift *Dollar Newspaper*, die ihm im Jahr davor den Sensationserfolg des *Gold-Bug* beschert hatte, brachte am 31. Juli die Geschichte *The Premature Burial (Das vorzeitige Begräbnis)*: ein Thema, das allgemein als eine von Poes Obsessionen angesehen wird, obwohl das Motiv des Lebendig-Begraben-Werdens nur in wenigen seiner Geschichten auftaucht. Für den *Columbia Spy*, eine Kleinstadtzeitung in Pennsylvania, schrieb er anonym von Mai bis Juli sieben Briefe aus der Metropole, die den Lesern den Duft der großen weiten Welt vermitteln sollten. Diese Beiträge wurden von dem Poe-Forscher Mabbott 1929 unter dem Titel *Doings of Gotham* herausgegeben. Gotham ist der Name eines Ortes in England, der dort seit dem Mittelalter als das englische Schilda figuriert. Er wurde durch Washington Irving als Scherzname für New York eingeführt und blieb eine geläufige Bezeichnung, die erst in neuerer Zeit durch *the Big Apple* verdrängt wurde. Vermutlich schrieb Poe noch weitere, bisher nicht identifizierte Beiträge für verschiedene Zeitschriften.

Inzwischen war Muddy mit der Katze nachgekommen und der Haushalt wieder komplett. Da die Wohnungen in der Innenstadt zu teuer waren, mieteten sich die Poes im Sommer fünf Meilen außerhalb der Stadt auf der Farm der Brennans ein. Die Landluft tat Virginia gut, und auch Edgar liebte die Spaziergänge den Bach entlang und über die Wiesen und Felder. An größeren Texten hatte er nichts mehr verfügbar, so musste er sich bei jeder nur möglichen Gelegenheit als Lohnschreiber verdingen. Seriöser als der *Columbia Spy* war das New Yorker *Columbian Magazine*, bei dem er in der August-Nummer seine zweite Erzählung zum Thema Mesmerismus unterbringen konnte, die er in einem Brief an Lowell vom 28. Mai als fertiges, aber noch unveröffentlichtes Werk erwähnte. Unter dem Titel *Mesmeric Revelation (Mesmerische Offenbarung)* erzählt er von einem Experiment, bei dem ein Sterbender von einem Hypnotiseur «mesmerisiert» und im Zustand der Trance in einem tiefsinnigen Gespräch über Gott und das Grenzgebiet zwischen Leben und Tod befragt wird. Die philosophische Essenz des Dialogs fasste Poe in einem Brief vom 10. Juli an seinen Bewunderer Thomas Holley Chivers so zusammen:

So etwas wie Spiritualität gibt es nicht. Gott ist materiell. Alle Dinge sind materiell; doch die Materie Gottes hat all die Qualitäten, die wir dem Geist zuschreiben: insofern besteht der Unterschied in kaum mehr als den Worten. Es gibt eine Materie ohne Partikel – ohne atomare Zusammensetzung: das ist Gott. Sie durchdringt und bewegt alle Dinge, und ist so alle Dinge in sich. Ihr Antrieb ist der Gedanke Gottes, der sie erschafft. Der Mensch und andere Wesen (Bewohner der Sterne) sind Teile der nichtpartikularisierten Materie, individualisiert dadurch, dass sie in die partikularisierte Materie inkorporiert sind. Insofern existieren sie rudimentär. Der Tod ist eine schmerzhafte Metamorphose. Die Raupe wird zum Schmetterling – aber der Schmetterling ist immer noch materiell – jedoch aus einer Materie, die mit unseren rudimentären Organen nicht erkannt werden kann. Ohne die Notwendigkeit des rudimentären Lebens gäbe es keine Sterne, keine Welten – nichts, das wir materiell nennen. Diese Zusammenballungen sind die Wohnstätten der rudimentären Dinge. Im Tode nehmen sie eine neue Form, eine neue Materie an, sie dringen überall hin, tun alles durch bloßen Willensakt und kennen alle Geheimnisse außer dem einen – der Natur des Willens Gottes –, des Antriebs der nichtpartikularisierten Materie.

 Der Text enthält in Kurzfassung bereits den Kern der kosmologischen Weltdeutung, die Poe später in *Eureka* breit ausführt. Da er Gedanken aufnimmt, die er in früheren Werken bereits anklingen ließ, ist klar, dass es sich hier um ein Grundthema seines gesamten Lebens und Schaffens handelt. Erstaunlich ist, dass er solche Gedanken überhaupt publizieren konnte; denn ohne die Erwartung eines Publikumsinteresses hätte kein Verleger und kein Herausgeber einer Zeitschrift sie gedruckt. Bedenkt man, wie gering der Anteil von Hochschulabsolventen damals im Vergleich zu heute war, kann man nur staunen über den Wissensdurst und den Bildungshunger in breiten Schichten der Bevölkerung.

Was Poe am 10. Juli an Chivers schrieb, hatte er acht Tage vorher, am 2. Juli, bereits mit ähnlichen Worten in einem Brief an James Russell Lowell ausgeführt. Dort gab er darüber hinaus noch einen Einblick in sein Innerstes, von dem sein Werk kaum jemals etwas verrät. Lowell hatte in einem vorausgegangenen Brief über seine «konstitutionelle Trägheit» geklagt, worauf Poe über sich selber schreibt, er sei «entsetz-

lich faul und wundersam fleißig – doch alles immer nur etappenweise».
Dann fährt er fort:

Es gibt Zeiten, wo mir jede Art von geistiger Tätigkeit zur Qual wird und
mir nichts Vergnügen bereitet außer dem einsamen Verbundensein mit den
«Bergen und den Wäldern» – den «Altären» Byrons. Ich habe auf diese
Weise schon ganze Monate mit Wandern und Träumen verbracht, um danach zu einer Art manischer Schaffenslust zu erwachen. Dann kritzle ich
den ganzen Tag und lese die ganze Nacht. …
Ich bin nicht ehrgeizig – es sei denn in negativem Sinn. Ab und an fühle
ich mich angestachelt, einen Narren auszustechen, bloß weil es mir ver-
hasst ist, dass ein Narr sich einbildet, er könnte mir überlegen sein. Darüber hinaus kenne ich nicht den mindesten Ehrgeiz. Ich bin zutiefst vom
Bewusstsein jener Nichtigkeit durchdrungen, von welcher die meisten
Menschen bloß schwatzen – der Nichtigkeit des menschlichen oder zeitlichen Lebens. Mein Leben bewegt sich fortwährend in Zukunftsträumen.
Ich glaube nicht an die menschliche Vervollkommnungsfähigkeit. Ich glaube nicht, dass menschliche Anstrengung irgendeinen bestimmbaren Effekt
für die Menschheit hat. Der Mensch ist heute nur aktiver – aber nicht
glücklicher – und nicht weiser als vor 6000 Jahren. …
Ich bin mir zu tief der Veränderlichkeit und Flüchtigkeit der zeitlichen
Dinge bewusst, als dass ich in irgendeiner Sache konsistent sein könnte.
Mein Leben ist eine *Grille* gewesen – Impuls – Leidenschaft – Sehnsucht
nach Einsamkeit – Verachtung aller gegenwärtigen Dinge, bei ernstestem
Verlangen nach der Zukunft. Ich werde am tiefsten erregt von Musik und
von einigen Gedichten – denen von Tennyson besonders – den ich mit
Keats, Shelley, Coleridge (gelegentlich) und ein paar anderen, ähnlich in
Gedanken und Ausdruck, als die einzigen Dichter ansehe. Musik ist die
Vollkommenheit der Seele oder die Idee der Poesie. Die Unbestimmtheit
des von einer süßen Melodie erweckten Hochgefühls (welche strikt unendlich sein sollte und niemals zu deutlich suggestiv) ist genau das, was wir
uns auch in der Poesie zum Ziel setzen sollten. Eine gewisse Affektation ist,
sofern sie sich in Grenzen hält, mithin durchaus kein Fehler.

Hier schiebt Poe für einen Moment den Vorhang beiseite, hinter dem er
sein Innerstes die meiste Zeit verbirgt. Nur in Briefen an geliebte Frau-
en ist er ähnlich offenherzig. In den zitierten Sätzen klingt vieles an, was
sein Leben und Denken charakterisiert: der «Kobold des Perversen»,
der Drang ins Kosmische, die Liebe zur Musik und seine Poetik der
Evokation.
Die nächste Geschichte, die Poe nach *Mesmeric Revelation* im Sep-

tember in *Godey's Lady's Book* veröffentlichte, ist *The Oblong Box*. Auf sie wurde bereits am Anfang dieses Buches eingegangen. Im Oktober folgte im *Columbian Magazine* die Geschichte *The Angel of the Odd* (*Der Engel des Absonderlichen*). Es ist die burlesk überdrehte Erzählung eines absurden Traums. Mabbott, der kenntnisreiche Herausgeber von Poes Werken, sieht darin ein weiteres Grundmotiv des Dichters, nämlich die Überzeugung, dass der Mensch sich nicht verbessern lasse. 1849 schrieb Poe in den *Fifty Suggestions*, die im Juni des Jahres in *Graham's Magazine* erschienen:

> Die Welt ist zur Zeit infiziert von einer neuen Sekte von Philosophen, die noch gar nicht bemerkt haben, dass sie eine Sekte sind, weshalb sie sich noch keinen Namen gegeben haben. Es sind die Menschen, die alles Absonderliche glauben (*Believers in everything odd*). Ihr Hoher Priester im Osten ist Charles Fourier – im Westen ist es Horace Greeley … Das einzig Verbindende innerhalb der Sekte ist die Leichtgläubigkeit – lasst sie uns einfach eine Geisteskrankheit nennen, und sie damit erledigen.

Fourier war der Begründer der utopisch-kommunistischen Bewegung, die 1841 bis 1847 die Mustersiedlung Brook Farm in Massachusetts betrieb; und Greeley war der einflussreiche Wortführer der liberalen Reformbemühungen, der mit seinem berühmten Slogan *Go West, Young Man* den amerikanischen Optimismus an der Frontier verkörperte. Falls Poe mit seiner Geschichte diese Bewegungen attackieren wollte, ist seine Satire so gut verpackt, dass nur die Leser einer kommentierten Ausgabe sie verstehen. Da der «Engel des Absonderlichen» aber ein Mischmasch aus Deutsch und Englisch spricht, ist wahrscheinlicher, dass Poe die Transzendentalisten treffen wollte, die sich von deutschen Philosophen inspirieren ließen.

Irgendwann im Herbst des Jahres lernte Poe den Dichter Nathaniel Parker Willis persönlich kennen, von dem er einige Werke rezensiert hatte. Willis, der zu der Zeit einer der höchstgeschätzten amerikanischen Dichter war, hatte zusammen mit George Pope Morris das Wochenmagazin *New York Mirror* übernommen, aus dem die beiden die Tageszeitung *Evening Mirror* mit der Wochenendausgabe *Weekly Mirror* machten. Im Oktober nahmen sie Poe in die Redaktion auf, für die er eine Weile als Kritiker und Kolumnist arbeitete. Das sicherte ihm ein bescheidenes Grundeinkommen.

Doch um als kreativer Autor weiter produktiv zu bleiben, brauchte er Abnehmer für Erzählungen und Gedichte. So knüpfte er Kontakte zu Magazinen mit belletristischer Ausrichtung. Im November brachte *Godey's Lady's Book* die Geschichte *Thou Art the Man (Du bist der Mann)*. Darin kehrte Poe zum detektivischen Schema zurück; denn es geht um die Aufklärung eines, wie es zunächst scheint, perfekten Mordes. Der Ton der Erzählung ist jedoch eher humoristisch, und ein Detektiv vom Kaliber Dupins fehlt ebenfalls. Ihn hatte Poe zwei Monate zuvor in der Erzählung *The Purloined Letter* reaktiviert, die zu seinen Meisterwerken zählt. Sie erschien in der Jahrbuchreihe *The Gift*, in der früher bereits *Eleonora* und *The Pit and the Pendulum* herauskamen. Das Jahrbuch gehörte mit einem Seitenhonorar von zwei Dollar wegen der kleinen Seiten zu Poes bestzahlenden Abnehmern. Um keine Einkommensquelle ungenutzt zu lassen, begann er nun auch mit der Serie *Marginalia*. Es sind Kurzessays, aphoristische Gedanken und Auszüge aus früheren Kritiken, die er im November und Dezember in der *Democratic Review* und danach auch in *Godey's Book*, *Graham's Magazine* und im *Southern Literary Messenger* publizierte. In der letztgenannten Zeitschrift kam im Dezember auch die leichtgewichtige Literatursatire *The Literary Life of Thingum Bob (Das literarische Leben von Herrn Dingsbums)* heraus.

Bis Ende 1844 hatte Poe so viele Kontakte zu Zeitungen und Zeitschriften geknüpft, dass er im darauf folgenden Jahr 32 Essays und 48 Rezensionen publizieren konnte. Um näher an den Redaktionsstuben zu sein, zog er im Januar 1845 wieder in die Stadt, wo er am East Broadway eine Wohnung zur Untermiete fand. Im Februar 1845 erschien in *Godey's Lady's Book* die unterhaltsame, aber anspruchslose Geschichte *The Thousand-and-Second Tale of Scheherezade (Die Tausendundzweite Erzählung von Scherezade)*. Im April druckte die *American Review* den Text *Some Words with a Mummy*, wovon am Anfang dieses Buches bereits die Rede war. Im Juni erschien in der *Democratic Review* der dritte seiner philosophischen Dialoge mit dem Titel *The Power of Words*, dem im Juli in *Graham's Magazine* die Geschichte *The Imp of the Perverse* folgte. Auf die Bedeutung dieser beiden Geschichten für das Verständnis von Poes Denkweise wurde bereits eingegangen. In *Graham's Magazine* folgte im November die Satire *The System of Dr. Tarr and Prof. Fether (Das System von Dr. Teer und Prof. Feder)*, und im Dezember stand in der *American Review* eine weitere Erzählung, die sich mit dem Mesmerismus beschäftigte: *The Facts of M. Valdemar's Case (Die Fakten zum Fall Valdemar)*. Weit überstrahlt werden die sechs Erzählungen aber durch sein berühmtestes Gedicht, das eine gesonderte Betrachtung verdient: *The Raven*. Ein weiterer Erfolg war für Poe in diesem Jahr, dass das angesehene Verlagshaus Putnam zwölf seiner Geschichten unter dem nüchternen Titel *Tales* als zweiten Band in der Reihe *Library of American Books* herausbrachte. Es war zwar nicht die erhoffte Gesamtausgabe seiner Erzählungen, doch immerhin sah er sich jetzt als repräsentativer amerikanischer Autor gewürdigt. Der Band wurde für 50 Cent verkauft, von denen acht als Honorar an den Autor gingen. Das war eine deutlich bessere Honorierung als die 20 Freiexemplare, die er 1840 für die zweibändige Ausgabe seiner Erzählungen erhalten hatte. Allerdings war er mit der Auswahl, auf die er keinen Einfluss hatte, nicht einverstanden; denn es fehlten darin so wichtige Werke wie *Ligeia*, *William Wilson* und *The Masque of the Red Death*. Dass der mit Poe befreundete Evert A. Duyckinck, der im Auftrag des Verlegers die Auswahl vornahm, neben *The Gold-Bug, The Black Cat, The Fall of the House of Usher* und den spannenden Detektivgeschichten auch zwei der philosophischen Dialoge aufnahm, zeigt jedoch an, dass der Verlag nicht nur das Unterhaltungsbedürfnis des Publikums befriedigen wollte.

«The Raven» 1845

Wie *Der Goldkäfer* als Poes populärste Erzählung gilt, so ist *Der Rabe* sein populärstes Gedicht. Von dieser Beliebtheit zeugt schon die Tatsache, dass es nach der Erstveröffentlichung im Januar 1845 innerhalb von sechs Monaten in sechs großen Zeitschriften nachgedruckt wurde, bevor es im Herbst desselben Jahres zusammen mit den früheren Gedichten unter dem Titel *The Raven and Other Poems* in Buchform herauskam. Auch danach erschien es noch mehrfach in Zeitschriften. 1848 nahm es Rufus W. Griswold in die achte Ausgabe seiner *Poets and Poetry of America* auf und gab ihm damit das Gütesiegel eines amerikanischen Klassikers. Der durchschlagende Erfolg scheint selbst die Zeitungsverleger überrascht zu haben. Graham, dem Poe das Manuskript als erstem anbot, lehnte es ab, soll aber nach Aussage eines Zeugen zusammen mit anderen Kollegen der Branche dem Dichter aus Mitleid 15 Dollar geschickt haben. Eine bessere Nase hatte der junge George Hooker Colton, der das Gedicht für die Februar-Ausgabe seines frisch gegründeten New Yorker Magazins *The American Review: A Whig Journal* erwarb. Angeblich zahlte auch er dafür nur 15 Dollar. Bevor es in der genannten Zeitschrift unter dem Pseudonym «---Quarles» erschien, hatte Poe sich aber auf Anraten seines Freundes N.P. Willis dafür entschieden, es mit Coltons Erlaubnis unter seinem richtigen Namen am 29. Januar vorab im *Evening Mirror* erscheinen zu lassen. Von da ab trat das Gedicht einen beispiellosen Siegeszug an und ist noch immer eins der berühmtesten der amerikanischen Literatur.

Nach Auskunft der jungen Dichterin Susan Talley, die Poe kurz vor seinem Tode kennenlernte und längere Gespräche mit ihm führte, hatte er zunächst die Absicht, ein kurzes Gedicht über eine Eule zu schreiben, die nachts durch ein Fenster in die Gruft oder Kammer fliegt, in der der Dichter die Totenwache an der Bahre seiner Lenore hält. Dann aber sei das Gedicht immer länger geworden und es habe sich eine Handlung entwickelt, in der das Tier selber das *«nevermore»* spricht. Dazu bedurfte es eines sprechfähigen Vogels, und so wurde die Eule durch den Raben ersetzt. Poe selber schrieb ein Jahr nach dem Erscheinen des Gedichts den langen Aufsatz *Philosophy of Composition*, worin er die Entstehung der Dichtung als ein kühl kalkuliertes Werk künstlerischen Raffinements analysiert. Ganz so planvoll, wie er es dort beschreibt, wird er beim Verfassen des Gedichts wohl kaum zu Werke gegangen sein. Doch dass dem Text etwas Artifizielles anhaftet, ist nicht zu übersehen.

In dem genannten Essay beschreibt Poe die einzelnen Schritte beim Verfertigen des Gedichts. Zunächst habe er den Umfang des Werkes festgelegt. Hier wiederholt er das, was er vier Jahre vorher bereits in seiner Rezension von Hawthornes *Twice-Told Tales* dargelegt hatte, nämlich dass eine Dichtung nur dann die zur Vollkommenheit erforderliche *«unity of effect»* erreichen könne, wenn sie in «einer Sitzung» gelesen werden kann. Seine zweite Überlegung galt dem angestrebten «Effekt», der das Gedicht «allgemein schätzenswert» (*universally appreciable*) machen sollte. Diesen sah er in dem Vergnügen, das durch Schönheit hervorgerufen wird. Wahrheit, die den Intellekt befriedigt, verlange nach Präzision; Leidenschaft, die das Herz bewegt, brauche dazu *homeliness*, d.h. eine gewisse Einfachheit. Schönheit aber bewirke eine «lustvolle Erhebung der Seele». In ihrer «höchsten Entwicklung» rühre sie die «empfindsame Seele» zu Tränen. «Melancholie ist darum die legitimste aller poetischen Tonlagen». Das spezifische Mittel der Lyrik, einen Grundton zu intensivieren, sei der Refrain. Folglich sei es ihm darum gegangen, einen Refrain zu finden, der am besten geeignet sei, einen melancholischen Grundton zu etablieren. «Diese Überlegungen führten mich unweigerlich zum langen o als dem sonorsten Vokal in Verbindung mit dem r als dem damit am leichtesten zu produzierenden Konsonanten.» Auf der Suche nach einer passenden Realisierung «war es absolut unmöglich, das Wort ‹nevermore› zu übersehen». Um dieses Wort als Refrain monoton zu wiederholen, bedurfte es aber eines nichtmenschlichen Sprechers; denn nur dann wäre die vernunftlose Wiederholung glaubwürdig.

Bis zu diesem Punkt bestand die Konzeption in einem Text von rund hundert Versen und dem melancholischen Refrain *nevermore*. Es fehlte nur noch ein Thema, das geeignet war, die Melancholie zu intensivieren.

Jetzt, stets mit dem Blick auf *höchste* Vollkommenheit in allen Punkten gerichtet, fragte ich mich: Unter allen melancholischen Themen, was ist nach *allgemeiner* Übereinstimmung der Menschheit das melancholischste? Der Tod, war die offensichtliche Antwort. Und wann, fragte ich mich, ist dieses melancholischste Thema am poetischsten? Nach allem, was ich zuvor ausführlich erklärt habe, kann die Antwort nur lauten: Wenn es am engsten mit *Schönheit* verbunden ist. Folglich ist der Tod einer schönen Frau zweifelsfrei das poetischste Thema in der Welt – und gleichermaßen ist unzweifelhaft der geeignetste Mund dafür der eines Liebenden, der um die Geliebte trauert.

Spätestens an diesem Punkt beschleicht den Leser das Gefühl, dass Poe sich wieder einen seiner *hoaxes* erlaubte; denn dass die Klage um eine tote Geliebte nichts mit der «Leidenschaft des Herzens», sondern nur etwas mit «der Erhebung der Seele» durch Schönheit zu tun haben soll, dürfte «nach allgemeiner Übereinstimmung der Menschheit» eher zu bezweifeln sein. Alle weiteren Details der Komposition, die Poe danach folgen lässt, verstärken nur den Eindruck eines kalkulierten Machtspiels mit dem Leser. Wenn er mit Begriffen wie «akatalektischer Oktameter» und «katalektischer Heptameter» jongliert, die selbst den gebildeten Lesern unverständlich gewesen sein müssen, glaubt man einen Zauberkünstler vor sich zu haben, der sein Publikum mit pseudologischen Tricks hinters Licht führt. Den Gipfel der Machtattitüde erreicht seine Argumentation dort, wo er feststellt, dass «die möglichen Variationen des Metrums und der Strophenform absolut unbegrenzt» seien, worauf er in Kursivdruck hinzufügt: «*Und doch hat im Laufe von Jahrhunderten niemand etwas Originelles in Versform geschaffen oder auch nur versucht.*» Hier zelebriert er sich selber als den ersten und einzigen Dichter, der dank überlegener Geisteskraft ein absolut originelles und formal vollkommenes Gedicht geschaffen hat. Als Magier hat ihn auch das Publikum seiner Vorträge kennengelernt; denn die pflegte er mit einer Rezitation des *Raven* zu beschließen. Die große Mehrheit war von seiner Vortragkunst hingerissen, nur einige wenige fanden seinen beschwörenden «Singsang» zu dick aufgetragen.

Obwohl *Der Rabe* noch heute Poes populärstes Gedicht ist, wird es kaum einen seriösen Kritiker geben, der es für sein bestes hält. Gerade das Konstruierte daran nimmt dem Werk das Rätselhafte und Suggestive. Die sprachliche Überformalisierung durch die penetranten Binnenreime schreit nach Parodie. Während Gedichte wie *Ulalume* und *Annabel Lee* eine frei schwingende Musikalität aufweisen und inhaltlich so unausschöpflich bleiben, wie man es von großer Dichtung erwartet, sagt *The Raven* nicht mehr aus, als dass die Trauer um Lenore den Trauernden niemals verlassen wird. Diese Botschaft spricht aber dem von Poe erklärten Programm geradezu Hohn. Er behauptete, Schönheit anzustreben, die in «der Erhebung der Seele» besteht. Doch sein Gedicht endet mit den Zeilen:

And my soul from out that shadow that lies floating on the floor
    Shall be lifted – nevermore!
Und es hebt sich aus dem Schatten, der dort auf dem Boden schwebt,
    Meine Seele – nimmermehr!

Formal ist das Gedicht ein virtuoses Kabinettstück, das für moderne Ohren wie eine ironisch-mokante Selbstparodie klingt. Doch Selbstironie ist etwas, das Poe gänzlich abgeht. Sein Gedicht ist so ernst wie

Schillers *Lied von der Glocke*, nur mit dem Unterschied, dass es nicht belehren, sondern wirken will. Dass es dies auf eine geradezu hypnotische Weise tut, wusste Poe sehr genau, sonst hätte er es nicht immer wieder als triumphalen Schlusspunkt seiner Vortragsabende eingesetzt. Als Dichter fühlte er sich durch diese Wirkung in seiner Sprachmacht bestätigt; als lyrisches Ich brachte er darin die andere Seite seines Wesens zum Ausdruck, nämlich die Flucht in die Rolle des Geschlagenen und Fluchbeladenen, die er schon in seiner frühen Jugend bei seinem Idol Byron vorgezeichnet fand und in die er immer wieder abstürzte, nachdem er zuvor eine triumphierende Höhe erreicht hatte.

Poe widmete *The Raven and Other Poems* der englischen Dichterin Elizabeth Barrett Browning, von der er kurz vorher über einen Mittelsmann einen Gruß erhalten hatte, verbunden mit dem Dank für seine sehr einfühlsame, rund 40 Seiten umfassende Rezension eines ihrer Bücher. Begierig nahm er das positive Echo aus England auf, dem in den Jahren darauf ein immer stärker anschwellendes Echo aus Frankreich folgen sollte.

Vier Jahre nach dem *Raben* schrieb Poe noch einmal ein Gedicht, in dem er seine ganze Sprachartistik ausspielte: *The Bells*. Marie Louise Shew, die seiner Frau in ihrer schwersten Zeit zur Seite stand, gab an, sie habe ihn dazu angeregt. Als er darüber klagte, dass ihm die Inspiration ausgegangen sei, habe sie die gerade läutenden Glocken als Thema für ein Gedicht vorgeschlagen. Das Ergebnis ist reines Spiel mit lautmalerischen Effekten, was Emersons Wort vom *jingle man* eine gewisse Berechtigung gibt.

Der «Longfellow-Krieg» und andere Fehden | 1845

Als Poe von Richmond aus im *Southern Literary Messenger* die amerikanische Literaturkritik aufzumischen begann, wollte er der Hecht im Karpfenteich sein und wurde auch als solcher wahrgenommen. In New York war er noch immer der Hecht, doch jetzt bewegte er sich in einem Haifischbecken; denn um ihn herum gab es die Netzwerke der Alteingesessenen, die den zugereisten Südstaatler

*Abb. 13   Henry W. Longfellow. Stich nach einer Kreidezeichnung
von Samuel Laurence (1854)*

schon aus politischen Gründen ablehnten und nicht geneigt waren, sich
von ihm schulmeistern zu lassen. Hinzu kam sein Naturell, das jeden,
der anderer Meinung war, als Gegner empfand. Nur wenige Literaten
von Rang haben es so konstant geschafft, sich Feinde zu machen wie
Poe. Wenn er Kollegen, die ihm zuvor geholfen hatten, danach mit
harscher Kritik überzog oder umgekehrt diejenigen um ein Darlehen
bat, die er kurz vorher verrissen hatte, gewinnt man den Eindruck, dass
er unfähig war, sein Verhalten anderen gegenüber selbstkritisch einzuschätzen. Umso erstaunlicher ist, dass ihm trotzdem so viele die Treue
hielten und über seine Taktlosigkeiten hinwegsahen.

Unter Poes vielen unklugen, undiplomatischen und völlig unverständ-
lichen Handlungen ist wohl keine so schwer zu begreifen wie seine Fehde mit Longfellow. Den zwei Jahre älteren Henry Wadsworth Longfellow
muss er schon früh als seinen Hauptkonkurrenten empfunden haben.

Die beiden Dichter-Naturen hätten gegensätzlicher auch kaum sein können. Aus deutscher Sicht erinnert ihr Verhältnis an das von Kleist zu Goethe. Während Poe dazu neigte, in allem bis an die Grenzen und über diese hinaus zu gehen, war Longfellow eine im Goetheschen Sinn «konziliante Natur». Da er aus wohlsituierten Verhältnissen stammte, konnte er sich eine exzellente Ausbildung an Privatschulen und am renommierten Bowdoin College in Maine leisten. Danach gab er seiner Bildung mit einem dreijährigen Aufenthalt in Frankreich, Spanien, Italien und Deutschland den letzten Schliff. Nach seiner Rückkehr war er von 1829 bis 1835 Professor und Bibliothekar an seinem College und dann von 1836 bis 1854 Inhaber des Lehrstuhls für Französisch und Spanisch an der Harvard-Universität. In Poes Augen war das eine Sinekure, von der er selber nur träumen konnte; in Longfellows Augen war das Amt dagegen «eine große Hand, die auf allen Saiten meiner Leier lag und ihre Schwingungen blockierte», weshalb er es 1854 aufgab. Zu Poes Lebzeiten war Longfellow noch nicht der Dichterfürst, als den ihn später das amerikanische Bildungsbürgertum verehrte. Aber dass er den Erwartungen der Leser weit mehr entgegenkam als Poe, zeigten schon seine ersten Publikationen. Longfellow hatte sich in Europa wie ein Schwamm vollgesogen mit dichterischen Vorbildern, an deren Themen, Formen und Sprachmelodien er sich orientierte. Das gibt seiner Dichtung etwas Epigonales; doch sein Talent war stark genug, um das Nachempfundene in Eigenes, wenn auch nicht unbedingt Originelles, zu verwandeln.

Schon 1839 hatte Poe im Oktoberheft von *Burton's Magazine* Longfellows Prosaromanze *Hyperion* rezensiert. Dort attestierte er dem jungen Dichter zwar Talent, vermisste aber die künstlerische Einheit. Das Urteil war durchaus berechtigt; denn Longfellows halb-autobiographisches Werk war eine Mischung aus Bericht, Erzählung, philosophischer Reflexion, Literaturkritik und eingestreuten Übersetzungen deutscher Gedichte. In Poes nächster Rezension, die Longfellows Lyrikband *Voices of the Night* galt und im Januar 1840 in *Burton's* erschien, taucht zum ersten Mal der Vorwurf des Plagiats auf, der danach für ihn zur fixen Idee werden sollte. So deutet er in einem Brief an Rufus Wilmot Griswold vom 29. Mai 1841 an, dass Longfellow sich bei ihm selber bedient haben könne, da dessen Gedicht *The Beleaguered City* seinem eigenen *The Haunted Palace* auffällig ähnlich sei. Bezeichnend für Poe ist, dass ihn dieser Verdacht nicht hinderte, drei Wochen später einen Brief an Longfellow zu schreiben und um dessen Mitarbeit an seiner geplanten Zeitschrift zu bitten.

Zum Plagiatsvorwurf fügte Poe in seiner im März 1842 in *Graham's Magazine* erschienenen Rezension von Longfellows *Ballads and Other Poems* als weiteren Kritikpunkt den aufdringlichen «Didaktizismus» hinzu. Weil Longfellow seinen Gedichten erklärende Prosatexte vorausschicke, nehme er ihnen das, was Poe unter Berufung auf Schlegel als «Einheit oder Totalität des Interesses» bezeichnet. (Der gleiche Verweis auf Schlegel findet sich bereits in einer früheren Rezension von 1835). Statt das Gedicht selber wirken zu lassen, zwinge Longfellow den Leser, darauf zu achten, wie die didaktische Absicht formal realisiert ist. Poes Fazit lautet:

Unter den übrigen originalen Gedichten des uns vorliegenden Bandes findet sich keines, in dem das legitime Ziel aller Poesie, nämlich die *Schönheit*, nicht allzu augenfällig durch dasjenige der Belehrung oder *Wahrheitsvermittlung* ersetzt worden ist.

Poe nutzte die sehr lange Rezension, um darin sein ästhetizistisches Credo zu erläutern, das den Kern seines Dissenses mit Longfellow ausmachte. Ihm gingen die Neuengland-Literaten in Boston, Harvard und Concord gleich doppelt gegen den Strich; denn sie wollten mit Dichtung die Moral befördern und Wahrheit vermitteln. Er aber meinte, dass es dem Dichter primär um Schönheit gehen müsse. Das Gute und Wahre dürfe allenfalls als Nebenprodukt in die Dichtung einfließen. 1843 schickte Poe eine negative Rezension von Longfellows *Spanish Student* an *Graham's Magazine*, die aber von Graham zurückgehalten wurde. In einem Brief vom 2. Juli 1844 an den Dichterkollegen James Russsell beklagte sich Poe darüber und schrieb: «Graham hat seit neun Monaten meine Rezension von *Spanish Student*, den ich verrissen habe, wobei ich einige der gröbsten Plagiate aufgedeckt habe, die je begangen wurden.»

Aus den öffentlich angedeuteten und privat durchgehechelten Plagiatsvorwürfen entwickelte sich im Laufe des Jahres 1845 eine Fehde, die als «Longfellow-Krieg» in die amerikanische Literaturgeschichte einging. Zu den Anstößen, die Poe selber dazu gegeben hatte, kam noch hinzu, dass in der in London erscheinenden *Foreign Quarterly Review* im Januar 1844 alle amerikanischen Dichter mit Ausnahme von Longfellow als Plagiatoren oder Imitatoren bezeichnet wurden, wobei Poe als

Plagiator von Tennyson figuriert. Das mag das Klima so aufgeheizt haben, dass Poe das Erscheinen der von Longfellow 1844 herausgegebenen Anthologie *Waifs (Strandgut)* zum Anlass nahm, in seiner Rezension dieses Buches den Plagiatsvorwurf zu wiederholen. Longfellow war zu dezent, um selber darauf zu antworten, doch er hatte genügend Freunde, die sich für ihn in die Bresche warfen und schließlich sogar den Spieß umdrehten und nun Poe des Plagiats bezichtigten. Der war aber nicht bereit, auch nur einen Fußbreit zu weichen und so schaukelte sich der Streit zu einem rechthaberischen Gezänk auf, bei dem keiner der Beteiligten eine gute Figur abgab.

Poe hatte sich auch früher schon bei manchen seiner kritischen Äußerungen auf unhaltbare Positionen versteift, doch standen seine Argumente nie auf so schwachen Füßen wie in dieser Fehde. Bei keinem der Beispiele, die er als Plagiat glaubte identifizieren zu können, wird ein unparteiischer Leser etwas entdecken, was diese Bezeichnung verdient, es sei denn, man nennt es Plagiat, wenn ein Gedicht in Thema, Versmaß und Grundton mit einem anderen übereinstimmt. Dann aber müsste man diesen Vorwurf an unzählige Gedichte der Weltliteratur richten; denn gerade in der Lyrik ist die Anzahl der Themen, Formen und Metren so beschränkt, dass weitgehende Übereinstimmungen unvermeidlich sind. Was Poes Vorwürfe besonders unfair erscheinen lässt, ist der Umstand, dass kaum ein anderer amerikanischer Autor so ungeniert aus fremden Quellen geschöpft hat wie er selber. In seinem Roman *Arthur Gordon Pym* übernahm er ganze Seiten sinngemäß und zum Teil wörtlich aus Reiseberichten, und auch in den übrigen Erzählungen hat die Forschung zahlreiche Anleihen nachgewiesen. Der ganze von ihm angezettelte «Krieg» mutet wie eines jener Machtspiele an, wie er sie in seinen Geschichten in immer neuen Variationen vorführt.

Poes Fehden beschränkten sich nicht auf die literarische Welt. Auch privat ließ er sich in Intrigen hineinziehen. Hier passt eher das Bild der Schlangengrube als das des Haifischbeckens. Von Anfang hatte er im gesellschaftlichen Umgang die Tendenz, Männern, zumal wenn sie Macht hatten, mit gleicher Machtattitüde entgegenzutreten, während er bei Frauen Verständnis und Zuneigung suchte und meistens auch fand. In New York war es die Dichterin Frances (Fanny) Sargent Osgood, die ihn zu einem literarischen Flirt animierte. Poe hatte sie im Februar 1845 in einem Vortrag in der New York Society Library lobend erwähnt und ihr «eine rosige Zukunft mit wachsendem Einfluss und Ruhm» prophezeit, während er gleichzeitig wieder einmal an Longfellow Kritik übte. Mrs. Osgood hörte davon und nahm zu ihm Kontakt auf. Die 34-jährige, als zierlich und attraktiv beschriebene Frau war mit einem Kunstmaler verheiratet, von dem sie zwei Kinder hatte. Sie lebte in Providence, Rhode Island, verkehrte aber regelmäßig in den literarischen Salons von New York. Zeitgenossen sagten von ihr, dass sie Verse wie am Fließband produzieren konnte, die zwar konventionell, aber nicht eigentlich schlecht waren. Am besten glückten ihr Gedichte für Kinder. Zwischen ihr und Poe entwickelte sich ein öffentlicher Austausch von Gedichten, deren Erotik von Mal zu Mal zunahm, so dass die Affäre peinlich zu werden drohte. Als Mrs. Osgood zum dritten Mal schwanger wurde, kam sogar das Gerücht auf, dass Poe der Vater sei. Dabei ist so gut wie sicher, dass ihre Beziehung rein platonisch war. Virginia ermunterte ihren Mann sogar dazu, und auch Mr. Osgood hatte keine Einwände.

Kompliziert wurde die Situation, als Elizabeth Ellet, die 27-jährige Ehefrau eines Professors an der Universität von South Carolina, auftauchte und ebenfalls um die Aufmerksamkeit des Dichters warb. Die reiche, hochgebildete und literarisch äußerst aktive Frau, die Übersetzungen aus vielen Sprachen anfertigte und 1848 das vielbändige Werk *Women of the American Revolution* herausbrachte, wird von Zeitgenossen als eine Intrigantin beschrieben, die sich selbst für streng religiös und von untadeliger Moral hielt. Was genau in dem Dreieck Poe – Mrs. Osgood – Mrs. Ellet ablief, ist ungeklärt. Bei beiden Frauen gab es Zeichen von Eifersucht. Mrs. Ellet scheint von kompromittierenden Briefen erfahren zu haben, die Mrs. Osgood an Poe geschrieben hatte. Daraufhin drängte sie die Rivalin, die Rückgabe der Briefe zu verlangen; und ihr Bruder bot sich an, die Forderung zu überbringen. Poe reagierte wütend und war drauf und dran, sich mit dem Bruder zu duellieren. Thomas Dunn English, den Poe aus seiner Zeit in Philadelphia gut kannte, bot zunächst seine Hilfe an, um die Situation beizulegen, doch dann kam es auch zwischen diesen beiden zu einem heftigen Wortwechsel, der in Tätlichkeiten überging. Das war offenbar der Anfang von Poes unversöhnlichem Hass auf den Mann, mit dem er bis dahin ein nach außen freundschaftliches Verhältnis gepflegt hatte. English hatte erst kurz vorher, im April 1845, im *Aristidean* ein gutmütig witziges, im Ganzen nicht unfreundliches Porträt von Poe publiziert. Dort heißt es:

Abb. 14 Frances S. Osgood.
Ölporträt von Samuel S. Osgood (ca. 1834)

Edgar A. Poe, einer der Herausgeber des Broadway Journal, kennt keine Ruhe. In seinem Gehirn arbeitet eine kleine Dampfmaschine, die nicht nur die zerebrale Masse in Bewegung setzt, sondern ihren Eigentümer am Kochen [wörtl.: *in hot water* ‹in Teufels Küche›] hält. Sein Gesicht ist feingeschnitten und reich an intellektueller Schönheit. Idealität, zusammen mit der Kraft zur Analyse, zeigt sich in seiner sehr breiten, hohen und massigen Stirn – eine Stirn, die Herrn Gall über die Maßen erfreut hätte. Er hätte einen kapitalen Juristen abgegeben – vielleicht keinen guten Rechtsanwalt, aber einen berühmten Entwirrer aller Spitzfindigkeiten. Er kann in einem Labyrinth von Absurditäten den Faden des gesunden Verstands herausfinden und vom Rest abtrennen. Er versucht unvoreingenommen zu sein und lebt unter der sonderbaren Halluzination, dass er es sei; dabei hat er starke Vorurteile und würde, ohne einen Anflug von absichtlicher Pietätslosigkeit, Krieg gegen die Gottheit selber führen, falls der göttliche Kanon seinem eigenen widerspricht. Sein Sarkasmus ist subtil und tiefdringend. Er kann nichts auf die übliche Weise tun und knüpft selbst seinen Mantel auf seine

Art. Falls wir ihn jemals dabei ertappten, wie er etwas so tut wie alle anderen oder wie er ein Buch anders als verkehrt herum liest, würden wir seine Freunde anflehen, einen Doktor aus dem Irrenhaus mit einer Zwangsjacke kommen zu lassen. Er wäre dann wahnsinnig, ganz gewiss.

Poe selber bewies in seinen satirischen Stücken, die rund vierzig Prozent seines Gesamtwerks ausmachen, durchaus Sinn für Witz und Komik; doch Humor ging ihm ab, jedenfalls wenn man darunter die Fähigkeit versteht, einer ernsten Sache den Ernst nehmen zu können. Da er unfähig war, sich selbst zu ironisieren, nahm er selbst den eigenen Witz so ernst, dass er ihn nicht selten zu Tode ritt.

Die frustrierenden Kämpfe, in denen Poe sich stets als der geistig Überlegene fühlte, während er in der Realität der Ohnmächtige war, hatten ihn inzwischen wieder dazu gebracht, im Alkohol Trost zu suchen. Immer häufiger sahen sich seine Freunde veranlasst, ihm ins Gewissen zu reden, wobei er mehrfach mündlich und sogar schriftlich Enthaltsamkeit versprach, sein Versprechen dann aber doch nicht hielt. In der zweiten Jahreshälfte 1845 machte sich die zunehmende innere Haltlosigkeit auch als nachlassende Kreativität bemerkbar, was zu seiner größten öffentlichen Blamage führte.

Schon von Philadelphia aus hatte er seine Fühler nach Boston ausgestreckt, um dort vor der Lyceum-Organisation einen Vortrag halten zu können. Da deren Programm bereits voll war, musste er die nächste Saison abwarten. Jetzt bat die «Bostoner literarische Gesellschaft» den inzwischen durch den *Raben* berühmt gewordenen Dichter, am 16. Oktober 1845 im Odeon die neue Saison mit dem Vortrag eines noch unveröffentlichten Gedichts zu eröffnen. Doch dazu fehlte ihm die Inspiration. So reiste er nach Boston ohne das gewünschte Gedicht im Gepäck. Die Veranstaltung stand von Anfang an unter einem ungünstigen Stern. Poe versuchte es wieder einmal mit einem *hoax*. Er nahm Mitglieder des Veranstaltungskomitees mit auf sein Hotelzimmer und spielte ihnen zunächst vor, sein Manuskript vergessen zu haben. Schließlich fand jemand ein Manuskript in seinem Koffer, das aber nicht das richtige war. Zu allem Unglück lieferte auf derselben Veranstaltung erst einmal der aus China zurückgekehrte Minister Caleb Cushing eine zweieinhalbstündige Rede über seine Reiseeindrücke ab. Danach trat Poe ans Podium, schickte mit «dünner, zitternder» Stimme – wie ein Augen- und Ohrenzeuge berichtete – einige konfuse einführende Worte voraus und rezitierte dann sein Jugendwerk *Al Aaraaf*. Das sehr lange Gedicht, das schon beim Lesen schwer zu verstehen ist, war für die Zuhörer erst recht unverständlich, so dass sich der Saal zu leeren begann. Jemand versuchte die Situation zu retten, indem er vorschlug, Poe möge den *Raben* rezitieren, doch das Fiasko war nicht mehr aufzuhalten.

Nach dem Debakel gab Poe seinen Gegnern weitere Munition, indem er vorgab, ein Gedicht rezitiert zu haben, das er im Alter von zwölf Jahren geschrieben habe, worauf sich die Bostoner mit Recht düpiert fühlten. Poe versuchte nun den Spieß völlig umzukehren und schrieb im *Broadway Journal*, er habe die Bostoner bloß ein wenig auf den Arm nehmen wollen und «ein oder zwei ihrer dümmeren Herausgeber und Herausgeberinnen hat das in Wut versetzt». Er hatte auch schon bei früheren Anlässen die Realität zu seinen Gunsten umgedeutet und dann die Umdeutung als Realität genommen, doch nie zuvor hatte ihn der Realitätsverlust so weit getrieben wie bei dieser Peinlichkeit, die er nachträglich zum bewussten *hoax* erklärte. Aufschlussreich für das Verständnis von Poes Psyche ist an dem ganzen Vorfall sein Schwanken zwischen Sieger- und Opferrolle. Einerseits redete er sich ein, es den verhassten Bostoner «Froschteichlern» gezeigt zu haben, andererseits klagte er privat und öffentlich darüber, dass sie sich gegen ihn verschworen und ihm eine Falle gestellt hätten. In eine Falle ist er in der Tat getappt, doch es war einer jener malstromartigen «Strudel» seines Lebens, in die ihn sein eigener «Kobold des Perversen» immer wieder hineinzog.

Poe hatte sich im Dezember 1844 mit einem Empfehlungsschreiben von Lowell bei Charles F. Briggs gemeldet, der zusammen mit dem ehemaligen Schullehrer John Bisco im darauf folgenden Januar die Zeitschrift *Broadway Journal* herausbrachte, für die Poe von Beginn an schrieb. Schon Ende Februar erhielt er einen auf ein Jahr befristeten Vertrag als Mitherausgeber. In der Ausgabe vom 8. März werden Briggs, Poe und der Musikkritiker H. C. Watson als Herausgeber genannt, während Bisco als Verleger im Hintergrund blieb. Briggs sah in Poe zunächst nur seinen Assistenten, während Poe selber sich als dritter Eigentümer der Zeitschrift empfand, der er nun seine ganze Arbeitskraft widmete, nach eigener Aussage «14 bis 15 Stunden am Tag». Briggs schätzte Poes Arbeit anfangs sehr. Als er aber sah, mit welch monomanischem Eifer dieser die Zeitschrift zum Schlachtfeld für seinen Longfellow-Krieg machte, versuchte er, den lästigen Partner loszuwerden. Im Laufe des

Sommers brachen in der Redaktion immer stärkere Gegensätze auf, die auch die politische Linie der Zeitschrift betrafen. Das Ringen hinter den Kulissen endete damit, dass Briggs ausschied und Poe Chefredakteur wurde, während Watson weiterhin das Musikressort behielt. Da die Zeitschrift ohne Startkapital gegründet worden war, lebte sie ausschließlich vom Verkauf der jeweiligen Nummer. Im Herbst des Jahres war abzusehen, dass das Journal aus den roten Zahlen nicht herauskommen würde, worauf Bisco ausstieg.

Jetzt war Poe der Allein-Inhaber und hatte das, wovon er sein Leben lang geträumt hatte: eine eigene Zeitschrift. Doch schon nach fünf Wochen stand er vor der Wahl, entweder aufzugeben oder einen Partner ins Boot zu holen. In dem Zollbeamten Thomas H. Lane fand er einen Ersatz für Bisco, doch die Partnerschaft dauerte nur einen Monat. Als Poe erneut mit dem Trinken anfing, ließ Lane die Zeitschrift mit der letzten Ausgabe vom 2. Januar 1846 eingehen. Poe hatte im ganzen Jahr 1845 rund 700 Dollar verdient und war nun ohne Einkommen. Um nicht gänzlich mittellos dazustehen, verkaufte Muddy das Wittumsrecht an einem Grundstück ihres verstorbenen Mannes. Das brachte 25 Dollar in die Familienkasse. Wie das Jahr 1843, das mit dem Triumph des *Goldkäfer* einsetzte und mit dem Fiasko in Washington endete, so verlief auch das Jahr 1845, das ihn mit dem *Raven* berühmt machte und mit dem Scheitern seines Traums von der eigenen Zeitschrift endete. Die Schuld daran sah er auch diesmal nicht bei sich.

Rückzug nach Fordham | 1846

Im Frühjahr 1846 zog Poe, wohl mit Rücksicht auf die Gesundheit seiner Frau, wieder aufs Land und mietete sich zuerst für etwa zwei Monate bei den Millers in Turtle Bay am East River ein. Dann, im Mai oder Juni, fand er noch weiter außerhalb der Stadt ein Cottage in Fordham, das er für 100 Dollar im Jahr mietete. Der Ort hatte bereits Eisenbahnanschluss, war aber mit der umgebenden Hügellandschaft am Bronx River immer noch idyllisch. Eine Mrs. Mary

Gove Nichols, die Poes Interessen für Mesmerismus, Phrenologie und den schwedischen Mystiker Emanuel Swedenborg teilte, besuchte den Dichter schon bald nach seinem Umzug und gab 1863 eine anschauliche Beschreibung der drei Bewohner des Cottage:

Wir fanden ihn, seine Frau und seine Schwiegermutter – die seine Tante war – in einem kleinen Cottage auf einem Hügel. Es gab dort ein oder zwei Morgen Rasen, der um das Haus herum eingezäunt und so weich wie Samt, so sauber und gepflegt wie ein Teppich war. Im Garten standen ein paar große alte Kirschbäume, die einen breiten Schatten warfen. Das Haus hatte drei Räume – eine Küche, ein Wohnzimmer und über diesem ein Schlafzimmer. Vor dem Haus war eine Terrasse, auf der es sich im Sommer wunderbar sitzen ließ, mit dem Schatten der Kirschbäume davor. Es gab keine Gartenanlage, keine Blumen – nichts als den weichen Rasen und die majestätischen Bäume. …

Poes Stimme war reine Melodie. Er sprach immer leise, selbst in heftigen Diskussionen, und zwang so seine Gesprächspartner, genau zuzuhören, wenn sie seine Meinungen, Kenntnisse, seine Philosophie oder seine absonderlichen Fantasien erfahren wollten. …

Bei dieser Gelegenheit wurde ich der jungen Frau des Dichters vorgestellt sowie der Mutter, die damals über sechzig Jahre alt war. Sie war eine hochgewachsene, würdige alte Dame, mit den Manieren einer echten Lady, und ihr schwarzes Kleid, obwohl alt und abgetragen, sah richtig elegant an ihr aus. Sie trug eine Witwenhaube der alten Art, die vorzüglich zu ihrem schneeweißen Haar passte. Ihre Gesichtszüge waren grob, entsprechend ihrer Statur, und es mutete sonderbar an, dass eine so robuste, königliche Frau die Mutter einer so zierlichen Tochter war. Mrs. Poe sah sehr jung aus; sie hatte große schwarze Augen und einen perlweißen Teint von vollkommener Blässe. Ihr bleiches Gesicht, die strahlenden Augen und ihr rabenschwarzes Haar gaben ihr ein überirdisches Aussehen. Man hatte das Gefühl, dass sie ein bereits entkleideter Geist war. Wenn sie hustete, wusste man, dass es rasch mit ihr zu Ende gehen würde. …

Das Cottage hatte eine Atmosphäre von Geschmack und Vornehmheit, die ihm die Bewohner verliehen haben mussten. Eine so saubere, so arme, so wenig möblierte, und doch so bezaubernde Wohnung habe ich nie gesehen. Der Fußboden der Küche war weiß wie Weizenmehl. Ein Tisch, ein Stuhl und ein kleiner Herd darin machten den Eindruck einer perfekten Ausstattung. Das Wohnzimmer war mit geflochtenen Matten ausgelegt; vier Stühle, eine Stehlampe und ein aufgehängtes Bücherregal waren die ganze Möblierung. In den Fächern standen hübsche Widmungsexemplare, unter ihnen die von Browning auf den Ehrenplätzen.

*Abb.15 Poes Cottage in Fordham. Zeichnung von
A.C. Learned nach einem alten Stich*

Hätte nicht der Schatten von Virginias Schwindsucht über dem Idyll
gelegen, Poe hätte hier all das gefunden, wonach er sich immer gesehnt
hatte: Einfachheit, schöne Natur und Stille zum Nachdenken.

Die Notwendigkeit, Geld zu verdienen, blieb allerdings bestehen. So
begann er im Mai 1846, in *Godey's Lady's Book* eine Serie über die Literaten New Yorks zu publizieren. Hier ließ schon der Titel ahnen, dass er
sich neue Feinde machen würde. Er lautete *The Literati of New York
City. Some Honest Opinions at Random Respecting their Autorial Merits,
with Occasional Words of Personality (Die Literaten der Stadt New York.
Einige ehrliche Ansichten aufs Geratewohl betreffs ihrer Verdienste als Autoren mit einem gelegentlichen Wort zur Person)*. Eine scharfe Kritik an
einem einzelnen Werk sind die meisten Autoren noch bereit hinzuneh-
men, doch wenn einer aus ihren Reihen sich anmaßt, ein Gesamturteil
über ihre Person zu fällen, wird eine Grenze überschritten. Die 38 Autoren, die sich Poe in den sechs Folgen seiner Serie vornahm, sind heu-

te so gut wie vergessen. Seine Urteile über sie klingen, wenn man einmal von der naseweisen Arroganz ihrer Formulierung absieht, gar nicht besonders negativ. Weiblichen Autoren gegenüber zeigte er sich als Kavalier und Mrs.Osgood lobte er über den grünen Klee. Aber auch bei den Männern setzte er sein berüchtigtes Tomahawk nur selten ein. Einen aber traf er mit ganzer Schärfe: Thomas Dunn English. Er besaß sogar die Unverfrorenheit zu behaupten, er kenne den Mann nicht persönlich. Dabei hatte er bereits 1839 mit ihm in Philadelphia zusammengearbeitet und war mit ihm so manches Mal durch die Kneipen der Stadt gezogen. In dem kritischen Porträt, das er von English als Autor präsentierte, nahm er einige Textbeispiele auseinander und wies sprachliche Schlampereien nach, was in dem Urteil gipfelte, es genüge nicht, English zu heißen, man müsse es auch können.

English war mit Recht erzürnt und schoss mit schwerem Kaliber zurück. Der öffentlich ausgetragene Streit zwischen den beiden eskalierte, und English ließ sich, zu Poes späterem Glück, dazu hinreißen, seinem Gegner nicht nur die literarische Qualität, sondern den moralischen Charakter abzusprechen. In einer giftigen Attacke zeichnete er von Poe im *Mirror* das Bild eines verkommenen Trunkenbolds und beschuldigte ihn krimineller Urkundenfälschung, was Poe die Handhabe gab, gegen den *Mirror* eine Verleumdungsklage anzustrengen, die er schließlich gewann. Mag die Fehde sich durch den Schadensersatz, der ihm zugesprochen wurde, am Ende für ihn finanziell auch gelohnt haben, so hatte das gegenseitige Waschen schmutziger Wäsche in aller Öffentlichkeit seinen Ruf doch so ramponiert, dass er für die literarischen Salons jetzt persona non grata war. Wer die Beschreibungen liest, die Zeitgenossen von seinem formvollendeten, zurückhaltenden und bewusst aristokratischen Auftreten in Gesellschaft gaben, wird kaum verstehen können, dass er sich auf so erniedrigende Weise in einen Austausch primitivster Beleidigungen einlassen konnte. Es war wieder eine jener Situationen, wie sie in seinen Geschichten wiederholt auftauchen, nämlich ein Ringen um die Macht, das plötzlich umschlägt in masochistische Lust am Geprügelt-Werden.

The Literati war als Vorarbeit für eine geplante Gesamtdarstellung der amerikanischen Literatur gedacht. Doch damit sich seine kritischen Würdigungen der schreibenden Zeitgenossen verkaufen ließen, musste er sie mit allerlei unliterarischem Klatsch würzen, was ihm nicht schwerfiel. Sobald er irgendwo Konkurrenz spürte, trieb ihn «der Geist des Perversen» dazu, seinem Affen Zucker und seinen Opfern Zunder zu geben. Dass ihm das weitere Feinde einbringen würde, war vorauszusehen. Immer häufiger waren jetzt in den Journalen Repliken zu lesen, die es Poe mit gleicher Münze heimzahlten. Nachdem im Oktober die letzte Folge der *Literati* erschienen war, hatte Poe mehr Porzellan zerschlagen, als er wieder kitten konnte. Da er im ganzen Jahr 1846 außer der im Januar erschienenen Erzählung *The Sphinx* nichts Eigenes publiziert hatte, stand er in den Augen der literarischen Öffentlichkeit als einer da, der an den Werken anderer herummäkelte, aber selbst keine zustande brachte.

Im November wechselte er endlich wieder auf die andere Seite und publizierte dort, wo fünf Monate lang die *Literati* erschienen waren, die Geschichte *The Cask of Amontillado (Das Fass Amontillado)*. Hier ist er wieder der alte Poe. Die Erzählung handelt von einer ausgeklügelten Rachetat, wie er sie später noch einmal in *Hop-Frog* darstellen sollte. Dabei werden die «tausend Beleidigungen Fortunatos», mit denen der erste Satz der Erzählung beginnt, gar nicht näher bezeichnet. Die Geschichte zeigt ausschließlich den Plan und die Durchführung der Rachetat. Eine latente Rachsucht ist in Poes Werken wie in seinen privaten Äußerungen öfter zu spüren. Sie scheint der Hauptantrieb für den «Kobold des Perversen» in ihm gewesen zu sein.

Bis Ende 1846 hatte sich Virginias Zustand stetig verschlechtert. Die Idylle, die Mrs. Gove im Sommer in Fordham vorgefunden hatte, war einem Jammerbild gewichen, das dieselbe Besucherin jetzt so beschrieb:

Der Herbst kam, und Mrs. Poe verfiel rapide der Schwindsucht. Ich sah sie in ihrem Schlafzimmer. Alles hier war so gepflegt und absolut sauber, so karg und von Armut gezeichnet, dass ich die Leidende mit solchem Herzweh betrachtete, wie es der Arme für den Armen fühlt. Das Bett hatte keine Umkleidung, es bestand nur aus Stroh, doch mit schneeweißen Laken darüber. Das Wetter war kalt, und die kranke Frau hatte furchtbare Schüttelfröste, wie sie die Fieberschübe der Schwindsucht begleiten. Sie lag auf dem Strohbett, eingehüllt in den Mantel ihres Gatten, mit einer großen schildpattfarbenen Katze auf der Brust. Die wunderbare Katze schien sich ihrer Nützlichkeit bewusst zu sein. Der Mantel und die Katze waren für die Leidende die einzigen Wärmespender, außer wenn ihr Mann ihre Hände hielt und die Mutter ihre Füße. ...

Sobald ich diese schmerzlichen Dinge gesehen hatte, ging ich nach New York und gewann die Sympathie und die Dienste einer Dame, deren Herz und Hand immer offen waren für die Armen und Elenden. Ein Federbett und reichlich Bettwäsche und andere Bequemlichkeiten waren die ersten Früchte meiner Liebesdienste. Die Dame veranlasste eine Subskription und brachte in der Woche danach sechzig Dollar zusammen. Von dem Tage an, an dem sie die leidende Familie des Dichters gesehen hatte, wachte sie über sie wie eine Mutter über ihr Baby. Sie sah sie oft und half der Sterbenden wie den Lebenden.

Die tatkräftige Samariterin, von der hier die Rede ist, war Mrs. Marie Louise (Loui) Shew aus Greenwich Village. Sie war die Tochter eines Arztes, der sie zur Krankenschwester ausgebildet hatte. Außerdem war sie mit einem Arzt verheiratet, mit dem sie aber in Scheidung lebte. Sie selber bezeichnete sich als «die einzige Tochter eines Landarztes, mit Geschmack für Malerei und einem Herzen, das die ganze Welt liebt». Die von ihr veranlasste Subskription wurde von Poe mit gemischten Gefühlen aufgenommen. Einerseits war er auf jede mildtätige Zuwendung angewiesen, andererseits verletzte es seinen Stolz zutiefst, als in New Yorker Zeitungen seine Notlage publik gemacht und von den Lesern Hilfe erbeten wurde. In Poe und Loui Shew kamen zwei sehr gegensätzliche und zugleich sehr typische amerikanische Haltungen zusammen: der aristokratische Stolz des Südstaatlers und die aus dem Puritanismus gespeiste selbstverständliche Hilfsbereitschaft, die noch heute unter Amerikanern weiter verbreitet zu sein scheint als anderswo.

Tiefpunkt und Höhenflug | 1847

Im neuen Jahr verschlechterte sich Virginias Zustand weiter, und am 30. Januar starb sie. Loui Shew stand ihr bis zuletzt zur Seite und half auch dem verzweifelten Ehemann, der einen Nervenzusammenbruch erlitt. Begraben wurde sie in der Familiengruft der Valentines, der Eigentümer des Cottage. Poe erwachte bald wieder aus seiner Verzweiflung und kehrte an die literarische Front zurück. Noch im Januar hatte er von George W. Eveleth, einem jungen Bewunderer, erfahren, dass gegen ihn wegen der Herausgabe des Handbuchs zur Muschelkunde der Vorwurf des Plagiats erhoben wurde. Bereits am 16. Februar schrieb er einen Brief in dieser Sache und war von neuem kampfbereit. Am 17. Februar wurde endlich auch die Schadensersatzklage gegen den *Evening Mirror* zu seinen Gunsten entschieden, und ein warmer Regen von 225 Dollar Entschädigung ging auf ihn nieder. Wie viel davon sein Anwalt erhielt, ist nicht bekannt. Das Jahr 1847 wurde für Poe eins seiner unproduktivsten. Außer dem Dankgedicht an Loui Shew, das am 13. März in *The Home Journal* unter dem Titel *To M. L. S.* erschien, schrieb er noch die Erzählung *The Domain of Arnheim*, in der er offensichtlich die Erfahrung der ländlichen Idylle in Fordham zur Utopie einer ästhetisch durchgestalteten Landschaft verklärte. Sie erschien im März im *Columbian Magazine*. An Rezensionen publizierte er nur den Nachdruck der beiden Hawthorne-Kritiken zu *Twice Told Tales* von 1842 und zu *Mosses from an Old Manse* von 1946. Beide erschienen im November in *Godey's Lady's Book*. Da er sich in New York so viele Feinde gemacht hatte, dass selbst seine Freunde zu ihm auf Distanz gingen, reiste er im August nach Philadelphia, um dort alte Kontakte wieder aufzufrischen. Aus einem Brief, den er an einen nicht identifizierten Adressaten schrieb, geht hervor, dass er in Philadelphia sehr krank wurde und von Graham 10 Dollar Vorschuss für die Rückreise bekam. Dass die Krankheit ein Rückfall in den Alkoholismus war, wie von manchen Biographen vermutet, ist nicht belegt.

Den größten Teil seiner wiedererlangten Schaffenskraft widmete er dem, was er als sein Hauptwerk ansah, dem langen kosmologisch-philosophischen Essay *Eureka,* dessen Kerngedanken er in früheren Werken vorbereitet und teilweise bereits ausformuliert hatte. Schon früher hatte er sich von Tiefpunkten zu neuer Höhe emporgearbeitet, doch diesmal setzte er zu einem wahren Höhenflug an. Das Welterklärungsmodell, das er in *Eureka* entwirft, stellt in seiner Totalität alles in den Schatten, was vor ihm Dante, Milton oder Goethe auf diesem Felde versucht hatten. Finanziell konnte er sich den Rückzug auf ein so brotloses Gebiet dank der Entschädigungszahlung leisten, doch scheint er mit dem Geld nicht sonderlich sparsam umgegangen zu sein. Freunde und Bekannte, die ihn in dieser Zeit in Fordham besuchten, stellten fest, dass dort auf einmal die Tafel reich gedeckt, die Wohnung mit einem neuen Teppich versehen und der Hausherr neu eingekleidet war.

Virginias Krankheit und Poes finanzielle Not hatten nicht nur aufrichtige Helfer wie die uneigennützige Loui Shew auf den Plan gerufen, sondern auch zwei Dichterinnen, die mit ihren finanziellen Zuwendungen die Hoffnung verbanden, von Poe literarisch protegiert zu werden. Initiiert wurden diese Hilfsaktionen von Muddy, die schon seit Jahren als Poes literarische Agentin fungierte, indem sie in die Redaktionen von Zeitschriften ging, um dort Beiträge ihres Schwiegersohns unterzubringen. Sie war auch die Anlaufstelle für besagte Dichterinnen. Die eine der beiden war Mrs. Sarah Anna Lewis, die sich Estelle nannte und auch unter dem Namen ‹Stella› Gedichte publizierte. Poe war auf jeden Dollar Unterstützung angewiesen und gab deshalb der moralischen Erpressung nach, indem er die seichten Gedichte der Lewis positiv rezensierte und mit ihr einen widerwillig geführten literarischen Flirt begann. Wie sehr er diese Verpflichtung hasste, geht aus einem Bericht hervor, den Loui Shew dreißig Jahre später darüber gab. Sie erzählt darin, wie Poe, wenn «die fette, geschmacklos gekleidete Frau» auftauchte, sich durch die Hintertür verdrückte, um sich irgendwo im Wald oder auf den Feldern zu verstecken, bis Loui ausgeschickt wurde, um ihn zu suchen. Dann fand sie ihn «auf seinem Lieblingsstein sitzend und vor sich hinmurmelnd, dass er sterben wolle, um die literarischen Nervensägen loszuwerden». Mrs. Lewis hatte einen wohlhabenden Mann, der ihre poetischen Ambitionen unterstützte, während Poe auf der anderen Seite es sich nicht leisten konnte, auf ihre Zuwendungen zu verzichten. Bei keiner anderen Dichterin gab er sich so schamlos zu lobhudelnder Kritik her.

Die andere, die sich den berühmten Autor finanziell verpflichtete, war Ermina Locke aus Lowell, Massachusetts, die als Dichterin den Vornamen ‹Jane› angenommen hatte. Sie hatte gleich nach Virginias Tod einen Kondolenzbrief an Poe geschickt und darin ihre Bewunderung für ihn ausgedrückt. Poe vermutete hinter der Bewundererin eine Witwe, die für ihn als Heiratskandidatin in Frage kam. Deshalb begann er einen vorsichtigen, in Andeutungen gehüllten Flirt mit ihr. Als er ihr zum ersten Mal begegnete, hatte er die 43-jährige Ehefrau eines Rechtsanwalts und Mutter von fünf Kindern vor sich, was ihn so beschämte, dass er die Mitwisser seiner Ehehoffnungen zu absolutem Stillschweigen verpflichtete. Trotz dieser Enttäuschung nahm Poe Mrs. Lockes Hilfe dankbar an. Sie arrangierte für ihn im Juli 1848 einen Vortragstermin in der Wentworth Hall in Lowell und bot ihm bei dieser wie auch bei späteren Gelegenheiten ihr Haus als Unterkunft an. Es hat etwas von Tragik, wenn ausgerechnet der Kritiker, der gegen die gefällige Lobhudelei seiner Kollegen am schärfsten zu Felde gezogen war, sich selber als Fürsprecher minderwertiger Dichtung kaufen ließ.

Vor seinem Debakel in Boston hatte eine schöpferische Krise die poetische Ader in Poe fast versiegen lassen, aber jetzt kehrte seine lyrische Phantasie mit ungebrochener Kraft zurück. Das Gedicht *Ulalume – A Ballad*, das er im Herbst des Jahres schrieb und in der Dezember-Ausgabe der *American Review* anonym veröffentlichte, ist dafür ein überzeugender Beweis. In den Augen vieler Kritiker ist es sein vollkommenstes. Die Entstehungsgeschichte hätte ein ähnliches Virtuosenstück wie *The Bells* erwarten lassen; denn die Anregung kam von dem bekannten Prediger Cotesworth P. Bronson, der ein Buch über die Vortragskunst geschrieben hatte und nun Poe darum bat, ein Gedicht zu schreiben, mit dem diese Kunst exemplarisch vorgeführt werden könne. Doch anders als *The Bells* ist die exquisite Lautmalerei hier keine leere Hülle, sondern evoziert einen Inhalt, den zwar noch kein Interpret überzeugend ausformulieren konnte, den nachzuvollziehen aber sensiblen Lesern nicht schwer fällt. In einer langen Sequenz von hypnotisch beschwörenden Bildern geht der Dichter mit Psyche, seiner Seele, durch eine melancholische Herbstlandschaft, kommt vorbei am Grab seiner verstorbenen Geliebten und spricht mit Psyche über Astarte, die hier mit Venus, dem Abendstern, identifiziert wird. Während der Dichter in dem Stern warme Liebe sieht, warnt ihn Psyche davor und rät ihm zu fliehen. Weder für die rätselhaften Namen Auber, Weir und Mount Yaanek noch für den inneren Ablauf des Gedichts gibt es eine halbwegs schlüssige Deutung; und doch spricht aus dem ganzen Gedicht das nachfühlbare Schwanken zwischen Sehnsucht und Angst, zwischen Hoffnung und Trauer. An klanglicher Fülle und Reichtum der evozierten Vorstellungen nimmt das Gedicht unter Poes Werken einen Spitzenplatz ein. In keinem anderen kommt er den französischen Symbolisten so nahe; und deutsche Leser werden sich durch Fremdwörter wie *scoriac, senescent, liquescent* und *scintillant*, die wie kalt funkelnde Brillanten in den romantischen Bildteppich eingesetzt sind, an Gottfried Benn erinnert fühlen.

Dass Poes Zeitgenossen angesichts der Modernität des Gedichts anfangs irritiert waren, ist nicht verwunderlich. Als Poe es Mrs. Kirkland, der Herausgeberin des *Union Magazine*, anbot, lehnte sie es als unverständlich ab. Danach wandte er sich an seinen Freund George Hooker Colton, der es im Austausch gegen den bereits bezahlten, aber noch nicht gedruckten Aufsatz *The Rationale of Verse* für die *American Review* übernahm. Es ist nicht genau bekannt, welches Honorar Poe für den Aufsatz erhalten hatte; vermutlich lag es zwischen 75 und 100 Dollar, was eine recht gute Bezahlung für das Gedicht bedeutet. Mabbott, der Herausgeber von Poes Werken, erwähnt eine Anekdote, die ihm in Richmond erzählt wurde. Dort soll Mrs. Mackenzie, als sie Poe bei sich zu Gast hatte, nach der Rezitation des Gedichts gefragt haben: «Mr. Poe, warum schreiben Sie ihre Gedichte nicht so, dass jeder sie verstehen kann?» Darauf habe Poe geantwortet: «Madam, ich schreibe sie so, damit jeder sie nicht verstehen kann.» Auch das rückt ihn an die Seite der Symbolisten und macht ihn zum Ahnherrn der modernen Lyrik.

«Eureka» | 1848

Im Sommer 1848 kam bei Putnam in New York Poes ambitioniertestes Werk heraus. Es ist ein langer Essay mit dem Titel *Eureka. A Prose Poem* und einer Widmung an Alexander von Humboldt. Darin versucht Poe nichts Geringeres als eine Theorie des Kosmos von seinem Ursprung bis zu seinem Ende und noch darüber hinaus zu entwickeln. Dass sein Denken immer wieder um die Frage nach Entstehung und Sinn des Universums kreise, zeigte sich bereits in früheren Publikationen. Schon 1839 hatte er in *Burton's Gentleman's Magazine* unter dem Titel *The Conversation of Eiros and Charmion* die Vision eines Weltuntergangs dargestellt, den Eiros, ein soeben in die Ewigkeit Eingegangener, dem dort schon seit langem weilenden Charmion beschreibt. Manche dort anklingenden Gedanken kehren in *Eureka* wieder. Einen zweiten kosmologischen Dialog hatte er im August 1841 in *Graham's Magazine* unter dem Titel *The Colloquy of Monos and Una* herausgebracht. Auch hier handelt es sich um die Unterredung zweier nach dem Tode im Jenseits wiedergeborener Seelen. Monos beschreibt, wie er den Übergang vom Leben durch den Tod in das ewige Sein wahrgenommen hat. Doch bevor er mit seiner subjektiven Erfahrung beginnt, schickt er eine Charakterisierung der letzten fünfhundert Jahre jener Welt voraus, die er verlassen hat. In dieser Zeit habe eine Pervertierung des Geschmacks stattgefunden. Statt sich auf den «poetischen Intellekt» mit seinem Sinn für «Abstufung» (*gradation*) zu verlassen, hätten die Menschen die «verquere Idee» der Gleichheit entwickelt und «wilde Versuche mit einer alles beherrschenden Demokratie angestellt». Jenseits des Todes aber tat sich für die Wiedergeborenen eine Welt der zeitlosen Dauer auf. «Das Seins-Bewusstsein war schließlich ganz verschwunden, und an seiner Stelle – anstelle aller Dinge – herrschten, machtvoll und ewig, die Autokraten Ort und Zeit.»

1845 schrieb Poe einen dritten kosmologischen Dialog, den bereits früher erwähnten mit dem Titel *The Power of Words*. Auch darin geht er, wie im ersten Dialog, von der Fiktion eines Weltuntergangs aus, nach dem sich Oinos und Agathos als Unsterbliche in der Ewigkeit wiederfinden. Während eines Fluges durch das Weltall erklärt Agathos dem Freund, dass Gott nur am Anfang der Schöpfung in Aktion getreten sei. Nachdem er durch seinen Willen den Schöpfungsprozess in Gang gesetzt habe, sei alles Spätere nur noch mittelbares Werk seiner Schöpferkraft. Da keine Bewegung, auch nicht die eines einzigen Atoms, verloren gehen könne, würde sich alles mit allem wechselseitig beeinflussen. So müsse selbst ein gesprochenes Wort «der Luft mitgeteilt, am Ende auf jedes einzelne Ding, das im Universum existiert, einwirken», so dass es zuletzt bis zur Gottheit gelange. Diese könne es dank ihrer Allwissenheit auf Grund des Zusammenhangs von Ursache und Wirkung durch alle Epochen zurückverfolgen.

Außer in den drei Dialogen hat Poe den Grenzbereich zwischen Leben und Tod auch noch in einigen seiner Geschichten erkundet, so vor allem in *The Premature Burial* und *Mesmeric Revelation*, die beide im Sommer 1844 erschienen. Was er in den genannten Werken tastend erörterte, führte er in *Eureka* breit aus. Während er den Text auf dem Buchdeckel als *Prose Poem* bezeichnete, nannte er ihn auf dem Innenblatt *An Essay on the Material and Spiritual Universe* und fügte dem Titel in Klammern die folgende Widmung hinzu:

Den wenigen, die mich lieben und die ich liebe – denen, die eher fühlen als denken, den Träumern und denen, die an Träume als die einzigen Realitäten glauben – übergebe ich dieses «Buch der Wahrheiten», nicht nach Art eines Wahrsagers, sondern um der Schönheit willen, die in seiner Wahrheit überreich enthalten ist und die es wahr macht. Ihnen biete ich diese Komposition als ein Kunst-Produkt, sagen wir, als einen Roman oder, wenn dies kein zu hoher Anspruch ist, als ein Gedicht.

Was ich hier ausführe, ist wahr – darum kann es nicht sterben – oder wenn es auf irgendeine Weise jetzt niedergetreten wird, sodass es stirbt, wird es doch «auferstehen zu ewigem Leben».

Nichtsdestoweniger ist es ein Gedicht, und ich wünsche, dass es nur als solches nach meinem Tode beurteilt wird.

Die Kerngedanken seines Buches hebt Poe auf den ersten drei Seiten durch Kursivdruck hervor. So schreibt er im dritten Satz:

Ich beabsichtige *über das physische, metaphysische, und mathematische – über das materielle und spirituelle Universum zu sprechen – über sein Wesen, seinen Ursprung, seine Schöpfung, seinen gegenwärtigen Zustand und sein zukünftiges Schicksal.*

Anschließend erklärt er, dass, was immer die Mathematiker dagegen sagen mögen, in dieser Welt kein Beweis durch Demonstration möglich sei. Deshalb gehe er von der folgenden Grundannahme aus:

In der ursprünglichen Einheit des ersten Dings liegt die sekundäre Ursache aller Dinge, mit dem Keim zu ihrer Vernichtung.

Wenig später heißt es:

Mein Plan ist das Aufzeigen *der äußersten denkbaren Ausdehnung des Raums mit allen Dingen, geistigen wie materiellen, die sich innerhalb dieser Ausdehnung vorstellen lassen.*

Das Ergebnis dieses tollkühnen Vorhabens lässt sich in groben Zügen so zusammenfassen: Am Anfang war eine ungeteilte, ausdehnungslose und darum immaterielle, d.h. gravitationslose Einheit. Aus ihr trieb Gott durch einen Willensakt das partikularisierte Universum heraus. Erst durch die Trennung in individuelle Atome konnte Gravitation entstehen; denn nur Getrenntes kann sich anziehen. Poe nimmt an, dass das Universum von zwei gegensätzlichen Grundkräften, einer Anziehungs- und einer Abstoßungskraft, beherrscht wird. Die Anziehungskraft ist die

Gravitation, die Abstoßungskraft die Elektrizität. Solange die Kraft der uranfänglichen Expansion anhält, werden sich die auseinandergetriebenen Atome durch die Gravitation zu kosmischen Wolken, Spiralnebeln, Fixsternen, Planeten und Kometen zusammenballen. Doch irgendwann wird auf die Expansion eine unaufhaltsame Kontraktion folgen, und alle Dinge der Welt werden zurück in die uranfängliche Einheit streben. Das bedeute zwar die Vernichtung aller partikularen Individualitäten, zugleich aber auch die Rückkehr zu Gott. Poe hält einerseits für möglich, dass der Mensch noch nicht die höchste Vollendung der Expansionsphase sei, sondern das ihm ein noch höher entwickeltes Wesen, ein Übermensch, folgen könne, andererseits glaubt er, dass nach der Rückkehr in die ungeteilte Einheit eine neue Schöpfung beginnen werde.

Auf heutige Leser wirkt diese Weltdeutung außerordentlich modern. In ihren Grundzügen entspricht sie der Urknall-Theorie. Erstaunlich ist vor allem, wie viel astronomisches Wissen Poe sich auf der Höhe seiner Zeit angeeignet hat. Auch wenn nicht alle seine Zahlen stimmen, so hat er sich doch über die damals bekannten Entfernungen zwischen den Gestirnen, über ihre Bahnen und über die Lichtgeschwindigkeit genauestens informiert. Seiner Kosmogonie schickt er zudem eine eigene Erkenntnistheorie voraus, die sich gegen das empirische Induktionsverfahren richtet. Für ihn geht allen bedeutenden Entdeckungen ein intuitives Raten voraus, das durch empirische Beobachtungen nachträglich bestätigt werde. Er wendet sich entschieden gegen Bacon und Locke, die Vertreter des Induktionsverfahrens, und beruft sich stattdessen auf Johannes Kepler, der intuitiv die drei nach ihm benannten Gesetze bezüglich der Planetenbahnen erraten habe. Nicht nur beim Wissenschaftler sieht Poe das Primat der poetisch spekulierenden Phantasie, Gott selber habe seiner Meinung nach das Universum wie den Plot einer großen Erzählung als Kunstwerk entworfen. Deshalb hängt im Universum alles mit allem zusammen und ist wechselseitig Ursache und Wirkung zugleich.

Nicht nur ist die göttliche Anpassung mathematisch exakt, sie trägt überdies den Stempel des Göttlichen, durch den sie sich von Werken menschlicher Konstruktivität unterscheidet. Ich spiele auf die vollständige Wechselseitigkeit der Anpassung an. Zum Beispiel: eine bestimmte Intention bringt ein bestimmtes Objekt hervor, das ist alles, wir sehen keine Reziprozität. Der Effekt wirkt nicht zurück auf die Ursache, die Intention verändert nicht die Beziehung zwischen den Objekten. In göttlichen Konstruktionen ist das Objekt aber Plan und Objekt, je nachdem wie wir es betrachten – und wir können jederzeit die Ursache als Wirkung und das Umgekehrte annehmen – ohne dass wir mit absoluter Sicherheit sagen können, ob es das eine oder das andere ist.

Hier sieht Poe im Universum das, was er als Forderung an ein vollkommenes Kunstwerk stellt, nämlich das Zusammenspiel aller Teile, wodurch Schönheit entsteht. Was der menschliche Dichter praktisch nie erreichen kann, «Perfektion des Plot», das ist dem göttlichen Künstler möglich, da er das Ganze des Universums gestaltet: *The Universe is a plot of God.* Dass *Eureka* beim Publikum auf Unverständnis stieß, verwundert nicht. Nicht nur die Komplexität der darin entwickelten Gedankengänge stand dem Verständnis im Wege, auch die pantheistische Gottesvorstellung war für amerikanische Leser schwer zu akzeptieren, war doch die zweite große Erweckungsbewegung gerade in vollem Gange. Poe hatte aber auch selber dazu beigetragen, dass sein anspruchsvollstes Werk nicht die Würdigung fand, die er sich dafür erhofft hatte. Gleich zu Beginn des Buches muss ihn der Teufel, der «Kobold des Perversen», geritten haben, als er, nachdem er sein kosmologisches Programm vorgestellt hat, eine nicht sonderlich geistreiche Satire einfügt, in der er sich über Aristoteles als Aries Tottle lustig macht und von Francis Bacon als Hogg redet, weil *bacon* auf Englisch ‹Schinken› und *hog* ‹Schwein› bedeutet. Auch die Fiktion einer Flaschenpost aus dem Jahre 2848 war kein besonders geistreiches Verfahren, im Rückblick die eigene Zeit zu verspotten.

Während Poe in der Erzählung *Mesmeric Revelation* noch unschlüssig war, ob die Seele, die nach dem Tode den Körper verlässt, etwas Materielles oder etwas Geistiges ist, vertritt er in *Eureka* die Ansicht, dass sich mit der Abstoßungskraft, der Elektrizität, eine immaterielle und somit spirituelle Substanz über die Materie ausbreitet und sich in ihr individualisiert. Das bedeutet, dass im Bewusstsein der Menschen, in ihrer Seele, etwas von der uranfänglichen Spiritualität Gottes weiterlebt, was wiederum heißt, dass «jede Seele ihr eigner Gott, ihr eigner Schöpfer» ist.

Aus dieser Sicht, und nur aus dieser, verstehen wir die Rätsel der göttlichen Ungerechtigkeit – des unerbittlichen Schicksals. Allein aus dieser Sicht wird die Existenz des Bösen verständlich; doch aus dieser Sicht wird sie auch erträglich. Unsere Seelen rebellieren nicht mehr angesichts eines Schmerzes, den wir selber über uns gebracht haben, in Verfolgung unserer eigenen Zwecke in Hinblick auf – wenngleich vergeblich – die Vermehrung unserer Freude.

Wenige Zeilen später legt Poe einer flüsternden Stimme der Erinnerung das folgende Schlusswort in den Mund:

Was ihr das Universum nennt, ist nur seine [des Göttlichen Wesens] gegenwärtige expansive Existenz. Es fühlt sein Leben durch eine Unendlichkeit unvollkommener Lustempfindungen – die partielle und schmerzdurchmischte Lust jener unzähligen Wesen, die ihr seine Geschöpfe nennt, die aber in Wirklichkeit nur unendliche Individuationen seines Selbst sind. Alle diese Geschöpfe – alle –, die, die ihr belebt nennt, ebenso wie die, denen ihr das Leben absprecht aus keinem anderen Grunde als dem, dass ihr keine Anzeichen davon bemerkt – all diese Geschöpfe haben, in größerem oder geringerem Umfang, die Fähigkeit, Lust und Schmerz zu empfinden: *doch die allgemeine Summe ihrer Empfindungen ist exakt die Menge an Glückseligkeit, die dem Göttlichen Wesen rechtmäßig innewohnt, wenn es in sich selbst konzentriert ist.* Diese Geschöpfe sind alle, mehr oder weniger, bewusste Intelligenzen; bewusst, zuerst, ihrer Identität; bewusst, zum zweiten, mit schwachen unbestimmten Ahnungen, ihrer Identität mit dem Göttlichen Wesen, von dem hier die Rede ist – der Identität mit Gott. Von diesen beiden Bewusstheiten wird die erste schwächer, die zweite stärker werden, während der langen Abfolge von Zeitaltern, die vergehen müssen, bevor die Myriaden individueller Intelligenzen miteinander verschmelzen – wenn die hellen Sterne zu einem einzigen verschmelzen. Bedenkt, dass das Bewusstsein der individuellen Identität ganz allmählich aufgehen wird in einem allgemeinen Bewusstsein – dass der Mensch, zum Beispiel, aufhören wird, sich als Mensch zu empfinden, und dass er in eine erhaben triumphierende Epoche eintreten wird, in der er seine Existenz als die Jehovahs erkennt. In der Zwischenzeit bedenkt, dass all das das Leben ist, Leben, Leben im Leben, das geringere mit dem größeren, und alles im Geist Gottes.

Deutsche Leser werden bei Poes kosmologischer Abhandlung unwillkürlich an Goethe denken, dessen naturwissenschaftliche Bemühungen auf ähnlich Weise aus der dichterischen Phantasie gespeist wurden. Auch er lehnte die mathematisch-exakte Naturwissenschaft ab und gewann seine Einsichten durch Intuition. Wie Poe hätte er alle seine naturwissenschaftlichen Schriften unter den Titel «Heureka!» – d.h. ‹ich hab es gefunden› – stellen können. Vergleicht man aber Goethes *Farbenlehre* (1810), in der er den Kampf gegen Newton aufnimmt und seine intuitive Deutung der empirischen Phänomene gegen das exakte Induktionsverfahren stellt, mit Poes *Eureka*, gewinnt man den Eindruck, dass zwischen den beiden Büchern nicht 38 Jahre, sondern über hundert liegen. Während Goethes organizistische Sicht noch an Paracelsus erinnert, bewegt sich Poes Denken auf der Höhe der Wissenschaft seiner Zeit. Auch wenn er dabei weit über das Ziel hinausschießt, nötigt die Modernität seines Buches Bewunderung ab.

Zwischen Annie und Helen | 1848

Eureka war Poes größte intellektuelle Kraftanstrengung. Als er im Frühsommer 1848 die Arbeit daran abschloss, muss er eine Mischung aus Befriedigung, Erleichterung und innerer Leere empfunden haben. Noch ein Jahr später schrieb er am 7. Juli aus New York an Muddy, dass er nach *Eureka* nichts mehr vollbringen könne und darum nicht länger leben wolle. Ob er von diesem Gipfel seines Schaffens erneut in die Tiefe stürzte, wie es bei früheren Gelegenheit mehrfach geschehen war, lässt sich anhand des biographischen Materials nicht eindeutig sagen. Dass er im Sommer desselben Jahres nach Richmond reiste, ist von seiner Seite durch einen einzigen Satz eines Briefes belegt, den er 1849 an Muddy schrieb. Dennoch rankt sich um diesen Aufenthalt die Legende, er sei im Hafenviertel von Richmond versackt, habe sich dort drei Wochen lang mit Alkohol betäubt und dabei Abend für Abend in der Hafenbar über *Eureka* schwadroniert.

Die Legende geht im Wesentlichen auf John R. Thompson, den damaligen Herausgeber des *Southern Literary Messenger*, zurück, der von Poes Exzessen in einem Brief vom 17. Oktober 1848 an Philip Pendleton Cooke berichtete. Thompson wiederholte den Bericht in ausführlicherer Form nach Poes Tod in einem Brief an Patterson, mit dem Poe den *Stylus* herausbringen wollte. Da der Brief manche Unstimmigkeiten enthält und einige Daten darin eindeutig falsch sind, ist schwer zu sagen, wie es um Poe wirklich stand. Dass er einen heftigen Rückfall in den Alkoholismus hatte, scheint sicher zu sein; doch ganz so tief kann sein

Abb.16   Sarah H. Whitman. Undatierter Stich nach einem Ölporträt von C. Giovanni Thompson (ca. 1838)

Absturz kaum gewesen sein, da er schon kurz danach seine volle Schaffenskraft wiedererlangte. Im Übrigen erwähnte Thompson später in seiner (erst 1929 gedruckten) Schrift *Genius and Character of Edgar Allan Poe* die Affäre mit keinem Wort.

In Richmond erreichte Poe ein Brief von Sarah Helen Whitman, der er schon bald darauf einen Heiratsantrag machen sollte und die er noch im selben Jahr geheiratet hätte, wenn nicht ein erneuter Rückfall in die Trunksucht dies verhindert hätte. Kennengelernt hatte er die verwitwete Dichterin bereits im Sommer 1845 in ihrem Wohnort Providence, als er dort Mrs. Osgood besuchte. Er selbst hatte zu der Zeit offenbar noch kein Interesse an der fünf Jahre älteren, mit 45 Jahren noch immer attraktiven und intellektuell interessanten Frau. Doch inzwischen hatte er seine Frau verloren, hatte sich in Arbeit vergraben und war in der Wintersaison 1847/48 aus dem literarischen Gesellschaftsleben weitgehend ausgeschieden, nicht nur aus Zeitmangel, sondern mehr noch, weil er sich bei den Salonlöwen New Yorks so unbeliebt gemacht hatte, dass er nicht mehr eingeladen wurde. Als am 14. Februar bei Miss Ann Charlotte Lynch, in deren Salon Poe im Winter 1845/46 eingeführt worden war, eine Valentinsparty stattfand, war er nicht unter den Gästen. Doch Mrs. Whitman, die von der Gastgeberin um einen Valentinsgruß an einen prominenten Literaten gebeten worden war, trug dort unter dem Titel *The Raven* ein Gedicht auf Poe vor, das Mrs. Lynch und Mrs. Osgood dem Adressaten zukommen ließen. Kurz darauf, am 18. März, erschien es im *Home Journal*. Poe revanchierte sich, indem er der Dichterin am 2. März anonym sein früheres Gedicht *To Helen* schickte, dem er im Juni das spätere Gedicht gleichen Titels folgen ließ.

Nach seiner Rückkehr aus Richmond besorgte sich Poe ein Empfehlungsschreiben an die Dichterin und besuchte sie am 21. September in Providence. Danach trieb er seine Werbung im gleichen Tempo voran, wie er es ein Jahr später auch bei seiner letzten Auserwählten tun sollte. Bereits am 1. Oktober schrieb er einen glühenden Liebesbrief an sie, nachdem er ihr kurz vorher den ersten Heiratsantrag gemacht hatte. Der Brief nimmt in der Druckfassung rund 15 Seiten ein und quillt über von rauschhaften Liebesbeteuerungen, die einem Leser, der nicht mit dem Gefühlsüberschwang der damaligen Zeit vertraut ist, wie aus einer Edelschnulze vorkommen mögen. Darin behauptet Poe, dass er zum ersten Mal wahrhaft liebe. Dass die begabte, zur Exaltiertheit neigende und gutaussehende Dichterin, die sich in Salons wirkungsvoll in Szene setzte und kokett mit ihren Seidentüchern um sich warf, auf Poe anziehend wirkte, ist verständlich, doch die Heftigkeit seines Gefühlsausbruchs ist schwer nachzuvollziehen. Noch peinlicher für jeden Poe-Verehrer ist die folgende Äußerung aus einem Brief, den er am 18. Oktober an Mrs. Whitman schrieb:

Ich erinnere mich an keine Handlung in meinem Leben, die die Schamröte in mein Gesicht – oder in Ihres – treiben würde. Wenn ich überhaupt geirrt habe, in dieser Hinsicht, dann aus Gründen, die die Welt als einen quixotischen Sinn für das Ehrenhafte, das Ritterliche bezeichnen würde. Die Befriedigung dieses Sinnes war bisher die wahre Wollust meines Lebens. Es geschah auf Grund dieser Art von Luxus, dass ich in früher Jugend freiwillig ein großes Vermögen weggeworfen habe, statt eine geringe Beleidigung zu ertragen. Es geschah aus diesem Grund, in einer späteren Zeit, dass ich meinem Herzen Gewalt antat und heiratete, um andere glücklich zu machen, während ich für mich selber keine Möglichkeit von Glück sah.

Wenn man sich daran erinnert, mit welcher Leidenschaft er einst seine Liebe zu Virginia bekundete, muss man in dieser Briefstelle etwas sehen, das ihm in der Tat die Schamröte hätte ins Gesicht treiben müssen. Nach Virginias Tod war er, wie es scheint, permanent auf der Suche nach einem Ersatz für sie. In Muddy hatte er eine fürsorgliche Mutter, an der er mit kindlicher Liebe hing. Doch für sein inneres Gleichgewicht brauchte er ein zweites Liebesobjekt, das ihn in seiner Männlichkeit bestätigte. Nach allem, was über seine vermeintlichen Amouren überliefert ist, gewinnt man den Eindruck, dass es ihn sehr wohl erotisch, doch nicht eigentlich sexuell zu Frauen hinzog. Die Schnelligkeit, mit der er nach der Abfuhr eine neue Frau umwerben sollte, hat etwas von Mozarts Cherubino, der die Frauen als Liebesidole und nicht als Personen begehrt. Dafür spricht auch die Tatsache, dass er das erste Gedicht *To Helen*, das er in seiner Jugend für die bereits verstorbene und nur noch als Idol verehrte Mrs. Stanard geschrieben hatte, umstandslos der neuen ‹Helen› schickte, die er nun gleichfalls zu seiner idolisierten Helena machte.

Die äußerste Zuspitzung erreichte sein Liebestaumel, als er mitten in seiner Werbung um Helen noch stärkere Liebesgefühle für eine zweite Frau entwickelte. Es war die verheiratete Mrs. Nancy Locke Heywood Richmond in Lowell, die er Annie nannte und mit glühenden Liebesbriefen überschüttete. Die erst 28 Jahre alte, sehr schöne, warmherzige und lebenszugewandte Frau war mit einem wohlhabenden Papierfabrikanten verheiratet, in dessen Haus Poe schon im Jahr zuvor verkehrte. Annie war auf eine realistische Weise romantisch, zeigte Interesse für Kunst und Dichtung ohne eigene Ambitionen und widmete sich ansonsten dem Familienleben. Bei ihr scheint es denn doch sexuelles Begehren gewesen zu sein, was Poe zu ihr hinzog. Aber vielleicht gestattete er sich das Begehren auch nur, weil er es mit der verheirateten Frau ohnehin nicht ausleben konnte. Für Helen empfand er Verehrung für eine idealisierte Frau, die als Dichterin den Dichter in ihm achtete. Bei Annie spürte er die körperliche Anziehung, obgleich nichts darauf hindeutet, dass er ihr jemals zu nahe trat. Ob sie sein Begehren erwiderte, ist ungewiss. Jedenfalls sah ihr Ehemann lange Zeit keinen Anlass einzuschreiten. In seinen Augen muss es wohl eine platonische Affäre gewesen sein, die seiner Frau seelisch gut tat. Nur wegen des aufkommenden Geredes, das durch eifersüchtige Frauen in Gang gesetzt wurde, scheint er die Beziehung zuletzt missbilligt zu haben. Wahrscheinlich empfand Annie für Poe außer dem Geschmeicheltsein und der Bewunderung für den bekannten Autor das, was die meisten anderen seiner Verehrerinnen ebenfalls fühlten, nämlich das Bedürfnis, den labilen Dichter vor sich selbst und vor der Welt zu beschützen. Dass Annie auf Poes dichterische Seele einen tieferen Eindruck machte als Helen, ist der Geschichte *Landor's Cottage* zu entnehmen, in der er ihr ein literarisches Denkmal setzte.

Sogleich näherte sich der Schwelle eine Gestalt – die einer jungen Frau von ungefähr 28 Jahren – schlank, oder eher schmal, und etwas übermittelgroß. Als sie mit einer gewissen *bescheidenen Entschlossenheit* des Schrittes, die ganz und gar unbeschreiblich war, auf mich zu kam, sagte ich zu mir: «Wahrlich, hier habe ich die Vollendung von natürlicher im Gegensatz zu künstlicher *Anmut* gefunden.» Der zweite Eindruck, den sie auf mich machte, und bei weitem der lebhaftere von beiden, war der von *Enthusiasmus*. Ein so intensiver Ausdruck von *Romantik*, so sollte ich es vielleicht nennen, oder von Weltferne wie der, der aus ihren tiefliegenden Augen hervorleuchtete, war noch nie ins Innerste meines Herzens gedrungen. Ich weiß nicht, wie es kommt, aber dieser eigentümliche Ausdruck ihrer Augen, der gelegentlich auch ihre Lippen umspielte, ist der mächtigste, wenn nicht gar der absolut einzige Zauber, der mich an eine Frau fesselt. «*Romantik*», vorausgesetzt meine Leser verstehen genau, was ich mit dem Wort meine – «Romantik» und «das Weibliche» scheinen mir austauschbare Begriffe zu sein, die, schließlich und endlich, das bezeichnen, was Männer in Frauen wahrhaft *lieben*, einfach «das Weibliche». Die Augen dieser Annie (ich hatte von drinnen rufen hören «Annie, Liebling!») waren «durchgeistigt grau», ihr Haar von hellem Kastanienbraun; das war alles, was ich in der kurzen Zeit beobachten konnte.

Abb.17 Poe. Die so genannte «Ultima-Thule»-
Daguerreotypie, aufgenommen am 9. November 1848,
vier Tage nach Poes Selbstmordversuch

Dass ein Mann, der eben erst einer Frau einen Heiratsantrag gemacht hat, sich gleich darauf in eine andere verliebt, ist nicht jenseits der Alltagserfahrung, doch dass er dann beiden Frauen abwechselnd in kurzen Abständen glühende Liebesbriefe schreibt, ist schon schwerer nachzuvollziehen. Dazu drei Beispiele: am 14. November beginnt der Brief, den er an Helen schrieb, mit den Worten «Meine inniggeliebte, teuerste Helen». Zwei Tage später schreibt er an Annie: «Ah, Annie, Annie! meine Annie!» und acht Tage danach an Helen: «In wenig mehr als zwei Wochen werde ich Sie, teuerste Helen, ein weiteres Mal an mein Herz drücken», und er schließt mit den Worten «auf immer Ihr eigen. Edgar».

Vorausgegangen war diesen alternierenden Liebesbeteuerungen eine Krise, die Poe bis zu einem Selbstmordversuch trieb. Nachdem Helen ihn mit ihrem Ja-Wort einen Monat lang hingehalten hatte, sollte es am 4. November zu einer Aussprache zwischen ihnen kommen. Doch Poe

Abb.18   Poe. Die so genannte «Whitman»-Daguerreotypie,
aufgenommen am 13. November 1848

erschien nicht und erklärte ihr drei Tage später brieflich, dass er sich zu
krank gefühlt habe, um die Verabredung einzuhalten.

Was tatsächlich vorgefallen war, geht aus dem bereits erwähnten Brief
hervor, der mit «Ah, Annie, Annie! Meine Annie» beginnt. Er ist ein ver-
zweifelter Hilfeschrei und zugleich das leidenschaftlichste Liebesbe-
kenntnis aus seiner Feder. Darin beschreibt er, wie er sich nach Annie

verzehrte, wie er seinem Leiden mit einer Überdosis Opium ein Ende machen wollte, wie er ihr in einem Brief mitgeteilt habe, wo sie seinen Leichnam finden werde, und wie er dann durch die Wirkung des Opiums daran gehindert worden sei, den Brief abzuschicken. Schließlich habe er das Opium erbrochen und sei danach wieder ruhig und er selbst geworden. Dann schreibt er, wie er Helen besucht habe und wie verzweifelt er sei, an diese Frau durch seine Ehre gebunden zu sein, während er doch nur sie, Annie, liebe. Schließlich malt er ihr in delirierendem Ton seinen Traum von einem Leben mit ihr aus, fern von der Welt in einem Cottage, und fleht sie an, ihn vor der Ehe mit Helen zu retten, wobei er den Gedanken an Ehebruch dadurch auszulöschen versucht, dass er sie «Schwester Annie» nennt.

Wie ernst dieser Verzweiflungsschrei zu nehmen ist, lässt sich schwer entscheiden, wenn man weiß, wie oft Poe sich in seinem Leben in Ohnmachtsphantasien hineinsteigerte, auf die er dann mit ebenso übersteigerten Machtansprüchen reagierte. In dem Brief an Annie erwähnt er nicht, was vorher zwischen ihm und Helen geschehen war. Am 7. November war er in Hemdsärmeln in deren Haus erschienen und hatte sich, offensichtlich unter dem Einfluss des Opiums, dabei so unbeherrscht aufgeführt, dass ein Arzt herbeigerufen wurde, der eine «zerebrale Kongestion» diagnostizierte. Die Auseinandersetzung, an der außer Helen auch ihre Mutter und Schwester beteiligt waren, setzte sich in den Tagen darauf fort und endete mit dem überraschenden Ergebnis, dass Helen ihm ein eingeschränktes Ja-Wort gab. Wenn er verspreche, nie wieder Alkohol anzurühren, wolle sie seine Frau werden.

Obwohl alle ihre Freunde ihr abrieten und die Mutter strikt dagegen war, hatte Helen, wie fast alle Frauen aus Poes engerem Kreis, offenbar das Gefühl, ihn retten zu müssen. Die Briefe eifersüchtiger Frauen, denen Poe früher den Hof gemacht hatte und die jetzt seine Braut vor dem unmoralischen Wüstling warnten, mögen zunächst ihre Entscheidung für Poe eher verstärkt haben. Der für Helen am schwersten zu überwindende Widerstand war der ihrer Mutter, die ihre Zustimmung erst gab, als die Tochter einwilligte, ihr gesamtes Vermögen auf sie zu übertragen. Poe, für den dies gewiss ein persönlicher Affront und eine Misstrauenserklärung war, musste eine zweite Demütigung hinnehmen, als er auch noch aufgefordert wurde, als Zeuge die Vermögensübertragung zu attestieren. Das entsprechende Schriftstück unterzeichnete er

Abb.19   Annie Richmond.
Fotografie aus späterer Zeit

am 22. Dezember. Damit war der Weg zur Ehe frei, und Poe schrieb an den Pfarrer Dr. Crocker, er möge die Eheschließung am Samstag, dem 24. Dezember, ankündigen, damit sie am Tag darauf, am Weihnachtstag, den kirchlichen Segen erhalten könne.

Am 20. Dezember hatte Poe in Providence, dem Wohnort seiner Braut, vor 2000 Zuhörern den erfolgreichsten Vortrag seines Lebens abgeliefert, über das Thema *The Poetic Principle*. Bei solchen Gelegenheiten hatte er auch früher schon seinen Triumph mit Alkohol begossen. Ob es auch diesmal so ablief oder ob er erst am 22. Dezember nach Unterzeichnung der Misstrauenserklärung gegen ihn die Kränkung in Alkohol zu ertränken versuchte, ist nicht eindeutig überliefert. Jedenfalls erschien er, vermutlich am 22. Dezember, in alkoholisiertem Zustand in Helens Haus. Den Verlauf der letzten Tage ihrer Beziehung zu

Abb.20   Poe. Die so genannte «Annie»-Daguerreotypie (1849)

Poe beschrieb Helen später, im September 1850, in einem ausführlichen Brief an die befreundete Mrs. Hewitt. Darin schreibt sie, dass sie erst, nachdem Poe den Brief an Dr. Crocker abgeschickt hatte, von Freunden erfahren habe, dass er sein Versprechen gebrochen hatte, weshalb sie den Rückruf des Briefes von ihm forderte. Poe habe seine Unschuld beteuert, habe aber die gegen ihn vorgebrachten Anschuldigungen nicht entkräften können. In dem Brief schreibt sie verklausuliert, dass der Alkoholgenuss an jenem Tag an ihm nicht zu bemerken gewesen sei, dass ihr die Tatsache aber aus absolut zuverlässiger Quelle bestätigt worden sei. Sie habe daraufhin eingesehen, dass ihr Einfluss nicht ausreichen werde, Poe von seinem Laster fernzuhalten, weshalb sie ihr Ja-Wort zurückgenommen habe, so schwer ihr dies auch gefallen sei. Von Poe seinerseits gibt es Äußerungen, die so klingen, als habe er selber den Bruch vollzogen. Möglicherweise hat er ihn tatsächlich provoziert, weil seine Gefühle an Annie gebunden waren und weil eine Ehe mit der nun mittellosen Helen seine prekären finanziellen Verhältnisse nicht verbessert hätte. Der Traum seines Lebens, die eigene Zeitschrift, wäre auch weiterhin nicht zu verwirklichen gewesen. Zu Sarah Helen Whitmans Ehre muss gesagt werden, dass sie sich den Bruch nicht leicht gemacht hat. Es zeugt zwar nicht gerade von Charakterstärke, wenn eine 45-jährige Frau sich von der eigenen Mutter entmündigen lässt, doch nach Poes Tod hat sie den von Griswold verleumdeten Dichter unermüdlich verteidigt und ihm 1860 mit der Schrift *Edgar Poe and His Critics* ein positives Denkmal gesetzt.

Tragisches Finale | 1849

P oe war wieder einmal an einem Tiefpunkt seines Lebens angelangt, emotional wie finanziell. Im ganzen Jahr 1848 scheint er nur 166 Dollar verdient zu haben; und hätte nicht Loui Shew in der ersten Hälfte des Jahres immer wieder ausgeholfen, wäre es ihm und Muddy noch schlechter gegangen. Sein erster Gedanke nach dem Verlust Helens war, bei Annie Zuflucht zu suchen, die weiter zu ihm hielt. Doch deren soziales Umfeld war durch die zurückliegenden Vorfälle und die dadurch ausgelösten Gerüchte so gegen ihn eingenommen, dass er den Gedanken, sie vorübergehend um Quartier zu bitten, wieder aufgab. 1848 hatte er außer dem kraftraubenden Werk *Eureka* nur drei Gedichte, zwei Folgen seiner *Marginalia*, einen kurzen Nachtrag zu *The Literati* und den Essay *The Rationale of Verse* publiziert. Von größerem Gewicht ist davon nur der Essay, in dem er seine – vom philologischen Standpunkt aus anfechtbare – Theorie der Metrik darlegt.

Anfang 1849 hatte er den Zeitschriften, die seine Hauptabnehmer waren, nichts Neues anzubieten. In der Februar-Ausgabe von *Godey's* erschien unter dem Titel *Mellonta Tauta* eine leichtgewichtige Satire, die er schon Anfang 1848 abgeschlossen und in Teilen in *Eureka* aufgenommen hatte. Darin erzählt er den fiktiven Bericht eines Reisenden aus dem Jahre 2848, der mit 150 Meilen Stundengeschwindigkeit in einem

Ballon über *Amricca* dahingleitet und dabei über die zurückliegende Geschichte dieses Kontinents räsonniert. Die Hauptzielscheibe der Satire ist wieder einmal die Demokratie, in der er nichts als die Herrschaft des Mobs sieht. Dass er das Thema erneut aufgriff, könnte daher rühren, dass 1848 in Europa Revolutionen unter dem Banner der Demokratie aufgeflammt waren. Es wird Poe nicht entgangen sein, dass in diesem Jahr ein gewisser Karl Marx zusammen mit Friedrich Engels ein *Kommunistisches Manifest* publizierte und zur proletarischen Revolution aufrief. Irritierend ist allerdings, dass er durch die Aufnahme längerer Passagen in *Eureka* sein anspruchsvollstes Werk in ein ironisches Licht tauchte und damit zu desavouieren drohte. Auch hier scheint es so, als sei der *Imp of the Perverse* mit ihm durchgegangen.

Gänzlich neu war erst wieder die im März in *The Flag of Our Union* erschienene Erzählung *Hop-Frog: or, The Eight Chained Orang-Outangs (Hüpffrosch oder die acht gefesselten Orang Utans)*. Es ist eine Rachegeschichte, in der das Rachewerk mit noch brutalerer Härte und größerem Raffinement ausgeführt wird als in *The Cask of Amontillado*. Allerdings hat der von seinem Fürsten ständig gedemütigte Hofzwerg Hop-Frog auch mehr Grund für ein Verlangen nach Rache. Wenn man liest, wie er es zuwege bringt, dass seine Peiniger sich während eines Maskenfestes freiwillig als Orang-Utans verkleiden und an einen Kronleuchter fesseln lassen, der dann mit den brennenden Leibern der Opfer hochgezogen wird, drängt sich der Eindruck auf, dass Poe hier seine eigene Rachsucht für die endlose Folge erlittener Demütigungen ausagierte.

Im April folgte in der gleichen Zeitschrift neben der harmlosen, eher etwas albernen Literatursatire *X-ing a Paragrab* die Geschichte *Von Kempelen and His Discovery (Von Kempelen und seine Entdeckung)*. Darin berichtet ein Erzähler im Stil eines Zeitungsartikels, dass ein gewisser von Kempelen in Bremen unter dem Verdacht der Geldfälschung verhaftet wurde und dass man bei der anschließenden Wohnungsdurchsuchung unter seinem Bett einen Koffer voller Gold fand, das der Verhaftete aus Blei und weiteren unbekannten Substanzen hergestellt hatte. Poe erzählt das so, wie Journalisten über eine bekannt gewordene, aber noch nicht aufgeklärte Tatsache berichten. Das wird manchen Leser bewogen haben, das Erzählte für wahr zu halten. Poe selber äußerte Freunden gegenüber sogar, dass er glaube, seine Geschichte werde manchen vom Aufbruch nach Kalifornien abhalten, wo gerade der berühmte Goldrausch der *forty-niner* ausgebrochen war. Diese Vermutung legt er am Schluss der Geschichte auch dem fiktiven Erzähler in den Mund. Poe zitiert sich in der Geschichte indirekt selber, wenn er auf Maelzels Schachspielautomaten hinweist, über den er 1836 geschrieben hatte, und wenn er dann in der Maske des Herausgebers in eckigen Klammern einfügt: «Wenn wir uns nicht irren, war der Name des Erfinders des Schachautomaten entweder Kempelen, von Kempelen oder so ähnlich.» Jedenfalls kam in dieser Geschichte wieder der alte Poe mit seiner Liebe zum *hoax* zum Vorschein. Poes nächster Beitrag zur oben genannten Zeitschrift erschien im Juni unter dem Titel *Landor's Cottage*. Es ist die Hommage an seine geliebte Annie, aus der bereits zitiert wurde.

Im April hatte Poe auch das Projekt *Stylus* wieder in Angriff genommen. Nach eigener Angabe war ein auf den 18. Dezember 1848 datierter Brief eines gewissen Edward H. N. Patterson erst nach vier Monaten zu ihm gelangt, den er jetzt beantwortete. Der 21-jährige Patterson, dessen Vater die Wochenzeitschrift *Spectator* in dem Provinznest Oquawka in Illinois herausgab, hatte sich für Poe begeistert und ihm in der väterlichen Zeitschrift eine Lobeshymne gesungen. Jetzt fühlte sich der gerade volljährig Gewordene dazu berufen, eine eigene Zeitschrift herauszubringen, für die er Poe zu gewinnen hoffte. Dieser hatte seinerseits den seit Jahren geplanten *Stylus* noch nicht aufgegeben und sah nun die Chance, ihn mit den finanziellen Ressourcen Pattersons zu verwirklichen. Dazu musste er ihn aber erst einmal dazu bringen, einen anderen Erscheinungsort als Oquawka zu akzeptieren. Während Patterson an ein populäres Journal zum Jahrespreis von 3 Dollar dachte, wollte Poe eine anspruchsvolle Zeitschrift für 5 Dollar im Jahr. Wie schon bei früheren Gelegenheit ließ er auch jetzt seinen hohen Erwartungen freien Lauf und malte dem prospektiven Verleger und Geschäftspartner ein Journal aus, das 112 Seiten umfassen und Holzschnitte von «erster künstlerischer Qualität» enthalten sollte. Die zu erwartende Auflage betreffend schrieb Poe: «… unter gewissen Umständen würde ich mich für 20 000 verbürgen».

Poe muss sich klar gewesen sein, dass er als Südstaatler in den Neuenglandstaaten wenig Aussicht auf Erfolg haben würde, zumal er sich dort in Verruf gebracht hatte. So sah er seine potenziellen Subskribenten vor allem im Westen und Süden. Subskribenten zu gewinnen scheint denn auch der Hauptgrund gewesen zu sein, weshalb er sich nach dem 16. Juni – dem letzten Datum, zu dem er mit Sicherheit noch in Fordham war – auf eine Reise nach Süden begab, um dort bei alten Bekannten vorzusprechen. Seine erste aktenkundige Station war Philadelphia, wo er Anfang Juli eintraf und sich so betrank, dass er, von Verfolgungswahn gepeinigt, bei John Sartain, dem Herausgeber des *Union Magazine*, Zuflucht suchte. Sartain berichtete vierzig Jahre später, dass Poe wegen Trunkenheit ins Moyamensing-Gefängnis eingeliefert worden sei, wo man ihn wieder freiließ, nachdem man in ihm «*Poe, the poet*» erkannt habe. Danach sei Poe von der Wahnvorstellung besessen gewesen, dass seine Verfolger ihn gezwungen hätten zuzuschauen, wie sie seine Mutter – d.h. Muddy – zerstückelten. Um ihnen unerkannt zu entkommen, habe er Sartain gebeten, ihm den Schnurrbart abzuschneiden. Dass Sartain dies getan haben will, kann nicht stimmen; denn wenige Tage später tauchte Poe in Richmond mit dem früheren Schnurrbart auf, wie auf den dort aufgenommenen Daguerreotypien zu sehen ist. Am 7. Juli schrieb Poe aus Philadelphia einen verzweifelten Brief an Muddy, worin er sagt, er sei schwer krank gewesen und habe vermutlich die Cholera gehabt. Dann schreibt er weiter:

Ich muss sterben. Ich habe keinen Wunsch mehr zu leben, nachdem ich ‹Eureka› geschaffen habe. Ich könnte nichts mehr zustande bringen.

Er gesteht Muddy aber auch, dass er sich sehr betrunken habe und fügt hinzu: «Es war wegen Virginia.»

Zum Glück hatte Poe in Philadelphia gute Freunde, darunter den Romanautor George Lippard, und Charles C. Burr, den Herausgeber von *Nineteenth Century*. Sie versorgten ihn mit dem Allernötigsten und gaben ihm Geld für die Weiterreise nach Richmond. Dort traf er am 14. Juli ein und schrieb noch am Abend einen Brief an Muddy, in dem er erneut zum Ausdruck brachte, wie krank er sich fühle. Außerdem erwähnte er, dass er in Philadelphia seinen Koffer verloren habe, der erst nach zehn Tagen wieder aufgetaucht sei, doch ohne die Manuskripte, die er für seine geplanten Vorträge brauchte. Sein Brief schließt mit den Sätzen:

Ich kam hier an mit zwei Dollar – einen davon lege ich für dich bei. Oh Mutter, meine Mutter, werden wir uns jemals wiedersehen? Wenn möglich, KOMM! Meine Kleider sind *schrecklich*, und ich bin so *krank*. Oh, wenn Du kannst, komm zu mir, meine Mutter. Schreibe sofort – oh, säume nicht. Gott segne Dich auf immer. Eddy.

Von diesem Tage an bis zu Poes Tod am 7. Oktober drängen sich die Ereignisse samt den später über ihn kolportierten Gerüchten zu einem tragischen Finale zusammen. Von der tiefen Depression und den physischen Krankheitssymptomen scheint er sich erstaunlich schnell erholt zu haben. In Richmond bezog er in der Swan Tavern ein bescheidenes Quartier und begann von dort aus, alte Kontakte wiederaufzunehmen. Da er als berühmter Sohn der Stadt angesehen wurde, fehlte es nicht an Einladungen, die er anfangs nicht wahrnehmen konnte, da er keine angemessene Kleidung hatte. Zum Glück fand er aber in seiner Post einen Brief von Patterson, der 50 Dollar Startgeld für den *Stylus* enthielt. Damit konnte er sich neu einkleiden, so dass er nun für die bessere Gesellschaft und für die geplanten Vorträge präsentabel war. Wie vollständig er sich in wenigen Wochen vom zerlumpten Trinker zur charismatischen Dichtergestalt wandelte, geht aus einer Beschreibung hervor, die die 27-jährige Susan Archer Talley, eine Verwandte von Poes einstiger Pflegemutter, später zu Papier brachte:

Als ich den Salon betrat, saß Poe nahe dem offenen Fenster, in ruhigem Gespräch. Seine Haltung war entspannt und anmutig, mit einem Arm über der Stuhllehne. Sein dunkel gelocktes Haar vor von seiner breiten Stirn nach hinten gestrichen – wie er es gewöhnlich trug. Bei seinem Anblick machte er auf mich den Eindruck eines kultivierten, vornehmen und ritterlichen Gentleman. Ich benutze das Wort «ritterlich», um etwas in seiner Persönlichkeit exakt zu bezeichnen, was sich von bloßem Schliff und vornehmer Erziehung unterscheidet und was, obwohl es unmittelbar in Erscheinung tritt, zu subtil in seiner Wirkung ist, als dass es sich anders beschreiben ließe. Er erhob sich bei meinem Eintreten und blieb, da andere Gäste bei ihm waren, mit der Hand auf der Stuhllehne stehen, in Erwartung meines Grußes. So würdevoll war sein Betragen, so reserviert sein Ausdruck, dass ich ein unwillkürliches Zurückschrecken empfand, bis ich mich zu ihm wandte und sah, wie seine Augen plötzlich aufleuchteten, als ich ihm die Hand gab; eine Barriere zwischen uns schien hinwegzuschmelzen, und ich hatte das Gefühl, dass wir einander nicht mehr fremd waren. Ich bin so genau in der Beschreibung meiner ersten Begegnung mit Poe, weil ich, falls das überhaupt möglich ist, illustrieren will, was die ihm eigene Haltung und seinen unbeschreiblichen Charme ausmacht; ich könnte es auch Magnetismus nennen, was seinen Blick vor dem aller anderen, die ich jemals gesehen habe, auszeichnete.

Irgendwann um diese Zeit muss Poe auch seiner Jugendliebe Sarah Elmira Royster, verwitwete Shelton, wiederbegegnet sein. Da Elmira am 22. September einen Brief an Muddy schrieb, aus dem recht deutlich hervorgeht, dass sie Poe heiraten werde, muss es in der Zeit von Ende Juli bis Mitte September zu einer rasch enger werdenden Beziehung gekommen sein. Manche Biographen vermuten zwar, dass Poe die Beziehung schon im Jahr davor bei seinem Kurzbesuch in Richmond aufgenommen habe, doch aus einem Brief, den Elmira am 11. Dezember 1848 an ihren Cousin Dr. Fitzhugh schrieb, ist zu schließen, dass sie Poe zu der Zeit noch nicht getroffen hatte.

Am 17. August hielt Poe im Konzertsaal des Exchange Hotels in Richmond seinen ersten Vortrag, der in der lokalen Presse als Ereignis gebührend gewürdigt wurde. Es war der Vortrag *The Poetic Principle*, den er schon am 20. Dezember 1848 in Providence vor zweitausend Zuhörern gehalten hatte. Ob das verlorene Manuskript dazu wieder aufgetaucht war oder ob Poe den Text neu geschrieben hat, ist nicht bekannt. Wie bei früheren Gelegenheiten machte er auch diesmal den größten Eindruck nicht mit den vorgetragenen Gedanken, sondern mit der Deklamation der eingestreuten Gedichte. Die meisten Zuhörer bewunderten seine musikalische Rezitation. Am 14. September wiederholte er den Vortrag in Norfolk vor kleinerem Publikum und danach noch einmal am 24. September in Richmond. Auch wenn das Auditorium nicht so groß war wie in Providence, bedeuteten die Honorare für Poe eine große finanzielle Hilfe.

Wie schnell sich Poe und Elmira in diesen Wochen einig wurden, wissen wir nicht. Elmira hat aber 36 Jahre später ihr erstes Wiedersehen mit Poe in einem Interview so beschrieben:

Ich hatte mich gerade zum Kirchgang fertig gemacht, als ein Diener meldete, dass mich ein Herr im Empfangszimmer zu sehen wünsche. Ich ging hinunter und sah zu meiner Überraschung ihn – ich erkannte ihn sofort. Er kam mir äußerst enthusiastisch entgegen und sagte: «Oh, Elmira, bist du es?» An diesem Morgen sagte ich ihm, ich sei auf dem Wege zur Kirche und ich würde mich davon durch nichts abbringen lassen, weshalb er ein andermal wiederkommen solle. Er tat es und erneuerte seine Werbung. Ich lachte darüber; er sah sehr ernst aus und sagte, es sei ihm ernst und er habe darüber lange nachgedacht. Mir wurde klar, dass er es ernst meinte, und da wurde auch ich ernst. Ich sagte ihm, wenn er eine definitive Absage vermeiden wolle, müsse er mir Bedenkzeit geben. Und er sagte, Liebe, die zögert, sei für ihn keine Liebe. Er blieb eine Zeitlang da und war sehr angenehm und heiter. Er fuhr fort, mich regelmäßig zu besuchen, aber ich verlobte mich ihm nicht. Als er ging, bat er mich, ihn zu heiraten. Er versprach alles zu tun, was ich von ihm wünsche. Er sagte bei seiner Abreise, dass er nach New York gehe, um seine Geschäfte zu regeln, und dass er nach Richmond zurückkommen werde, sobald das erledigt sei, obwohl er zur gleichen Zeit sagte, er habe eine Vorahnung, dass er mich nie mehr wiedersehen werde.

Als Elmira in dem Interview gefragt wurde, ob sie mit Poe zum Zeitpunkt seines Todes verlobt gewesen sei, antwortete sie ausweichend. Offensichtlich wollte sie einerseits ihr moralisches Ansehen nicht mit dem fragwürdigen Ruf des toten Dichters beflecken, andererseits wollte sie aber wohl auch nicht die Beziehung bestreiten, durch die sie selber in die Literaturgeschichte eingehen würde. An der Ernsthaftigkeit der Heiratsabsichten auf beiden Seiten gibt es jedenfalls keinen Zweifel. Poe scheint bereits Ende August dazu entschlossen gewesen zu sein. Dass er, nachdem er zuvor mindestens zweimal rückfällig geworden war, am 27. August einer Vereinigung von Antialkoholikern, den *Sons of Temperance*, beitrat, lässt vermuten, dass Elmira, wie vorher bereits Helen, strenge Abstinenz zur Bedingung einer Verbindung mit ihm gemacht hatte. Weshalb sie überhaupt in eine Ehe mit ihm einzuwilligen bereit war, ist nicht leicht nachzuvollziehen. Wieder aufgeflammte Jugendliebe scheint es nicht gewesen zu sein. Wahrscheinlicher ist, dass die geistig interessierte und belesene 38-Jährige vom Glamour des berühmten Dichters angezogen wurde und sich plötzlich ihrer intellektuellen Verkümmerung und der Aussicht auf ein langweiliges Witwendasein bewusst geworden war. Um dem zu entgehen, war sie bereit, ein nicht geringes finanzielles Opfer zu bringen; denn das Testament ihres verstorbenen Gatten bestimmte, dass sie im Falle einer Wiederheirat nur noch ein Viertel der Nettoerträge seines hinterlassenen Vermögens von ca. 100 000 Dollar bekommen sollte, die übrigen drei Viertel würden den beiden Kindern und das Vermögen selbst nur dem erst 10-jährigen Sohn zufallen.

Abb.21   Sarah Elmira Shelton.
Daguerreotypie (ca. 1855)

Auch auf Poes Seite wird man kaum wirkliche Verliebtheit annehmen können. Selbst wenn Elmira in Wirklichkeit mehr von ihren einstigen Reizen bewahrt haben sollte, als auf dem sechs Jahre später entstandenen, streng puritanischen Porträtfoto (Abb. 21) zu erkennen ist, wird sie in seinen Augen keinen Vergleich mit Virginia oder Annie ausgehalten haben. Doch offensichtlich suchte er jetzt nicht mehr nach der idealisierten Frau, sondern nur noch nach einem Rettungsanker, der seinem Leben Halt gab. Bei Muddy fand er mütterliche Behütung, bei einer Ehefrau aber hoffte er auf Anerkennung als Mann. Im Falle von Elmira kam außerdem die Vaterrolle hinzu, die er gegenüber ihren beiden minderjährigen Kindern hätte einnehmen müssen. Als er am 26. September nach New York aufbrach, um dort seine Geschäfte zu regeln, waren alle seine Bekannten in Richmond überzeugt, dass zwi-

*Abb.*22   *Seitenberichtigte Fotografie der letzten Daguerreotypie,*
die Anfang September 1849 aufgenommen wurde

schen ihm und Elmira die Heirat beschlossene Sache sei. Susan Talley,
die den Abend vor seiner Abreise in seiner Gesellschaft verbrachte, gab
einen detaillierten Bericht über ihr letztes Beisammensein. Darin heißt
es:

Er erklärte, dass die letzten Wochen in Gesellschaft alter und neuer Freunde die glücklichsten gewesen seien, die er seit vielen Jahren erlebt habe. ... Im Laufe des Abends zeigte er mir auch einen Brief von seinem ‹Freund, Dr. Griswold›, der auf einen Brief Poes antwortete, worin dieser ihn gebeten hatte, im Falle seines plötzlichen Todes seinen literarischen Nachlass zu verwalten. In seiner Antwort nahm Dr. Griswold den Auftrag an und erklärte, er fühle sich dadurch sehr geschmeichelt, was er im Ton freundschaftlicher Wärme und Anteilnahme schrieb. ...

Wir standen im Säulengang; dann, nach einigen Schritten, hielt er inne, drehte sich um und hob den Hut zu einem letzten Adieu. In diesem Moment erschien ein heller Meteor direkt über seinem Kopf am Himmel und verschwand nach Osten. Wir kommentierten das Ereignis lachend; doch später erinnerte ich mich mit Trauer daran.

Am 26. September nahm Poe das Schiff nach Baltimore, von wo er mit der Bahn weiter nach Philadelphia und New York reisen wollte. In Philadelphia hatte ihm der reiche Fabrikant John Loud 100 Dollar für die Herausgabe der Gedichte seiner Frau geboten, ein Geschäft, das Poe bei dieser Gelegenheit besiegeln wollte. Wie lange er sich dort aufhielt, ist unbekannt, ebenso, weshalb er von dort nicht weiter nach New York, sondern zurück nach Baltimore reiste. Aus einer, allerdings unsicheren, Quelle scheint hervorzugehen, dass er in Philadelphia bei Freunden unterkam und sich dort wieder krank fühlte. Ob er danach versehentlich in den Zug nach Baltimore statt in den nach New York stieg, ist nur eine der vielen Vermutungen, die das Rätsel seiner letzten Tage zu lösen versuchen. Jedenfalls fand ihn Jos. W. Walker, ein Setzer der *Baltimore Sun*, am 3. Oktober in hilflosem Zustand vor einem Wahllokal der gerade stattfindenden Kongresswahlen in Baltimore. Walker bekam von Poe die Adresse von dessen Freund Dr. J.E. Snodgrass und schickte diesem die folgende Nachricht:

Sehr geehrter Herr, hier ist ein Herr, in schlimmem Zustand, vor Ryans Wahllokal im 4. Bezirk, der sich Edgar E. Poe nennt und in großer Not zu sein scheint. Er sagt, er sei mit Ihnen bekannt, und ich versichere Ihnen, dass er dringend Hilfe braucht.

Der Ihre, in Eile   Jos. W. Walker

Als Dr. Snodgrass den Dichter fand, musste er feststellen, dass diesem offensichtlich die Kleider genommen und gegen sehr schäbige ausgetauscht worden waren. Inzwischen war als weiterer Helfer Henry Herring, der Ehemann von Poes Tante Elizabeth, herbeigerufen worden. Snodgrass und Herring brachten Poe, der sie nur mit stumpfem Blick ansah, in das Washington College Hospital, wo sich Dr. Moran seiner annahm. Dort verfiel Poe in ein heftiges Delirium, aus dem er nicht mehr erwachte. Am 7. Oktober begann er laut den Namen Reynolds zu rufen. Man nimmt an, dass er den Autor meinte, dem er die Stoffquellen für seine Erzählung *MS. Found in a Bottle* und *Arthur Gordon Pym* verdankte. Ob er die Wahnvorstellung hatte, wie der Erzähler der erstgenannten Geschichte in einen malstromartigen Strudel hinab gezogen zu werden, oder ob er am Rande des Todes die Vision jener weißen Gestalt hatte, die am Schluss von *Pym* aus dem Südpol hervor steigt, den Reynolds als Öffnung zum Erdinneren hin beschrieben hatte, lässt sich nur mutmaßen. Dann, gegen fünf Uhr morgens, flüsterte er noch «Gott helfe meiner armen Seele» und starb.

Über das, was zu diesem unerwarteten Absturz führte, gibt es die unterschiedlichsten Theorien. Die nächstliegende ist die eines Rückfalls in die Alkoholsucht. Aber weshalb sollte er der Versuchung gerade zu einem Zeitpunkt nachgegeben haben, wo sich bei ihm alles zum Besten zu wenden schien? Er war mit einer wohlhabenden Frau verlobt, hatte einen Geldgeber für seine Zeitschrift und war zwei Monate lang in seiner Heimatstadt von der Woge seines Dichterruhms getragen worden. Doch wie bei früheren Situationen ähnlicher Art – als er sich die gute Stellung am *Southern Literary Messenger* verscherzte, als er später seine Fürsprecher bei der Bewerbung um einen Regierungsposten in Washington verprellte und zuletzt kurz vor der ersehnten Heirat mit Helen – waren es rätselhafterweise immer die Lichtblicke in seinem Leben, die den «Kobold des Perversen» aus ihm herauslockten. Was war geschehen?

Sofern er nicht seine gute Kleidung in einer Spelunke gegen Schnaps eingetauscht hatte, bleibt als Erklärung nur, dass er ausgeraubt wurde. Vielleicht hatte er mit den 100 Dollar von Mr. Loud in der Kneipe geprahlt. Eine andere Vermutung geht dahin, dass er – wie es in der Frühzeit der USA durchaus vorkam – von Stimmenfängern betrunken gemacht und dann zur Wahl eines bestimmten Kandidaten gezwungen wurde. Schließlich bleibt noch die Theorie, dass Poe auf Grund einer Gehirnerkrankung zu Bewusstseinsstörungen neigte. Eine solche krankhafte Disposition wird von manchen Biographen auch als Grund dafür angeführt, dass Poe schon nach einem Glas Wein die Kontrolle über sich selber verlor. Psychologisch am leichtesten nachzuvollziehen wäre eine Erklärung, für die es ansonsten keine Anhaltspunkt gibt, nämlich die, dass er sich nach seiner Abreise aus Richmond plötzlich bewusst wurde, dass er im Begriff war, eine Frau zu heiraten, von der er sich weder angezogen fühlte wie von Annie, noch für die er Achtung empfand wie für Helen. Er mag sich wie ein Gefangener in einem selbstgesponnenen Netz gefühlt haben und hat dann vielleicht in hilfloser Verzweiflung Trost im Alkohol gesucht. Wenn man aber die Daguerreotypie sieht, die rund vier Wochen vor seinem Tode aufgenommen wurde und die ihn im Vollbesitz seiner Kräfte zeigt – oder zu zeigen scheint –, obwohl ein tiefer Absturz erst sechs Wochen zurücklag, ist schwer zu glauben, dass der Alkohol die Todesursache gewesen sein soll (Abb. 22).

Einen Tag nach seinem Tode wurde Poe beerdigt. Nachdem Dr. Morans Frau für ein Leichenhemd gesorgt hatte, zahlte Henry Herring für den Mahagoniesarg und der Vetter Neilson Poe für den Leichenwagen. Weder Elmira noch Muddy noch die übrigen Freunde in Richmond, Lowell und New York waren informiert. Poe wurde auf der Familiengrabstelle beigesetzt, wo schon sein Bruder und sein Großvater lagen. Ein Grabmonument erhielt er erst 1875 auf Initiative des Lehrerverbands in Baltimore, wobei es vor allem die Lehrerinnen waren, die sich des verkannten Dichters annahmen. Bei dieser Gelegenheit wurden Poes Gebeine mit denen von Muddy vereint. Virginias sterbliche Überreste, die der frühe Poe-Biograph William F. Gill nach eigener Aussage bei der Auflassung ihres Grabes 1883 in Fordham buchstäblich von der Schaufel des Totengräbers gerettet haben will, wurden am 19. Januar 1885, dem 76. Geburtstag des Dichters, zu den seinen gelegt. Danach wurde das einst vernachlässigte und fast vergessene Grab in Baltimore mit der Zeit zur Wallfahrtsstätte einer langsam wachsenden Schar von Poe-Verehrern, auch wenn der Verehrte bis heute nicht das innerste Herz der Nation erreicht hat.

Nachrufe

Zwei Tage nach Poes Tod erschien in der *New York Tribune* Griswolds Nachruf, dessen erste Sätze bereits am Anfang dieses Buches zitiert wurden. Ihr frostiger Ton geht bald in Häme über, wenn der Mann, den Poe zu seinem Nachlassverwalter bestimmt hatte, genüsslich die Armut des Verstorbenen schildert. Den Gipfel der Niedertracht erreicht Griswold, als er, um die Verleumdung ein wenig zu verschleiern, Poe mit der Figur des Francis Vivian aus Bulwer-Lyttons Roman *The Caxtons* vergleicht und daraus das folgende, mit drei geringfügigen Ausnahmen wörtliche Zitat bringt:

> Man durfte ihm nicht widersprechen, ohne sogleich seinen Zorn hervorzurufen; man durfte ihm gegenüber nicht von Reichtum sprechen, ohne dass seine Wangen blass vor Neid wurden. Die erstaunlichen natürlichen Vorzüge dieses armen Jungen – seine Schönheit, seine schnelle Auffassungsgabe, der kühne Geist, der ihn wie eine feurige Atmosphäre umwehte – hatten seine angeborene Selbstsicherheit zu einer Arroganz gesteigert, die selbst die ihm gebührende Bewunderung in Vorurteile gegen ihn verwandelte. Jähzornig, neidisch, schlimm genug, doch noch nicht das schlimmste; denn diese hervorstechenden Ecken und Kanten waren von einem kalten, abstoßenden Zynismus überzogen, seine Leidenschaft machte sich Luft in Hohn und Verachtung. Er schien keinerlei moralische Empfindlichkeit zu kennen; und was noch bemerkenswerter an dieser stolzen Natur war, er hatte wenig oder gar keinen Sinn für Ehre. Er hatte, in morbidem Überfluss, jenes Verlangen nach Aufstieg, das vulgär als Ehrgeiz bezeichnet wird, aber ihm fehlte der Wunsch nach Achtung und Liebe seitens seiner Artgenossen. Er kannte nur das harte Verlangen, erfolgreich zu sein, nicht zu leuchten und zu dienen – nur erfolgreich zu sein, um das Recht zu haben, die Welt zu verachten, die seinen Eigendünkel verletzte.

Dieser ehrabschneiderische Nachruf, den Griswold später wiederholte und in der von ihm betreuten Werkausgabe des Dichters zu einem biographischen Abriss ausweitete, war nicht die einzige Äußerung, die am 9. Oktober in der amerikanischen Presse zu Poes Tod erschien. In ganz anderem Ton ist gehalten, was im New Yorker *Journal of Commerce* stand.

> Wenige Männer reichen an ihn heran. Er hatte einen Status unter unseren Dichtern und Prosaautoren, der ihm den Neid vieler und die Bewunderung aller einbrachte. Sein Leben war ein ereignisreiches und stürmisches, und wenn sich einmal einer findet, seine Geschichte zu erzählen, dann wagen wir vorauszusagen, dass deren einfache Wahrheit spannender sein wird als die meisten Romane. … Sein Herz war, wie es scheint, durch die Erfahrungen seines Lebens verbittert und seine Hand hart gegen jedermann. Deshalb ist er als strenger Kritiker bekannter als durch alles andere. Doch Mr. Poe hatte ein warmes und edles Herz, wie die bezeugen können, die ihn am besten kannten.

In den Tagen darauf folgten weitere verständnisvolle, freundliche und teilweise rühmende Nachrufe, von denen hier nur einige in Auszügen vorgestellt werden sollen. Am 13. Oktober setzte Poes Freund, der angesehene Dichter N.P. Willis, eine kurze Notiz in das *Saturday Museum*, worin Poes Tod angezeigt und der Dichter als «Mann von Genie und bemerkenswerter Kraft» bezeichnet wird. Fünf Tage später ließ Willis im *Home Journal* einen längeren Nachruf folgen. Darin schreibt er:

> Doch es gibt noch andere, anrührendere und überzeugendere Beweise für die Güte in ihm. Um sie zu enthüllen, sind wir genötigt, den Schleier, den die Achtung über Leid und verfeinerte Armut legt, zu lüften.

Dann gibt er eine in der Tat anrührende Beschreibung all dessen, was Mrs. Clemm in selbstloser Aufopferung für Poe getan hat, und schreibt zuletzt:

> Wenn die Hingabe einer Frau, geboren aus erster Liebe und genährt von menschlicher Leidenschaft, ihren Gegenstand heiligt, was zu sagen erlaubt ist, was kann dann erst eine Hingabe wie diese hier – rein, uneigennützig und heilig wie das Wächteramt eines unsichtbaren Geistes – für denjenigen tun, der sie inspirierte?

Aus Willis' Worten könnte man herauslesen, dass er das Heiligenbild von Mrs. Clemm nur deshalb entwirft, weil er über Poe nichts vergleichbar Gutes sagen kann. Uneingeschränkt positiv ist dagegen das, was Henry B. Hirst, Poes Freund aus der Zeit in Philadelphia, am gleichen

Tag, dem 20. Oktober, in dem von McMakin herausgegebenen *Model American Courier* schreibt:

> Edgar A. Poe ist nicht mehr. Wir kannten ihn gut, vielleicht besser als irgendein Lebender, und liebten ihn, trotz seiner Schwächen. Er war ein Mann von großem und originellem Genie; doch der erhabene *afflatus*, der ihn über seine Mitmenschen erhob, machte ihn zugleich zur leuchtenden Zielscheibe für die verdeckten und offenen Angriffe seiner Rivalen, ... Poe hatte seine Fehler – wer hat sie nicht? Niemand von uns ist unfehlbar; und hätten seine Umstände seinem Genie und seinem Ehrgeiz entsprochen, er wäre als ein allgemein geachteter großer Mann gestorben. ... Armer Poe! Stunde um Stunde haben wir seinen wunderbaren Abstraktionen gelauscht, verströmt mit einer Stimme, so bemerkenswert in ihrer Intonation, dass ihr Klang etwas Außerordentliches hatte. Er war unglücklich in jedem Sinn des Wortes. Während erbärmliche Autoren mit noch erbärmlicheren Liebesgeschichten und winselnden Liebesgedichten sich bei den Magazinen unserer Tage eine goldene Nase verdienen, war er selten imstande «einen Artikel zu verkaufen», und litt ständig unter dem eisernen Griff der Not, obwohl die brillanten Blitze seines Genies begierig, doch vergeblich, vom Publikum verlangt wurden. ... Zwei Jahre lang sahen wir ihn zwei- bis dreimal täglich. Wir saßen Nacht für Nacht als willkommener Gast an seinem oft mager gedeckten Tisch, doch wenn das Glück ihm lachte, tischte er reichlich auf. In der ganzen Zeit, während unserer ganzen Bekanntschaft, haben wir nie gehört, dass er gegen irgendjemand einen persönlichen Groll zum Ausdruck brachte, nicht einmal in den schwärzesten Stunden seiner Armut.

Selbst Longfellow, der allen Grund gehabt hätte, Groll gegen Poe zu hegen, äußerte sich mit der ihm eigenen Noblesse. Er tat es nicht direkt, sondern in einem Brief an John R. Thompson, den Herausgeber des *Southern Literary Messenger*. Thompson zitiert daraus in dem Nachruf, den seine Zeitschrift im November des Jahres brachte:

> Was für ein melancholischer Tod ist der von Mr. Poe – ein Mann so reich mit Genie begabt! Ich habe ihn nie persönlich kennengelernt, aber ich habe immer hohe Wertschätzung für sein Vermögen als Prosaautor und Dichter empfunden. Seine Prosa ist bemerkenswert kraftvoll, direkt und doch reich; und seine Verse haben einen besonderen Charme der Melodie, eine Atmosphäre wahrer Dichtung, die sehr gewinnend ist. Das Harsche seiner Kritik habe ich immer nur der Irritation seiner sensiblen Natur zugeschrieben, die sich an einem undefinierten Gefühl von Falschheit wundrieb.

Eine direkte Replik auf Griswolds Verleumdung hatte Poes Freund Lambert Wilmer nach eigener Angabe in einer Zeitung in Philadelphia publiziert. Überliefert ist aber nur der Nachdruck seines Aufsatzes in seinem Buch *Our Press Gang* (1860). Darin attackiert er Griswold mit äußerster Schärfe und erklärt, dass Poe, sowohl moralisch wie intellektuell, seinem Verleumder unendlich überlegen sei. Eine ausgewogenere, gründlichere und umfassendere Auseinandersetzung mit Griswold brachte Poes einstiger Verleger George Graham im März 1850 in seiner Zeitschrift. Es ist ein Loblied auf Poe mit einem vernichtenden Urteil über Griswold. Die Liste derer, die sich für Poe ins Zeug warfen, ließe sich noch um weitere prominente Namen verlängern. Ihr Urteil fasst ein Artikel zusammen, den Charles Chauncey Burr, der Poe 1849 bei seinem Fehltritt in Philadelphia auf die Beine half, in seiner Vierteljahresschrift *The Nineteenth Century* im Februar 1852 veröffentlichte. Darin schreibt er:

Poe war unzweifelhaft der größte *Künstler* unter den modernen Autoren; und es ist sein meisterhaftes Geschick als Künstler, was zu den Irrtümern über die Qualitäten seines Herzens geführt hat. Jene Perfektion des Horrors, von der seine Werke überquellen, ist unberechtigterweise dem Manne selbst als moralischer Makel zugeschrieben worden. Aber ich verstehe nicht, wie kompetente Kritiker einem solchen Irrtum erliegen konnten. Von allen Autoren, antiken wie modernen, hat Poe in seinen Werken von sich selbst am wenigsten offenbart. *Er schrieb als Künstler.* Er sah intuitiv, was Schiller so treffend beschrieb, nämlich das universale Phänomen in unserer Natur, dass das Traurige, Furcherregende, selbst das Schreckliche uns mit unwiderstehlichem Zauber anzieht. Er verfolgte dieses allgemeine psychologische Gesetz durch die subtilen Windungen in den geheimnisvollen Kammern unseres Wesens, so wie es nie einer zuvor getan hatte, bis er am Abgrund des Zentrums stand, als alleiniger Meister seiner Effekte.

Eigenartig, doch für Poes Stellung in Amerika bezeichnend ist die Tatsache, dass die Phalanx seiner Befürworter sich aus einer stattlichen Zahl hoch angesehener Autoren zusammensetzte, während auf der anderen Seite nur Griswold stand, allenfalls noch der eine oder andere kleine Moralprediger. Dennoch hat sich im Urteil der literarischen Öffentlichkeit der USA nicht das Lob der Phalanx, sondern der Tadel des missgelaunten Verleumders festgesetzt. Daran konnten in den Jahren danach auch weitere Verteidiger nichts ändern. Selbst Sarah Helen

Whitman, die einst ihr Ja-Wort zurückgezogen hatte, weil sie nicht länger auf Poes moralische Festigkeit vertraute, und die aus eben diesem Grunde als authentische Zeugin hätte gelten müssen, konnte mit ihrem Buch *Edgar Poe and His Critics* (1860) an dem negativen Bild nichts ändern.

Bezeichnend ist auch, dass die erste, von einem Poe-Bewunderer betreute Werkausgabe nicht von einem Amerikaner, sondern von einem Briten stammt. John H. Ingram machte es sich zur Lebensaufgabe, den bösen Geist Griswold aus der Poe-Welt auszutreiben, und er trug zu diesem Zweck alle auffindbaren Dokumente über den Dichter zusammen. Diese Materialsammlung wurde zum Grundstock für die spätere Poe-Forschung. Doch weder die Dokumente noch Ingrams Poe-Biographie, die er in Kurzform der Werkausgabe (1874–75) voranstellte und 1880 in einer zweibändigen Langfassung herausbrachte, vermochten die latente Ablehnung des Dichters seitens des amerikanischen Publikums zu überwinden. Noch heute klingt in den USA in den meisten populären Äußerungen über den Dichter die Kritik an seiner Moral und ein grundsätzlicher Zweifel am gesunden Wert seiner Dichtung durch.

Muddy

D as Loblied, das Willis in seinem Nachruf auf Poes guten Geist Muddy sang, war zweifellos verdient; denn ohne ihre selbstlose Fürsorge hätte der Dichter sein tägliches Leben nicht bewältigen können. Es dürfte aber auch wenige Männer geben, die an ihrer Schwiegermutter mit so inniger, unverbrüchlicher, durch und durch kindlicher Liebe gehangen haben wie er an ihr. Sie war für ihn Haushälterin, Ratgeberin, Beichtmutter und Agentin in einer Person, ohne dass sie dafür irgendeinen Lohn erwarten konnte. Anders als Poes sonstige Verehrerinnen schien sie nicht das Bedürfnis zu haben, sich im Ruhm des prominenten Dichters zu sonnen. Allem Anschein nach hatte sie ihn einfach nur in ihr Herz geschlossen und hielt ihm die Treue bis zuletzt. Von seinem Tod erfuhr sie erst am Tag nach seiner Beerdigung. Gleich darauf übergab sie Griswold, wie Poe es ihr aufgetragen hatte, die Vollmacht zur Herausgabe seiner Werke. Als sie später dessen verleumderischen Nachruf las, war sie schockiert.

Der nächste Schlag traf sie, als ein Anwalt Poes geistig behinderte Schwester Rosalie dazu überredete, Erbschaftsansprüche geltend zu machen. Juristisch war Rosalie in der Tat die einzige Erbin, da Poe kein Testament hinterlassen hatte; und so bedurfte es diplomatischer Verhandlungen, um wenigstens die Herausgabe seiner Werke nicht zu behindern. Von deren Verkauf fiel für Muddy außer einigen Freiexemplaren nichts ab. Zunächst blieb sie auf Zuwendungen anderer Menschen angewiesen, wobei Annie und ihr Ehemann sich besonders großzügig erwiesen. Zuletzt kam sie dann doch noch in den Genuss eines kleinen Besitztums, als sich herausstellte, dass ihr Mann im Krieg gegen England als Ersatz für Sold ein Stück Land von der Regierung

*Abb.*23 *Maria Clemm (*«*Muddy*»*).*
*Daguerreotypie (*1849*)*

bekommen hatte. Sie ließ das Grundstück durch ihren Neffen, den Juristen Neilson Poe, verkaufen und den Erlös für sie verwalten. Danach lebte sie bis ins hohe Alter von 81 Jahren, wechselte mehrfach den Wohnort und kam schließlich in einem kirchlichen Heim in Baltimore unter, wo sie am 16. Februar 1871 starb. Es mutet wie ein makabrer Einfall Poes an, dass dieses Heim ausgerechnet im Gebäude des einstigen Washington Medical College untergebracht war, in dem er starb. Auf ihren Wunsch hin wurde sie neben ihrem Schwiegersohn begraben.

Porträts

Obwohl Poes Gesicht zu den bekanntesten der amerikanischen Literatur des 19. Jahrhunderts zählt, existieren von ihm nur wenige Porträts, deren Authentizität verbürgt ist. Als gesichert gelten das Aquarell, das A.C. Smith 1843 oder 1844 anfertigte, und das Ölporträt, das der Kunstmaler und Ehemann von Poes Freundin Fanny, Samuel S. Osgood, vermutlich 1845 schuf. Das Aquarell, das als Stahlstich von Thomas B. Welch und Adam B. Walter im Februar 1845 in *Graham's Magazine* erschien, gefiel Poe in der Reproduktion ein wenig besser als im Original, doch fand er, dass es ihm kaum ähnlich sehe (Abb. 8). Osgoods Ölporträt diente dem Graveur John Sartain als Vorlage für eine Mezzotint-Reproduktion, die 1850 im ersten Band der von Griswold besorgten Werkausgabe als Frontispiz erschien und damit für zwei Jahrzehnte das Standardporträt des Dichters war (Abb. 24). Eingeschränkte Authentizität wird einem Aquarell von John McDougall, vermutlich aus dem Jahr 1846, zugeschrieben, das erst 1910 auftauchte.

Außer den drei gemalten Porträts sind noch acht Daguerreotypien bekannt. Diese 1837 von dem Franzosen Louis Daguerre erfundene fotografische Technik, die 1839 nach Amerika kam, unterscheidet sich von der späteren Fotografie dadurch, dass das Objekt direkt auf eine lichtempfindliche Platte gebannt wird, ohne dass ein Negativ dazwischengeschaltet ist, was bedeutet, dass alle Daguerreotypien seitenverkehrte Unikate sind. Von den acht Daguerreotypien sind heute fünf verschol-

EDGAR A. POE.

Engraved by J.Sartain from the Original picture in the Collection of R.W.Griswold

Abb.24   Poe. Stahlstich von John Sartain (1849) nach dem Ölporträt von Samuel S. Osgood (ca. 1845). Frontispiz der ersten Gesamtausgabe von Poes Werken (1850)

len und nur in Reproduktionen überliefert. Die früheste ist die am wenigsten bekannte und zugleich die befremdlichste, da sie den übrigen Porträts kaum ähnlich sieht. Sie entstand vor 1843 und war die Vorlage für den Holzschnitt, der im März 1843 im *Philadelphia Saturday Museum* zusammen mit der ersten publizierten Kurzbiographie des Dichters erschien (Abb. 7). Die bekannteste der erhaltenen Aufnahmen ist die aus dem Besitz von Sarah Helen Whitman, die am Tage ihrer Verlobung mit Poe gemacht wurde und offenbar als Verlobungsgeschenk gedacht war (Abb. 18). Sie liegt den Reproduktionen zugrunde, die durch die Firma Coleman & Remington als Fotos verbreitet wurden. Robert Anderson fertigte danach einen Stahlstich an, der als Frontispiz in der von John H. Ingram besorgten Werkausgabe das Osgood-Porträt als Standardbild ablöste.

Unter den verschollenen Originalaufnahmen ist die bekannteste die sog. «Ultima Thule»-Daguerreotypie. Man hat sie so nach einem Zitat aus Poes Gedicht «Traumland» genannt, weil man darin einen Ausdruck trotziger Verzweiflung am Rande des Todes zu sehen glaubte (Abb. 17). Die Aufnahme wurde vier Tage nach Poes Selbstmordversuch im November 1848 gemacht. Nach dieser Vorlage fertigte der talentierte Graphiker Timothy Cole einen Stich an, der im Mai 1880 in *Scribner's Monthly* 20 erschien und danach in zahlreichen Nachdrucken große Verbreitung fand. Für die meisten Poe-Liebhaber ist es das Bildnis, das am ehesten zum Charakter seines Werkes zu passen scheint.

Einen noch verzweifelteren, beinahe irren Gesichtsausdruck hat Poe auf den beiden weitgehend identischen Daguerreotypien, die vermutlich im Mai 1849 gemacht wurden. Eine davon war für «Annie» Richmond, die andere für «Stella» Lewis bestimmt. Nur die «Annie»-Daguerreotyie ist im Original erhalten, das sich im Paul Getty Museum befindet (Abb. 20).

Drei Wochen vor seinem Tod ließ Poe im Foto-Studio von William Abbott Pratt in Richmond noch einmal Daguerreotypien von sich anfertigen. Von den zwei, die durch Reproduktionen bekannt wurden, ist nur noch eine im Original erhalten. Diese, nach ihrem Besitzer als «Thompson»-Daguerreotypie bezeichnet, war die Vorlage für eine seitenberichtigte Fotografie, die George E. Woodberry dem zweiten Band seiner erweiterten Poe-Biographie von 1909 als Frontispiz voranstellte. Die Fotografie zeigt Poe, anders als das rund neun Monate früher entstan-

dene «Ultima Thule»-Porträt, als wachen, gesunden und tatkräftig
dreinblickenden Mann, von dem niemand geahnt hätte, dass er drei
Wochen später ein so trauriges Ende finden würde.
Poes äußere Erscheinung wird von Zeitzeugen unterschiedlich beschrieben. Die exaktesten Angaben machte er selber, als er sich um den
Militärdienst bewarb. Dort gab er seine Körpergröße mit 174 cm, die
Haarfarbe mit braun, die Augenfarbe mit grau und die Hautfarbe mit
hell an. Seinen schlanken, sportlichen Körper wird man sich als drahtig
vorstellen. Freunde und Bekannte betonten an seinem Gesicht immer
wieder die ungewöhnlich breite, allerdings fliehende Stirn. Trotzdem
wird sein Gesicht meist als schön, zumindest als interessant beschrieben. Das Wirkungsvollste an ihm waren seine ungewöhnlich großen
Augen und sein melodischer Bariton, mit dem er seine Zuhörer in Bann
schlagen konnte. Wenn er nach Alkoholexzessen seinen Mitmenschen
bleich und ramponiert erschien, hat er sich davon doch immer sehr
schnell erholt. Ein Beweis dafür ist die letzte Daguerreotypie, die wenige Wochen nach dem Absturz in Philadelphia gemacht wurde und auf
der er als ein Mann in den besten Jahren erscheint.

Von Poes Ehefrau ist nur ein einziges gesichertes Bild erhalten, ein
Aquarell, das unmittelbar nach ihrem Tode gemalt wurde (Abb. 10). Das
Porträt wurde offenbar unter Zeitdruck in Auftrag geben, als Poe und
Mrs. Clemm sich bewusst wurden, dass sie von Virginia kein Bildnis
hatten. Es blieb bis zu Mrs. Clemms Tod in ihrem Besitz. Eine zweite,
sehr schöne und anrührende Bleistiftzeichnung findet man in zahlreichen Büchern über Poe, wo sie als ein Porträt vorgestellt wird, das
Poe angeblich selber gemalt hat. Doch für die Authentizität des Bildes
gibt es keinen Beweis (Abb. 9). Das Gleiche gilt für eine Bleistiftzeichnung, die Poe von seiner Jugendliebe Sarah Elmira Royster angefertigt
haben soll. Die besten Kenner von Poes Hinterlassenschaft halten beide
Zeichnungen – und übrigens auch ein angebliches Selbstporträt – für
Fälschungen.

Von seiner Mutter besaß Poe nur die dilettantisch gemalte Miniatur,
die er wie einen Schatz hütete (Abb. 1). Nach Auskunft von Mrs. Shew
hatte er sie auf seiner letzten Reise bei sich, wobei er auf die Rückseite
einen Zettel geklebt haben soll mit dem Datum seiner Abreise und den
Worten: «Meine angebetete Mutter! E. A. Poe, New York».

Marie Louise Shew

Die Ehre, den biographischen Teil des Buches zu beschließen, soll die Frau haben, die sich aus keinem anderen Motiv als aus reiner Nächstenliebe um den Dichter und seine sterbende Frau kümmerte. Poe empfand für Mrs. Shew tiefe Dankbarkeit und moralische Hochachtung. Als er zuletzt hoffte, in der inzwischen Geschiedenen eine neue Lebenspartnerin zu finden, trieb er seine Werbung viel weniger stürmisch voran als bei Helen, Annie und Elmira. Loui war eine fromme, doch nicht frömmelnde Angehörige der Episkopalkirche, die unaufdringlich versuchte, Poe in ein moralisch gesundes, bürgerliches Leben zurückzuholen. Doch nach dem Erscheinen von *Eureka* klärte ein mit ihr befreundeter Theologiestudent sie darüber auf, welche unchristlichen pantheistischen Gedanken in dem Buch vertreten wurden, worauf sie Poe einen Trennungsbrief schrieb. Von Poe seinerseits ist ein letzter Brief an sie erhalten, dessen Datierung strittig ist. Nach einer Notiz von Mrs. Shews Hand wurde er nicht, wie meist angenommen, im Juni 1848, sondern ein Jahr später geschrieben. Darin bringt Poe in ehrerbietigem Ton zum Ausdruck, wie hoch er sie schätze und wie sehr es ihn bekümmere, dass sie sich von ihm zurückgezogen habe. Am Schluss schreibt er:

> Ich stelle Sie in meiner Wertschätzung – in aller *Feierlichkeit* – neben die Freundin meiner Jugend – die Mutter meines Schulfreunds, von der ich Ihnen erzählt habe; und ich sehe in Ihnen ... die treueste und sanfteste unter den weiblichsten Seelen dieser Welt und einen Engel für meine verlorene und verdunkelte Seele.

Falls die Datierung des Briefes richtig ist, schlägt dieser Vergleich mit Mrs. Stanard so kurz vor Poes Tod einen Bogen zurück zu seiner ersten und am stärksten idealisierten Liebe.

III

DICHTEN

GEGEN

DEN STROM

Poes Poetik

Wenn es um Poes Poetik geht, ist man versucht, mit dem Wortspiel ‹Poe-Tick› zu beginnen; kein anderer amerikanischer Dichter hat sein Schaffen so obsessiv mit poetologischen Reflexionen begleitet wie er. Schon seinem ersten Gedichtband, den er 1827 im Alter von achtzehn Jahren herausbrachte, schickte er ein Vorwort voraus. Allerdings lässt gleich der erste Satz wenig Vertrauen in die Wahrhaftigkeit des Dichters aufkommen; denn Poe behauptet darin, die Gedichte seien «größtenteils in den Jahren 1821 und 1822 geschrieben, zu einer Zeit also, als ihr Autor sein vierzehntes Lebensjahr noch nicht vollendet hatte». Tatsächlich war Poe 1821 aber erst zwölf Jahre alt, und selbst zwei Jahre später hatte er sicher noch keines der Gedichte fertig. Seine Karriere als kritischer Beobachter der eigenen poetischen Produktion beginnt also mit einer Selbstüberhöhung, der er später noch weitere folgen ließ.

Die erste substanzielle Äußerung zur Poetik publizierte er 1831 in dem «Brief an B.», der bereits ausführlich betrachtet wurde. Als er 1835 mit seiner Rezensionstätigkeit für den *Southern Literary Messenger* begann, bot sich ihm die Möglichkeit, in ausführlichen Buchbesprechungen von bis zu 50 Seiten Länge seine eigene Dichtungstheorie zu entwickeln. Dabei zeichneten sich frühzeitig die Konturen einer Wirkungspoetik ab, für die «Einheit des Effekts», formale Schönheit und die Kraft der Imagination die zentralen Wertvorstellungen waren. Dass Poes Poetik viel zu eng war, um auch nur annähernd der Literatur seiner Zeit gerecht zu werden, wird klar, wenn man an die großen literarischen Leistungen des 19. Jahrhunderts denkt. Romane wie die von Sir Walter Scott, Charles Dickens oder Leo Tolstoi erfüllen allein schon wegen ihrer Länge nicht die Forderung nach *unity of effect*, da sich keiner davon in «einer Sitzung» lesen lässt. Dem sozialkritischen Pathos eines Dickens oder Victor Hugo wird Poes Ästhetizismus ebenso wenig gerecht wie seine

Forderung nach strenger Form den freien Rhythmen Walt Whitmans. Selbst seine eigenen Werke genügen nicht immer seinen theoretischen Anforderungen. Einheit des Effekts wird man den meisten noch zugestehen. Doch wo liegt die Schönheit in seinen Geschichten des Grauens? Dass sie Lust hervorrufen, ist klar; doch es ist eine amoralische, vielleicht sogar unmoralische Lust am Bösen. Aristoteles hätte darin das kathartische Abreagieren eines Affektstaus gesehen, und Schiller hätte es als Training der moralischen Gefühle gedeutet. Wie aber passt so etwas in eine Poetik der Schönheit? Selbst wenn man keinen moralischen Gewinn von *The Black Cat* oder *The Cask of Amontillado* erwartet, gewähren diese Geschichten doch einen Blick in den Abgrund der menschlichen Seele und damit einen Wahrheitsgewinn, was Poe als Zweck der Dichtung ebenfalls ablehnte.

Obwohl seine Poetik offensichtlich zu kurz greift, hat Poe an ihr bis zuletzt festgehalten. Was er zuvor in zahlreichen Buchbesprechungen teils beiläufig, teils ausführlich äußerte und dann in den Aufsätzen *Philosophy of Composition* und *The Rationale of Verse* theoretisch zu begründen versuchte, fasste er zuletzt noch einmal in dem Aufsatz *The Poetic Principle* zusammen, der erst nach seinem Tode gedruckt wurde, aber von ihm selber in mehreren Vorträgen der Öffentlichkeit vorgestellt worden war. Die Kernsätze des Essays definieren Dichtung als «*die rhythmische Schöpfung von Schönheit*. Ihr einziger Richter ist der Geschmack. Mit dem Intellekt oder dem Gewissen hat sie nur kollaterale Beziehungen. Sie hat, außer durch Zufall, nichts mit der Pflicht oder der Wahrheit zu tun.» Zwei Seiten vorher hieß es bereits:

Als unsterblicher Instinkt existiert tief im Geist des Menschen ganz offensichtlich ein Sinn für das Schöne. Er ist es, der sich zu seinem Vergnügen die ihn umgebenden vielfältigen Formen, Töne, Gerüche und Gefühle dienstbar macht. Und so, wie sich die Lilie auf dem See und die Augen der Amaryllis im Spiegel wiederholen, so ist die bloße mündliche oder schriftliche Wiederholung dieser Formen, Töne, Farben, Düfte und Empfindungen eine verdoppelte Quelle des Vergnügens. Wer einfach nur singt, mit welch glühendem Enthusiasmus auch immer oder mit welch lebendiger Wahrheit der Beschreibung dieser Anblicke, Töne, Düfte, Farben und Gefühle, die ihn wie die ganze Menschheit grüßen – der, sage ich, hat noch nicht den Titel des Göttlichen erworben. Da ist noch etwas in der Ferne, das er noch nicht zu erreichen vermochte. Wir haben noch einen anderen unstillbaren Durst. Um den zu löschen, hat er uns noch nicht die kristallenen Quellen gezeigt. Dieser Durst gehört zur Unsterblichkeit des Menschen. Er ist sowohl eine Folge wie auch ein Anzeichen seiner ewigen Existenz. Es ist das Verlangen der Motte nach dem Stern. Es ist nicht die bloße Wertschätzung der Schönheit vor uns – sondern der wilde Versuch, die Schönheit hoch oben zu fassen. Beflügelt von einer ekstatischen Vorahnung der Glorie jenseits des Grabes mühen wir uns, inmitten vielfältiger Kombinationen von Dingen und Gedanken in der Zeit, etwas von der Lieblichkeit zu erhaschen, deren Elemente vielleicht nur der Ewigkeit allein zukommen. Und wenn wir dann durch Dichtung – oder Musik, die bezauberndste der poetischen Seelenverfassungen – in Tränen dahinschmelzen, dann weinen wir, nicht wie der Abbate Gravina meint, aus einem Übermaß an Lust, sondern aus einer gereizten, ungeduldigen Trauer über unsere Unfähigkeit, jetzt, hier auf Erden, sogleich und für immer, in Gänze die göttlichen und verzückten Freuden zu fassen, von denen wir durch das Gedicht, durch die Musik eine kurze und unbestimmte Ahnung erhaschen.

Hier wird deutlich, worauf Poes Ästhetizismus abzielt. Es ist nicht das hedonistische Verlangen nach Genuss des Schönen, sondern eine religiöse Sehnsucht nach einem Zustand maximaler Buntheit der Schöpfung, die weder durch die Gesetze der Moral noch durch die der Vernunft in seiner Vielfalt eingeschränkt wird. Gegen den Hintergrund dieser Weltsicht wird verständlich, was Poe mit einem anderen Kernpunkt seines poetologischen Credos meint, von dem bisher noch nicht die Rede war. In seiner Rezension von Gedichten Amelia Welbys schrieb er:

Wahre Leidenschaft ist prosaisch – einfältig [homely]. Jede starke mentale Bewegung reizt alle mentalen Fähigkeiten; so reizt Trauer die Einbildungskraft – doch in dem Maße, in dem der Effekt verstärkt wird, schwindet die Ursache. Die erregte Phantasie triumphiert – die Trauer ist unterdrückt – geläutert – ist nicht länger Trauer. In dieser Stimmung sind wir poetisch, und es ist klar, dass ein Gedicht, das jetzt geschrieben wird, in dem Maße poetisch wird, in dem es leidenschaftslos ist. Ein leidenschaftliches Gedicht ist ein Widerspruch in sich selbst.

Was er hier sagen will, ist offenbar dies, dass Dichtung erst dann ins Reich der Schönheit eintritt, wenn sie sich aus dem Gefängnis der Leidenschaften befreit hat. Leidenschaften gehören ins Reich des Gewissens, wie die Wahrheit ins Reich der Vernunft. Die Poesie verkörpert für Poe aber ein Reich der Freiheit. Auch hier hätte er bei Wordsworth Zustimmung finden können. Dessen Credo lautete: «Die Poesie ist das spontane Überfließen eines mächtigen Gefühls. Sie hat ihren Ursprung im Gefühl, das in der Stille erinnert wird.» Auch Wordsworth war der Meinung, dass Dichtung nicht unmittelbar aus einer leidenschaftlichen Regung entspringt, sondern dass die Emotion erst dann zur Poesie wird, wenn sie in der Stille aus der Erinnerung zurückgeholt wird. Für beide Dichter bedeutete dies offensichtlich Freiheit.

Was Poe in *The Poetic Principle* ausführte, hatte er mit anderen, zum Teil sogar identischen Worten schon 1836 in seiner Rezension der Lyrikbände von Joseph Rodman Drake und Fitz-Greene Halleck gesagt. Dort verliert er zunächst wenig Worte über die rezensierten Werke und gibt stattdessen eine Grundsatzerklärung über das Wesen der Dichtung ab.

Jedem Menschen ist eine Disposition eingepflanzt, mit Ehrfurcht auf alle Überlegenheit zu blicken, mag diese echt oder bloß vorgetäuscht sein. ... Tatsächlich ist solcher Drang zur Verehrung nichts anderes als der dem Menschen von Gott eingepflanzte Trieb zur Anbetung des Göttlichen. ... Solchem Gefühl sehr nahe verwandt ... ist die Fähigkeit zur Idealität, welche ja recht eigentlich das Sentiment der Poesie ist. Dieses Sentiment ist nun nichts anderes als der Sinn für das Schöne, das Erhabene und das Mystische. ...
Poesie ist die Empfindung intellektueller Glückseligkeit hier, und die Hoffnung auf eine höhere intellektuelle Glückseligkeit danach.
Die Imagination ist ihre Seele. Mit den Leidenschaften des Menschen – obwohl sie diese stark modifizieren, erheben, entzünden, reinigen und kontrollieren kann – hat sie, wie sich ohne große Geistesanstrengung zeigen ließe, keine unvermeidliche und in der Tat auch keine erforderliche Ko-Existenz.

In dieser Grundsatzerklärung, von der hier nur einige Kernaussagen zusammengefügt sind, wird deutlich, weshalb Poe der Demokratie nichts abgewinnen konnte, obwohl er als gesellschaftlicher Underdog von ihr nur Vorteile zu erwarten hatte. Doch Underdog war er nur als Bürger. Im Reich der Dichtung fühlte er sich als Herrscher von Gottes Gnaden, der charismatische Macht ausüben und verehrt werden wollte. Auffällig ist, dass Poes poetologische Aussagen fast nur die Lyrik betreffen. Das steht in eigenartigem Missverhältnis dazu, dass heute seine Kurzgeschichten zur Weltliteratur gezählt werden, während sein einst so berühmter *Rabe* eher als die Fingerübung eines begnadeten Sprachvirtuosen angesehen wird. In einem Brief an den Dichterkollegen Philip P.

Cooke schrieb er anlässlich der Vorbereitung einer neuen Ausgabe seiner Erzählungen:

> Lägen alle meine Erzählungen jetzt in einem Band – und als das Werk eines anderen – vor mir: das Verdienst, das meine Aufmerksamkeit zuerst und vor allem fesseln würde, wäre die breite Verschiedenheit und Vielfältigkeit. Sie werden überrascht sein, wenn ich sage, dass ich (von ein oder zwei meiner ersten Versuche abgesehen) nicht eine von meinen Geschichten für besser halte als eine andere.

Die einzige Geschichte, die er danach ein wenig heraushebt, ist *Ligeia*. Gleichzeitig beklagt er sich in dem Brief, das Duyckinck, der Herausgeber des geplanten Sammelbands, eine zu einseitige «Vorliebe für das logische Kombinieren» habe,

> ... und demzufolge hat er das Buch hauptsächlich aus analytischen Geschichten zusammengestellt. Aber das ist nicht *repräsentativ* für mein Denken in seinen verschiedenen Phasen – das ist nicht ehrlich an mir gehandelt.

Man gewinnt den Eindruck, dass Poe als Erzähler noch auf der Suche nach den Wertkriterien war, die er in der Lyrik so selbstsicher, ja selbstherrlich vertrat. Vielleicht macht gerade das die Modernität seiner Erzählungen aus. Seine Lyrik, für die er eine Theorie zu haben glaubte, blieb durchweg dem Geist der Romantik verpflichtet. Allerdings ist es die «schwarze Romantik», in deren Tradition Mario Praz in seinem Buch *Liebe, Tod und Teufel. Die schwarze Romantik* auch Poe einreiht. Poes poetologische Gewährsleute waren aber viel weniger «schwarz», als seine Werke vermuten lassen. Es waren hauptsächlich der Engländer Samuel Taylor Coleridge und der Deutsche Friedrich August Schlegel. Von dem Erstgenannten übernahm er die Unterscheidung zwischen *fancy*, der bloß spielerisch-kombinatorischen Phantasie, und *imagination*, der kreativen Einbildungskraft, in der er mit Coleridge etwas Göttliches sah. Auf Schlegel geht offensichtlich der Begriff des «Mystischen» zurück, der oben in dem längeren Zitat steht. Poe scheint sich damit auf Schlegels Begriff des Symbols zu beziehen, das dieser, ähnlich dem *imagination/fancy*-Gegensatz, von der geringerwertigen Allegorie abhebt. In seiner Rezension von Thomas Moores Dichtung *Alciphron*, die im Januar 1840 in *Burton's Gentleman's Magazine* erschien, nimmt Poe den Begriff des Mystischen wieder auf und schreibt:

Dabei wollen wir den Begriff des *Mystischen* ganz im Sinne August Wilhelm Schlegels und der meisten deutschen Kritiker verstanden wissen. Dieselben bezeichnen damit jene Kategorie von Werken, deren oberer Bewusstseins- und Meinungsstrom transparent ist und einen unteren, suggestiven durchscheinen lässt.

Hier bringt Poe ein poetologisches Credo zum Ausdruck, das zwar der romantischen Dichtung gerecht wird, doch weit entfernt von der Modernität ist, die in der englischsprachigen Versdichtung durch Robert Browning und Walt Whitman eingeleitet wurde. In seinen späten *Marginalien* sagt Poe einmal von der Versdichtung, dass sie zu einem Drittel «Metaphysik» und damit für Meinungsverschiedenheiten offen sei, während zwei Drittel der «Mathematik» angehörten, die keine abweichende Meinung zulasse. Das Schwanken zwischen dem Mystischen und dem Kalkül markiert seine Position auf dem Grat zwischen Romantik und Moderne.

Grenzüberschreitung

W enn man die gesamte westliche Literatur des 19. Jahrhunderts auf einen einzigen Nenner bringen wollte, müsste man ihn wohl in dem Widerspiel von Individuum und Gesellschaft sehen, das entweder positiv als Eingliederung in die Gesellschaft durch Entwicklung oder negativ als Ausgliederung durch einen Desillusionierungsprozess gezeigt wird. Entwicklung findet in Poes Erzählungen aber so gut wie nie statt, und auch Desillusionierung gibt es bei ihm nicht. Seine Helden, sofern man die Erzähler seiner Geschichten so bezeichnen kann, haben weder Illusionen wie Madame Bovary noch sind sie bereit, sich wie Wilhelm Meister oder David Copperfield in die Gesellschaft hineinzubilden. Auch tragisches Scheitern gibt es bei ihm nicht. Die positiven Helden sind entweder dank ihrer geistigen Überlegenheit und Willensstärke Sieger wie Dupin oder sie unterwerfen sich bedingungslos einer geistig überlegenen Frau wie in *Morella* und *Ligeia*, während die negativen ihr Machtspiel überreizen und daran auf eine untragische Weise scheitern wie der Erzähler in *Das*

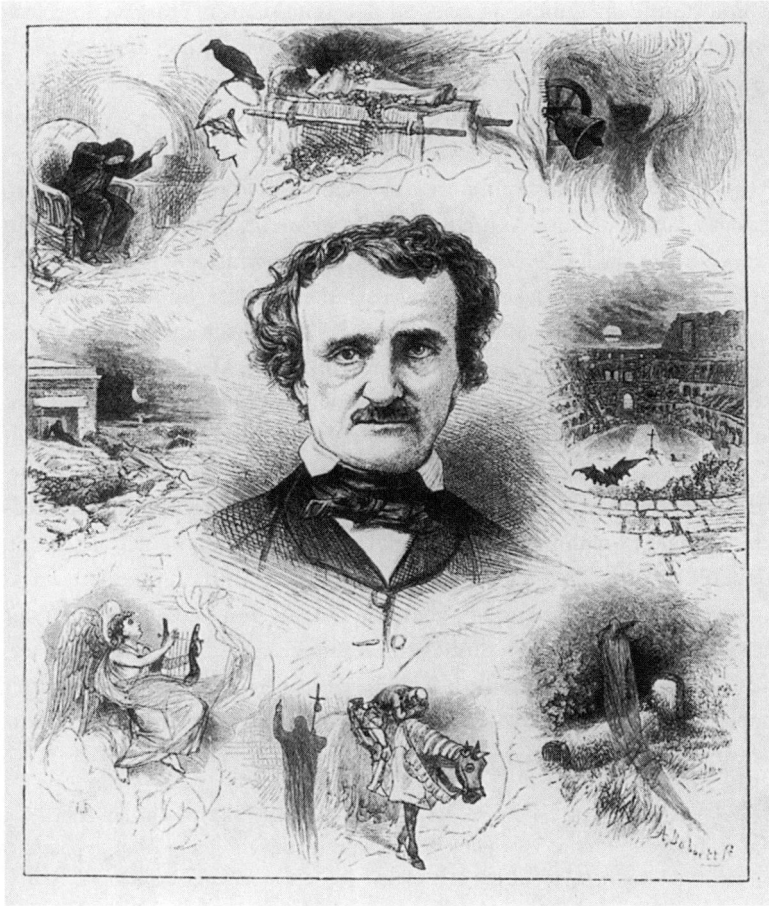

Abb.25 *«Poe und seine Werke». Holzschnitt von Alfred Fredericks*
und A. Bobett (1875)

verräterische Herz. Wirft man zum Vergleich einen Blick auf die Werke
von Charles Brockden Brown, Hawthorne, Melville und später Mark
Twain, so findet man dort Prozesse der moralischen Bewährung oder
des Versagens, der Selbstfindung oder des Selbstverlustes, der gelin-
genden oder scheiternden Initiation in das Erwachsensein. Nichts davon findet sich bei Poe.

Poe stand von Anfang an quer zu den dominanten Prozessen im kollektiven Bewusstsein der USA. Dem moralischen Pathos der vom Puritanismus geprägten Neuenglandstaaten stand er ebenso ablehnend gegenüber wie dem demokratischen Pathos der von der Aufklärung inspirierten amerikanischen Verfassung. Politische Egalität und moralischen Didaktizismus verachtete er gleichermaßen. Auch die Wissenschaftsgläubigkeit der Aufklärung teilte er nicht, obwohl seine *tales of ratiocination* und sein Interesse für Mesmerismus und gewisse technische Erfindungen das Gegenteil vermuten lassen. Schon als 20-Jähriger hatte er in dem Sonett *To Science* die Wissenschaft als einen Geier bezeichnet, der «auf den Schwingen dumpfer Wirklichkeit» daherkommt und am «Herzen des Dichters nagt». Thomas Jefferson, die politische Zentralfigur der amerikanischen Aufklärung, wird von Poe so gut wie nie erwähnt, obwohl er die von ihm gegründete Universität in Charlottesville ein Jahr lang besuchte. Auch andere Repräsentanten der Aufklärung wie Benjamin Franklin und Thomas Paine haben für ihn keine Bedeutung. Noch weniger Interesse brachte er für die in den 30er und 40er Jahren anschwellende «zweite Erweckungsbewegung» auf, von der er sich eigentlich hätte bedroht fühlen müssen. Und auch das, was seine Landsleute im Goldrausch von 1849 dazu brachte, sich in Scharen nach Westen aufzumachen, interessierte ihn nicht. Im selben Jahr schrieb er am 14. Februar an seinen Freund F.W. Thomas:

Verlass Dich drauf, Thomas, die Literatur ist am Ende doch der edelste Beruf. In der Tat, sie ist vielleicht der einzige, der zu einem Manne passt. Was mich betrifft, so wird mich nichts von diesem Pfade abbringen. Ich werde mein Leben lang ein *littérateur* bleiben; noch würde ich die darauf gesetzten Hoffnungen jemals aufgeben, nicht für alles Gold Kaliforniens. Apropos Gold und die Versuchung, die sich dem «armen Teufel Autor» gegenwärtig bietet, hast Du Dir jemals bewusst gemacht, dass alles, was für einen Mann der Feder – für einen Dichter ganz besonders – Wert hat, absolut unkäuflich ist? Liebe, Ruhm, das Reich des Intellekts, das Bewusstsein von Macht, der erregende Sinn für Schönheit, die freie Luft unter dem Himmel, die Betätigung von Körper und Geist mit dem Ergebnis physischer und moralischer Gesundheit – dies und dergleichen ist alles, wonach einem Dichter der Sinn steht. Also beantworte mir die Frage: Weshalb sollte er nach Kalifornien gehen?

Poe definiert hier so direkt wie an keiner anderen Stelle sein Ideal von Männlichkeit. Es schließt Abenteuer, Anstrengung, Leistung und Machtgewinn ein, doch nicht an der *Frontier* im amerikanischen Westen, sondern an einer ganz anderen Grenze, die geographisch im Osten lag. Sein Blick war auf Europa gerichtet. Dort sah er seine Geistesverwandten, ohne sich als deren Epigone zu fühlen. Im Gegenteil, er war von Anfang an überzeugt, nicht zur Nachhut, sondern zu den Pionieren zu gehören. Auch er kämpfte an einer *Frontier*, nur war es keine territoriale, an der man sich gegen Hunger und Durst, gegen schneidende Kälte und feindliche Indianer behaupten musste, sondern eine geistige, die das Leben vom Tod, das Diesseits vom Jenseits, das Rationale vom Irrationalen trennte. Dieses Grenzgebiet zu erkunden war seine Lebensaufgabe. Es ist ein Territorium jenseits von Gut und Böse, in dem die «Macht der Worte» gilt.

Grenzüberschreitung ist etwas, das in seinen späteren Werken zu einer wahren Obsession wurde. Die Grenze, mit der er sich am hartnäckigsten auseinandersetzte, war die zwischen Leben und Tod. Am Anfang, in seinem erzählerischen Erstling *Metzengerstein*, steht er noch ganz in der Tradition der europäischen Schauerromantik und benutzt das Thema der Seelenwanderung nur als sensationelles Element. Doch bereits drei Jahre später in *Berenice* gewinnt man den Eindruck, dass er sich hier mit intellektueller Anstrengung um das Wesen des menschlichen Bewusstseins und seiner Verbindung zum Körper bemüht. Zum ersten Mal betritt er das ungewisse Niemandsland zwischen Leben und Tod mit Berenice, die den Erzähler anfangs durch ihre Vitalität beeindruckt und die er schließlich als Scheintote auf bizarre Weise wirklich tötet. Das Makabre verdeckt hier noch das Gedankliche, was Poe gleich nach dem Erscheinen in einem Brief an den Herausgeber der Zeitschrift selber zugab und damit entschuldigte, dass er angeblich wegen einer Wette bis an die Grenze des schlechten Geschmacks gegangen sei. Doch die eingewobenen gelehrten Zitate und die theoretischen Anlehnungen an John Locke und Friedrich Wilhelm Schelling zeigen an, dass es ihm um mehr als nur eine Sensation für den Leser ging.

In der einen Monat später erschienenen Erzählung *Morella* nahm er das Thema wieder auf, und drei Jahre danach gab er ihm in *Ligeia* die künstlerisch reifste Form. In beiden Erzählungen geht es darum, dass eine verstorbene Frau aus dem Niemandsland zurück ins Leben drängt und dazu den Körper einer Lebenden okkupiert. Es ist ein Machtkampf, den der Geist einer Toten mit dem Körper einer Lebenden führt, die ihren Platz an der Seite des geliebten Mannes eingenommen hat.

Poe war lange Zeit unschlüssig, ob er Leib und Seele als getrennte Sphären ansehen sollte, bis er sich zuletzt zu einem kosmischen Monismus durchrang. Eine Etappe auf dem Weg dorthin waren die Geschichten, in denen er sich mit dem Mesmerismus auseinandersetzt. In *Mesmeric Revelation* wird ein Sterbenskranker nach dem mesmerischen Verfahren in Trance versetzt und dadurch noch eine Weile am Leben gehalten. In diesem Zustand bleibt er ansprechbar und beantwortet Fragen des Hypnotiseurs. Dabei legt Poe dem Hypnotisierten seine eigenen philosophisch-theologischen Überzeugungen in den Mund. Auf die Frage, ob Gott Materie oder Geist sei, kommt die zögernde Antwort: «Er ist nicht Geist; denn er existiert. Er ist nicht Materie, so wie man sie versteht. Aber es gibt Abstufungen des Materiellen, von denen die Menschen nichts wissen.» Im Fortgang des Gesprächs nimmt Poe viel von dem vorweg, was er später in *Eureka* ausführlich entwickelt. Wie dort so wird auch hier gesagt, dass Gott die «nichtpartikularisierte Materie» sei, zu der der Mensch im Tode zurückkehre. In diesem Sinn enthalte jeder Mensch etwas Göttliches, nur der göttliche Wille bleibe ihm vorenthalten; denn der sei die Bewegung der nichtpartikularen Materie. Als der Todkranke aus der Trance geweckt wird, stirbt er.

Das Niemandsland zwischen Tod und Leben war nicht die einzige *Frontier*, die Poe zu erkunden versuchte. Eine andere war die Grenze zwischen Vernunft und Wahnsinn. In *Das verräterische Herz* stellt sich der Erzähler gleich am Anfang als jemand vor, der in den Augen der Welt als wahnsinnig gilt, während er von sich selber behauptet, dass gerade das Abnorme seines Bewusstseinszustands ihn zu besonders scharfer Sinneswahrnehmung befähige. Danach erzählt er, wie er ohne jedes Motiv mit äußerster Klugheit einen Mord beging, der unentdeckt geblieben wäre, wenn er nicht in einer Anwandlung von intellektuellem Triumph die Polizei selber auf die Spur seines Verbrechens gebracht hätte. Aber selbst dann wäre seine Tat nicht entdeckt worden, wenn er nicht seinerseits von der Wahnvorstellung gepackt worden wäre, dass er das Herz des Ermordeten unter den Dielen, wo er die Leiche versteckt hatte, schlagen hörte.

Auch in *Eleonora* beginnt der Erzähler mit der Feststellung, dass die Menschen ihn für wahnsinnig hielten, und er fragt, ob nicht gerade Wahnsinn die erhabenste Form der Intelligenz sei. Wenig später sagt er:

Ich gebe zu, zumindest, dass es zwei klar umrissene Zustände meiner mentalen Existenz gibt, den Zustand einer hellwachen Vernunft, die nicht in Frage gestellt werden kann und die zur Erinnerung an Ereignisse aus der ersten Epoche meines Lebens gehört, und ein Zustand des Schattens und des Zweifels, der der Gegenwart angehört und den Erinnerungen, die die zweite Epoche meines Lebens ausmachen.

Im Fortgang der Geschichte beschreibt der Erzähler den Übergang von der Zeit mit seiner geliebten Eleonora in die Zeit nach ihrem Tod als eine Grenzüberschreitung.

Doch indem ich die Schranke auf dem Pfad der Zeit, die durch den Tod meiner Geliebten errichtet wurde, passiere und in die zweite Periode meines Daseins eintrete, fühle ich, wie sich über meinem Hirn Schatten versammeln, und ich zweifle an der vollkommenen Gesundheit der verbürgten Tatsachen.

Um die Grenze zwischen Wahnsinn und Normalität geht es auch in der grotesken Geschichte *Das System von Dr. Teer und Professor Feder*. Der Titel signalisiert makabre Komik. Doch inhaltlich geht es um Poes Zentralthema. In einem Irrenhaus übernehmen die Irren die Macht und behandeln ihr Aufsichtspersonal wie Irre, ohne dass Besucher aus der Außenwelt dies bemerken. Und wieder ist es der «Kobold des Perversen», der diesmal den Anführer der Irren dazu bringt, dem Gast von draußen die Geschichte der Revolte zu erzählen. Auf dem Höhepunkt des Gastmahls zu Ehren des Besuchers gelingt es dem eingesperrten Personal, sich zu befreien. Plötzlich tauchen sie auf – sie sehen aus wie Menschenaffen, denn man hatte sie geteert und gefedert – und überwältigen die Irren. Poe hat in die groteske Geschichte wieder eine subtile Kritik an der amerikanischen Demokratie versteckt; denn als die befreiten «Gesunden» die Gegenrevolution starten, stimmen die Irren den Yankee Doodle an. Das unausgesprochene Fazit der Geschichte lautet: Ob die geistig Gesunden oder die Irren die Herrschaft haben, ist nur eine Frage der Macht, wobei die Gesunden wie die Wahnsinnigen vom gleichen «Kobold des Perversen» befallen werden können.

Auch die physisch-reale Grenze zwischen dem Bekannten und dem Unerforschten regte Poes Phantasie an. Am ausführlichsten setzte er sich damit in seinem Roman *The Narrative of Arthur Gordon Pym* auseinander. Hier wird der Übergang von der einen in die andere Sphäre dadurch veranschaulicht, dass die Forschungsreise zunächst logbuchartig durch ständige Positionsangaben dokumentiert wird, während nach der Durchquerung der Packeiszone in Richtung Südpol der Eintritt in die andere Welt durch das völlige Fehlen solcher Angaben und durch eine Art symmetrische Spiegelung verdeutlicht wird. Jetzt wird auf einmal das Wasser immer wärmer und das Festland immer grüner. Es gab damals pseudo-wissenschaftliche Schriften, die behaupteten, dass der Südpol ein großes Loch sei, aus dem das Meer hervorquelle. Doch es ist sehr unwahrscheinlich, dass Poe an solche Phantastereien glaubte. Für ihn war das, was er in dem Roman beschreibt, der symbolische Ausdruck eben jenes geistigen Frontier-Erlebnisses, um das es bei ihm immer wieder ging.

Geistiges Neuland zu betreten, faszinierte Poe. Als er mit der Figur seines Amateurdetektivs Dupin das logisch-analytische Aufklären eines Geheimnisses als Erzählform entdeckte, ließ er es nicht bei den Mordfällen der ersten beiden Geschichten bewenden, sondern machte in der dritten, in *Der entwendete Brief*, das Verfahren der *ratiocination* selbst zum Gegenstand der Erörterung. Auch hier geht es um Grenzüberschreitung; denn Poes *alter ego* Dupin erklärt, dass man, um über den logisch-analytischen Verstand zu triumphieren, in die Sphäre der intuitiven Imagination hinüberwechseln muss. Das aber ist in Poes Augen die Sphäre Gottes; denn der ist der Schöpfer des Weltkunstwerks.

Die Detektivgeschichte ist eine der drei säkularen Formen von Aufklärung, die im 19. und frühen 20. Jahrhundert zur rationalen Aufklärung des 18. Jahrhunderts hinzukamen. Die beiden anderen sind Ibsens analytisches Drama und Freuds Psychoanalyse. Bei einem Vergleich der drei wird besonders deutlich, wie sehr sich Poe auf der Wasserscheide zwischen Romantik und Moderne bewegt. Ibsen und Freud ließen die romantische Vorstellung, dass nur das Ganze den Teilen einen Sinn gibt, hinter sich. «Das Ganze ist das Wahre» lautet die Grundformel der Hegelschen Metaphysik. Für Ibsen und Freud ist das Ganze ein Gewebe, das analytisch aufgelöst werden muss, wenn das Individuum sich emanzipieren will. Das analytische Vordringen zur *wahren Wirklichkeit* zerstört die romantische Illusion von der *wirklichen Wahrheit*. Poe hat diese Umkehr der Sicht – wie gezeigt wurde – in seinem *Goldkäfer* vorgeführt. Dennoch hat er seinen Glauben an das Ganze nicht aufgegeben. Damit steht er dem Denken der deutschen Romantik näher als dem Individualismus der angelsächsischen Tradition. Allerdings unterscheidet er sich in einem wesentlichen Punkt: er glaubte nicht an den Primat der Vernunft. Entscheidend ist für ihn der Wille. Das entspricht seinem kosmologischen Weltbild, in dem Gott als reiner Schöpfungswille, aber nicht als Inbegriff des Guten erscheint. Auch die Wahrheit wird von ihm relativiert. In der Kunst habe sie ohnehin nur eine untergeordnete Rolle zu spielen; und in der Realität ist sie ohnmächtig gegenüber dem stärkeren Willen.

Im Vorspann unseres Buches wurde an einer Reihe von Beispielen gezeigt, wie Poe *hoaxes*, also reine Machtspiele, in Erzählung umsetzt und damit über die wissenschaftliche Wahrheit triumphiert. Auch in seinem Privatleben stand die Wahrheit nicht an erster Stelle: Als er sich eine fiktive Biographie zulegte und diese selbst solchen Personen gegenüber behauptete, die ihm wohlgesinnt waren, scheint er überzeugt gewesen zu sein, dass der Wille die Wahrheit bestimme. Angesichts dieser durchgängigen Thematik kann es kaum verwundern, dass ihn der Mesmerismus so faszinierte; denn dessen Prinzip besteht darin, dass der Hypnotiseur dem Hypnotisierten seinen Willen aufzwingt.

Fasst man das hier Ausgeführte zusammen, so ist Poes Grundhaltung durch fünf Momente charakterisiert: Er sieht die Welt (1) jenseits von Gut und Böse, (2) beherrscht vom Willen zur Macht, (3) als den Prozess einer sich ewig neu gebärenden Schöpfung mit (4) der Möglichkeit, dass auf den Menschen ein höher entwickeltes Wesen folgt, und (5) alles das überstrahlt vom ästhetischen Ideal des Göttlich-Schönen.

Man braucht den Namen, der sich hier aufdrängt, kaum noch auszusprechen: Friedrich Nietzsche. Nun wäre es sicher töricht, wollte man Poe zum amerikanischen Nietzsche oder zum Vorläufer des deutschen Philosophen erklären. Trotzdem lassen sich bei aller Verschiedenheit Parallelen erkennen. So wie Nietzsche die praktische Vernunft Kants und die spekulative Hegels hinter sich ließ, um an ihre Stelle den Willen zur Macht und den schieren Lebenstrieb zu setzen, so hat Poe die rigorose Ethik des Puritanismus und die Vernunftgläubigkeit der Aufklärung hinter sich gelassen, um beide durch die ästhetische Utopie des Göttlich-Schönen zu ersetzen. Dass er sich nicht zur Vision «der blonden Bestie» verstieg, ist nur allzu verständlich; denn das Ideal kraftvoller und notfalls skrupelloser Selbstbehauptung praktizierten seine Landsleute an der *Frontier* im Westen, für die er selber nicht das geringste Interesse aufbrachte. Sein Ideal von Männlichkeit war das eines charismatischen Dichters, der sich nach der Geborgenheit im Schoß einer Mutter und nach der verehrenden Liebe einer schönen Frau sehnte. «Liebe, Ruhm, das Reich des Intellekts, das Bewusstsein von Macht, der erregende Sinn für Schönheit» das hatte er in dem Brief an Thomas als seine Werte genannt. Als Sechstes fügte er hinzu: «die freie Luft unter dem Himmel, die Betätigung von Körper und Geist mit dem Ergebnis physischer und moralischer Gesundheit». Das bedeutete eine andere Begegnung mit der Natur, als sie die *Frontier* im Westen bot.

In der amerikanischen Kultur von der Romantik bis heute erscheint die Natur selten so, wie man sie von europäischen Romantikern kennt. Bei dem Engländer Wordsworth ist sie eine heile und heilende Sphäre, bei dem Deutschen Eichendorff eine nur gelegentlich vom Hauch des Unheimlichen durchwehte erhabene Welt des Ursprünglichen. In Europa überwiegt diese Sicht gegenüber der Vorstellung der Natur als einer dämonisch-antagonistischen Sphäre, wie sie bei Coleridge in *Kubla Khan* und in trivialisierter Form in den «gotischen» Schauerromanen *(gothic novels)* erscheint. In der amerikanischen Kunst und Literatur ist die Natur – nicht immer, aber doch überwiegend – eine Kampfzone. Poe stand anfangs unter dem Einfluss Coleridges und der europäischen Schauerromantik. Doch in seinen späteren Werken taucht eine ganz andere Sicht auf, die gegen Ende seines Lebens die Oberhand gewinnt. In den Geschichten – oder eher beschreibenden Skizzen – *The Domain of Arnheim* und *Landor's Cottage* entwirft er Landschaftsbilder, die ganz dem englischen Muster des Pittoresken folgen. Das für England charakteristische ästhetische Ideal des Pittoresken, das sich zuerst im Landschaftsgarten ausbildete und dann zum englischen Geschmacksideal schlechthin wurde, bezeichnet einen Naturzustand, bei dem alle Elemente sich ohne domestizierenden Zwang frei zu einem harmonischen Ganzen fügen, wobei der ästhetische Reiz gerade in der Unregelmäßigkeit der Anordnung besteht.

Der englische Landschaftsgarten ist das Grenzgebiet, in dem sich Kunst und Wildnis harmonisch verbinden. Dieses Ideal kam im Mutterland der parlamentarischen Demokratie bezeichnenderweise fast gleichzeitig mit der Bill of Rights im Zuge der Glorreichen Revolution auf und wurde als sichtbarer Ausdruck englischer Freiheit empfunden. Wie sehr das Ideal des Pittoresken Poes Vorstellung von Schönheit entgegenkam, wird in seinem späteren Schaffen immer deutlicher. Schon 1841 gab er in der kurzen Erzählung *The Island of the Fay* eine Landschaftsbeschreibung, die ganz diesem Ideal entsprach und es ins Mythische überhöhte. Dass schon hier Gedanken anklingen, die später in *Eureka* fast wörtlich wiederkehren, zeigt an, wie sich in Poe allmählich eine harmonische Sicht der Natur aufzubauen begann. 1844 schrieb er für den Sammelband *The Opal* die Skizze *Morning on the Wissahiccon*, in der er ein idyllisches Flusstal in der Nähe von Philadelphia als Inbegriff schöner amerikanischer Landschaft beschreibt. Die wiederholten Hinweise auf britische Touristen, die von diesem Fleckchen Erde begeistert sein müssten, zeigen an, wie bewusst Poe in der beschriebenen Landschaft ein Musterbeispiel des Pittoresken sah.

In *The Domain of Arnheim* nimmt er dann direkten und ausführlichen Bezug auf die ästhetische Diskussion, die in England um *the picturesque* geführt wurde. Darin beschreibt er, wie der Multimillionär Ellison ein Stück Landschaft in ein vollkommenes Kunstwerk umwandelt, was vom Erzähler so kommentiert wird:

Ich wiederhole, dass allein in der Landschaftsgestaltung die physische Natur empfänglich für Exaltation ist und dass eben darum ihre Empfänglichkeit für Verbesserung in diesem Punkte ein Rätsel ist, das ich bisher nicht lösen konnte. Meine eigenen Gedanken dazu bestanden in der Idee, dass die primitive Absicht der Natur die Erdoberfläche so gestaltet haben könnte, dass sie in jedem Punkt den menschlichen Sinn für das Schöne, Erhabene und Pittoreske befriedigen müsste, wenn diese primitive Absicht nicht durch die bekannten geologischen Verwerfungen durchkreuzt worden wäre, Verwerfungen in Form und Farbe, die zu korrigieren oder zu lindern ein Grundbedürfnis der Kunst ist. Die Kraft dieser Idee wurde jedoch erheblich gemindert durch die daraus resultierende Notwendigkeit, die Verwerfungen als abnorm und für jeden Zweck unangepasst anzusehen. Es war Ellison, der meinte, dass sie eine Vorausdeutung des Todes seien. – Wenn man annimmt, dass die irdische Unsterblichkeit des Menschen die erste Absicht war, folgt daraus, dass die primitive Anordnung der Erdoberfläche als seinem glückseligen Zustand angemessen geplant war, es aber nicht ist. Die Verwerfungen waren also die Vorbereitung für die späteren tödlichen Bedingungen.

Die Umwandlung der Landschaft in einen paradiesischen Garten hatte folglich zum Ziel, Gottes ursprünglichen Plan zu verwirklichen. Dabei wird die Landschaftsgestaltung als die höchste Form der Kunst bezeichnet, in der sich der Künstler als gottähnlich erweist.

> Hier war, in der Tat, das schönste Betätigungsfeld für die Einbildungskraft, um in endloser Kombination Formen neuer Schönheit zu schaffen. In der Vielfalt der Formen und Farben der Blumen und Bäume erkannte er das direkteste und wirkungsvollste Streben der Natur nach physischer Lieblichkeit. In der Richtung und Konzentration dieses Strebens oder, richtiger, in seiner Anpassung an das Auge des Betrachters meinte er die besten Mittel einsetzen zu müssen, ... um nicht nur sein eigenes Schicksal als Dichter, sondern die erhabenen Zwecke zu erfüllen, für die die Gottheit dem Menschen die poetische Empfindung eingepflanzt hat.

Obwohl Poe in dieser Erzählung die detaillierteste Vision seiner Schönheitsutopie zum Ausdruck bringt, beginnt er sie dennoch und typischerweise so, als müsse der Leser sich auf einen Jux gefasst machen: Er leitet sie mit der Mitteilung ein, dass sein Freund Ellison ein unvorstellbar großes Vermögen in Höhe von 450 Millionen Dollar geerbt habe, weil vor hundert Jahren ein exzentrischer Vorfahr sein Vermögen zinsgünstig angelegt und testamentarisch verfügt hatte, dass es erst hundert Jahre später an den ihm nächststehenden Erben ausgezahlt werden dürfe. In seinem letzten Lebensjahr lässt Poe dieser Geschichte eine zweite folgen, die er bereits im Untertitel als ein Gegenstück zur ersten bezeichnet: *Landor's Cottage. A Pendant to ‹The Domain of Arnheim›*. Hier verzichtet er auf lange philosophische Reflexionen; stattdessen beschreibt er den Eintritt in die pittoreske Welt eines durchgestalteten Landschaftsgartens wie einen Grenzübertritt. Das Eintreten in das Tal und das Verlassen desselben durch eine enge Schlucht muten strukturell wie ein positives Gegenstück zu den strudelartigen Öffnungen an, die er in *MS. Found in a Bottle* und *A Descent into the Maelström* als Bilder dämonischer Natur gestaltet hatte.

Poe entwickelte ganz offensichtlich in den letzten Jahren seines Lebens eine Art metaphysische Zuversicht, die sich immer weiter von der Sphäre des Horrors und Grauens entfernte, die noch heute sein Markenzeichen ist. Trotzdem lauerte der «Kobold des Perversen» hinter allem, was er tat und schrieb. Bei ihm geht es um Himmel und Hölle, doch nicht im moralischen Sinn, sondern im Sinn eines Machtkampfes, bei dem der stärkere Wille siegt. Dieser Gedanke steht im Zentrum von *Eureka*. Gottes Wille, so heißt es dort, entfalte sich antagonistisch im kosmischen Widerspiel von *attraction* und *repulsion*. Es ist eine antagonistische Weltsicht wie die Zarathustras, doch mit dem Unterschied, dass für Poe der Kampf nicht zur Vernichtung der jeweils anderen Seite drängt, sondern zur Rückkehr beider Seiten in die ursprüngliche Ganzheit. Daraus schöpfte er metaphysischen Trost, den er am Schluss des Buches so formuliert:

Kein denkendes Wesen existiert, das sich nicht in einem erleuchteten Moment seines geistigen Lebens verloren fühlte inmitten der Wellenschläge vergeblicher Versuche zu verstehen oder zu glauben, dass irgendetwas Größeres als die eigene Seele existiere. Die völlige Unmöglichkeit, dass irgendeine Seele sich geringer als eine andere fühle; die heftige, überwältigende Unzufriedenheit und Rebellion gegen diesen Gedanken; diese Empfindungen, zusammen mit dem allgegenwärtigen Streben nach Perfektion, sind nur das geistige, mit dem materiellen zusammenfallende Streben nach der ursprünglichen Einheit – sie sind, jedenfalls nach meiner Überzeugung, ein stärkerer Beweis als alles, was man Demonstration nennt, dafür, dass keine Seele geringer ist als eine andere – dass jede Seele zum Teil ihr eigener Gott ist – ihr eigener Schöpfer; in einem Wort, dass Gott – der materielle wie der spirituelle – jetzt nur zerstreut als Materie und Geist im Universum existiert, und dass die Wiederversammlung der zerstreuten Materie und des Geistes nichts anderes ist als die Wiederherstellung des rein spirituellen und individuellen Gottes.

Diese ins Positive gewendete antagonistische Weltvorstellung mutet wie eine Rechtfertigungsideologie an, mit der Poe seiner prekären Situation im Leben einen Sinn zu geben versuchte. Er fühlte sich von Anfang an seiner Umgebung überlegen und war es auf geistigem Gebiet zweifellos, doch gesellschaftlich und ökonomisch sah er sich zur Ohnmacht verdammt. Sein ganzes Leben mutet wie ein permanenter Wechsel zwischen zwei Rollen an: der des gottgleichen Literaturdiktators und der des gefallenen Engels. Immer wieder versuchte er sich die Machtposition zu verschaffen, für die er sich im Reich des Geistes prädestiniert sah; und ebenso oft gab er den Einflüsterungen des «Kobolds des Perversen» nach und ließ sich in den Malstrom ziehen, aus dem er sich erstaunlicherweise nach jedem Absturz – außer beim letzten – aus eigener Kraft befreien konnte. Es entspricht dem hier gezeichneten Bild, dass er auf seine jugendlichen Leistungen als Schwimmer besonders stolz war, die er noch als reifer Schriftsteller öffentlich machte, wobei er bezeichnenderweise das Schwimmen gegen den Strom – «siebeneinhalb Meilen den James River hinauf, mit einer Stundengeschwindigkeit von drei Meilen» – als das Besondere darstellte. Sein ganzes Leben war ein Schwimmen gegen den Strom. Was ihn über Wasser hielt, war eine unbändige Willenskraft, die ihn tragischerweise immer dann verließ, wenn ihm das Glück lachte und er nur dem Strom hätte folgen müssen.

Epilog

Annabel Lee

Es war vor manchem und manchem Jahr
Ein Königreich an der See,
Dort lebte ein Mädchen, wunderbar
Mit Namen Annabel Lee;
Und sie lebte mit nichts als nur dem im Sinn,
Mich zu lieben so wie ich sie.

Sie war ein Kind und ich war ein Kind
Im Königreich an der See.
Wir liebten uns mehr als Liebe vermag –
Ich und Annabel Lee,
Und so kam's, dass die himmlischen Seraphim
Mit Neid sahn auf mich und sie.

Und das war der Grund, dass vor langer Zeit
Im Königreich an der See
Ein Windstoß kam aus der Wolke bei Nacht,
Der traf meine Annabel Lee:
So dass ihre hohen Verwandten kamen
Und trugen sie weg von mir
Und schlossen sie ein in ein Grabgewölb
Im Königreich an der See.

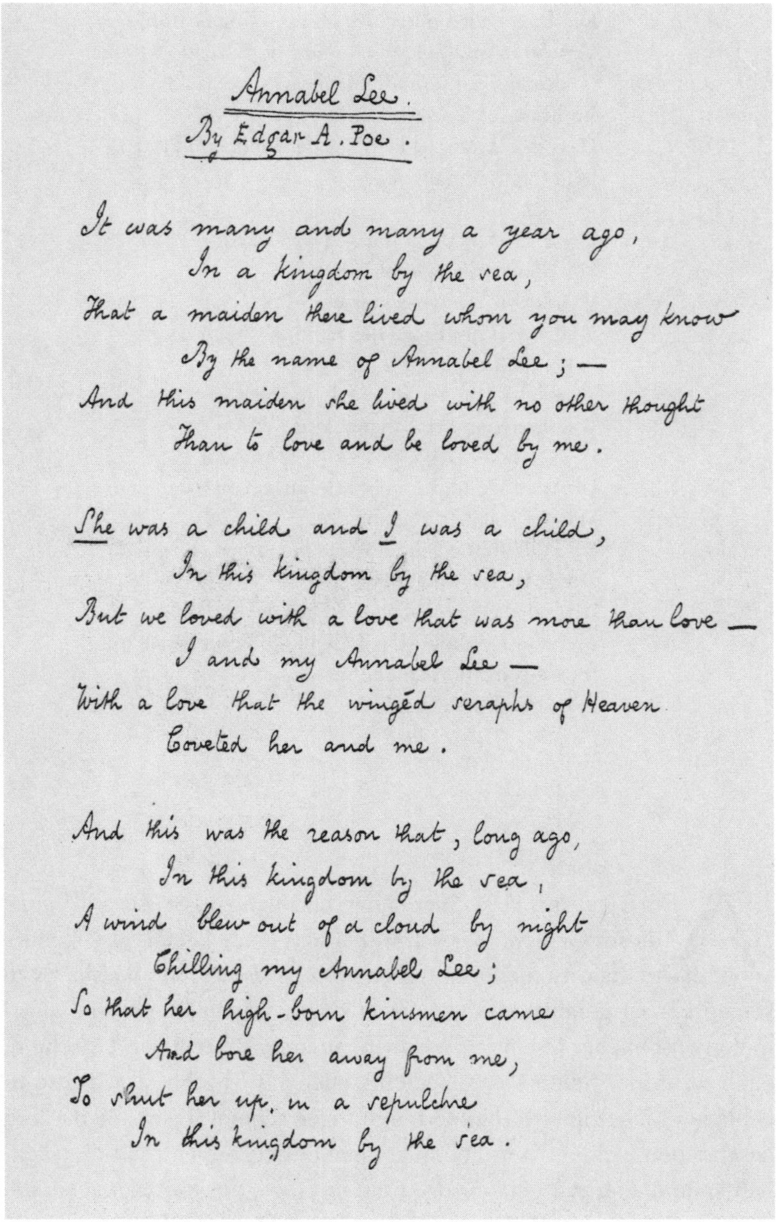

Annabel Lee.
By Edgar A. Poe.

It was many and many a year ago,
    In a kingdom by the sea,
That a maiden there lived whom you may know
    By the name of Annabel Lee; —
And this maiden she lived with no other thought
    Than to love and be loved by me.

She was a child and I was a child,
    In this kingdom by the sea,
But we loved with a love that was more than love —
    I and my Annabel Lee —
With a love that the wingèd seraphs of Heaven
    Coveted her and me.

And this was the reason that, long ago,
    In this kingdom by the sea,
A wind blew out of a cloud by night
    Chilling my Annabel Lee;
So that her high-born kinsmen came
    And bore her away from me,
So shut her up, in a sepulchre
    In this kingdom by the sea.

Abb. 26   «Annabel Lee» in Poes Handschrift. (1849)

Die Engel hoch oben, des Himmels nicht froh,
Verfolgten mit Neid mich und sie:
Ja, das war der Grund (wie jedermann weiß
Im Königreich an der See)
Dass der Windstoß kam aus der Wolke und traf
Und tötete Annabel Lee.

Unsre Liebe jedoch war stärker als die
Von denen, die älter als wir,
Von denen, die weiser als wir –
Und weder ein Engel des Himmels hoch oben
Noch ein Dämon unter der See
Vermag zu trennen die Seele mein
Von der Seele der Annabel Lee.

Und der Mond, wenn er scheint, bringt Träume mir
Von der schönen Annabel Lee:
Und die Sterne gehn auf wie die Augen so hell
Der schönen Annabel Lee.
Und so liege ich nachts und lieg neben ihr,
Meinem Liebling – das Leben, die Braut ist sie mir
Im Gewölbe dort an der See –
In der Gruft am Rande der See.

A m Tage von Poes Beerdigung erschien in *The Daily Tribune*
dieses Gedicht, das vermutlich das letzte ist, das er vollende-
te. Es wird nicht nur wegen seines sprachlichen Wohllauts zu
seinen besten gezählt, sondern weckt durch seinen Inhalt eine allge-
meinmenschliche, fast mythisch zu nennende Ahnung von Unschuld,
auch wenn der Schluss des Gedichts eher das Klischee von Poes an-
geblicher Liebe zum Morbiden zu bestätigen scheint. Es ist viel darüber
geschrieben worden, wen Poe mit Annabel Lee gemeint hat. Tatsächlich kommt aber nur eine einzige Frau in Frage, Virginia. Keine andere
der einst von Poe umworbenen Damen, die sich in der Figur zu erkennen glaubten, entspräche auch nur annähernd dem beschworenen Bild.
Allerdings muss einschränkend hinzugefügt werden, dass wohl nicht

The angels, not half so happy in Heaven,
    Went envying her and me : —
Yes! that was the reason (as all men know,
    In this kingdom by the sea)
That the wind came out of the cloud, chilling
    And killing my Annabel Lee.

But our love it was stronger by far than the love
    Of those who were older than we —
    Of many far wiser than we —
And neither the angels in Heaven above
    Nor the demons down under the sea
Can ever dissever my soul from the soul
    Of the beautiful Annabel Lee : —

For the moon never beams without bringing me dreams
    Of the beautiful Annabel Lee;
And the stars never rise but I see the bright eyes
    Of the beautiful Annabel Lee;
And so, all the night-tide, I lie down by the side
Of my darling, my darling, my life and my bride
    In her sepulchre there by the sea —
    In her tomb by the side of the sea.

«Annabel Lee» in Poes Handschrift. (1849)

Virginia als Person gemeint ist, sondern das, was Poe in ihr sah: das Idol eines unschuldigen Mädchens, das reine Liebe empfindet und mit gleicher Reinheit geliebt wird.

Wenn das amerikanische Lesepublikum in Poe bis dahin den moralisch anrüchigen Ästhetizisten gesehen hatte, hätte es durch dieses letzte Gedicht eigentlich mit dem Dichter versöhnt werden müssen; denn Unschuld ist eine Wertvorstellung, die tief in den Gründungsmythos der USA eingeschrieben ist. Das nationale Selbstbild der Amerikaner war von Anfang an das eines unschuldigen Kindes, das sich vom ungerechten europäischen Vater losgesagt hatte. Deshalb erscheint noch heute in den amerikanischen Medien – in Film, Fernsehen und populärer Literatur – das Kind als eine moralische Instanz, vor der sich der Vater rechtfertigen muss. Das Motiv ist in der Populärkultur so omnipräsent, dass seriöse Autoren es ironisch oder satirisch als fragwürdige Ideologie zu entlarven versuchen. Die wohl bekannteste dieser Demaskierungen ist Vladimir Nabokovs *Lolita*. Deshalb kann es kaum überraschen, dass sich Anspielungen auf Poes Annabel Lee wie ein Leitmotiv durch dieses Buch ziehen.

Warum hat dann aber das amerikanische Publikum, dessen nationales Selbstverständnis so sehr durch den Unschuldsmythos bestimmt ist, kein Gespür für Poes Suche nach diesem Wert? Der Grund könnte darin liegen, dass die heutige amerikanische Gesellschaftsordnung eine radikal horizontalisierte ist, während Poe als Südstaatler an der aristokratischen Vertikalität festhielt. Für ihn gab es Egalität nur im Sinne jenes Anspruchs auf Gottgleichheit, den er am Schluss von *Eureka* formulierte. Kinder spielen in seinem Werk keine Rolle. Ein einziges Mal, nämlich in *Morella*, wird dem Erzähler ein Kind geboren, das sich dort als bedrohlicher Wiedergänger erweist; denn zuerst tötet das Kind, eine Tochter, bei der Geburt die Mutter, und dann tötet die Mutter die Tochter, indem sie sich in ihr zu reinkarnieren versucht.

Poe hatte nichts mit der romantischen Kindlichkeit im Sinn, wie sie der von ihm verachtete Wordsworth idealisierte. Sein Ideal von Unschuld ist eine ästhetische Sphäre jenseits von Gut und Böse. Dass Amerikaner, die die Utopie eines unschuldigen, d.h. gerechten Gesellschaftszustands im Hier und Heute verwirklichen wollen, für diese metaphysische Sehnsucht Poes wenig Interesse aufbringen, ist verständlich. Noch inakzeptabler muss aber für sie sein, dass er eine Wurzel ihres

Moralismus, eben den Unschuldsmythos, zu etwas bloß Ästhetischem machte. Insofern hat Harold Bloom recht, wenn er in Poe den unamerikanischen Gegenpol zu der uramerikanischen Position sieht, die durch Emerson repräsentiert wird, den Inbegriff der ins Ethische gewendeten amerikanischen Romantik. Es ist paradox und tragisch zugleich, dass Poe ein nach Mutterliebe hungerndes Kind blieb, während er sich geistig mit dem europäischen Übervater identifizierte, den Amerika politisch und ideologisch verworfen hatte. Zwischen der Rolle des machtvollen Herrschers im Reich der Literatur und der des Kindes, das im Schoß der Mutter nach Geborgenheit sucht, gab es für ihn nichts – außer dem Malstrom, an dessen Rand er sein ganzes Leben verbrachte.

Das Schlusswort soll Poe selber haben, mit Versen aus dem Gedicht *Dream-Land (Traumland)*, das er 1844 publizierte. Es ist seine suggestivste Beschwörung jenes Grenzbereichs der Träume und der weiter existierenden Toten, zu dem es ihn sein Leben lang hinzog.

> Pfade, einsam und obskur,
> Böser Engel dunkle Spur,
> Wo ein Eidolon, die Nacht,
> Hoch auf schwarzem Throne wacht,
> Führten jüngst mich in dies Land,
> Weg von Thules trübem Rand,
> Weg von Breiten wild und weit,
>   voll Erhabenheit,
> Außer RAUM - außer ZEIT.
>
> ...
>
> Für ein Herz, von Weh berannt,
> Ist's ein friedevolles Land –
> Einem Geist aus Schattenhainen
> Will's wie Eldorado scheinen.
> Doch wer's wagt hindurchzugehen,
> Darf 's mit offnem Blick nicht sehen.
> Niemals ward sein Rätselbild
> Schwachem Menschenaug' enthüllt;
> So will's sein König, der beim Leben
> Verboten hat das Lid zu heben.
> Drum dürfen Seelen, die hier gehn,
> Nur durch geschwärzte Gläser sehn.

ANHANG

Zeittafel

Die für jedes Jahr genannte Anzahl von Rezensionen und Essays soll nur eine ungefähre Vorstellung von Poes Arbeitsleistung vermitteln. Da immer neue anonyme Texte auftauchen, die ihm zugeschrieben werden, gibt es keine exakten Zahlen.

1806	Eheschließung der Eltern Elizabeth Arnold und David Poe.
1807	Geburt des ersten Sohns William Henry (30. Januar).
1809	Geburt des zweiten Sohns Edgar in Boston (19. Januar).
1810	Geburt der Tochter Rosalie (20. Dezember).
?	David Poe verlässt die Familie.
1811	Am 8. Dezember stirbt die Mutter auf einer Tournee in Richmond (Virginia). Henry kommt zum Großvater nach Baltimore, Rosalie zur Familie MacKenzie und Edgar zu John Allan in Richmond.
1812–14	KRIEG MIT ENGLAND.
1815	Die Allans gehen mit Edgar für fünf Jahre nach England; dort Schulbesuch.
1817–25	PRÄSIDENT JAMES MONROE (DEMOKRAT.-REPUBL.).
1820	Rückkehr nach Richmond. Schulbesuch bis 1825. Allan ist zuletzt sehr unzufrieden mit seinem Pflegesohn.
1825–29	PRÄSIDENT JOHN QUINCY ADAMS (REPUBLIKANER).
1825	John Allan wird durch Erbschaft sehr wohlhabend. Edgars erste Liebe zu Sarah Elmira Royster wird von deren Vater unterbunden.
1826	Edgar besucht die Universität von Virginia in Charlottesville.
1827	Abbruch des Studiums. Bruch mit Allan. Militärdienst in Fort Independence, später in Fort Moultrie, Sullivan's Island bei Charleston (South Carolina). Erster Gedichtband *Tamerlane and Other Poems*.
1828	Militärdienst in Fort Monroe (Virginia).
1829–37	PRÄSIDENT ANDREW JACKSON (DEMOKRAT).
1829	Am 28. Februar stirbt Mrs. Allan. Edgar besucht den Pflegevater am Tag nach der Beerdigung; Verbesserung der Beziehung, aber keine Versöhnung. Entlassung aus dem Militärdienst. *Al Aaraaf, Tamerlane and Minor Poems*.
1830	Zulassung zur Militärakademie West Point. John Allan heiratet wieder.

1831 Edgar verlässt West Point, geht zu Tante Maria Clemm in Baltimore. *Poems by Edgar A. Poe*. Erste Erzählungen.

1832 *Metzengerstein* und vier weitere Erzählungen erscheinen im *Baltimore Saturday Courier*.

1833 Poe gewinnt 50 $-Preis mit *Ms. Found in a Bottle*.

1834 John Allan stirbt, ohne Poe etwas zu hinterlassen.

1835 Anstellung am *Southern Literary Messenger* in Richmond. 6 Erzählungen, 26 Rezensionen, ein Dramenfragment. Verlobung mit der 13-jährigen Cousine Virginia (Sissy).

1836 Am 16. Mai Eheschließung. Mrs. Clemm (Muddy) und Sissy ziehen zu Poe nach Richmond. 1 Erzählung, 7 Essays, 79 Rezensionen. Jahreseinkommen ca. 800 $.

1837 BANKENKRISE.

1837–41 PRÄSIDENT MARTIN VAN BUREN (DEMOKRAT).

1837 Poe gibt seine Stellung in Richmond auf, geht nach New York, findet dort aber keine Anstellung. 1 Rezension.

1838 *The Narrative of Arthur Gordon Pym* und *Ligeia*. Poe geht mit Sissy und Muddy nach Philadelphia.

1839 Poe wird Redakteur von Burtons *The Gentleman's Magazine* für 10 $ die Woche. 4 Erzählungen, 4 Essays, 57 Rezensionen.

1840 *Tales of the Grotesque and Arabesque* (Aufl. 750; kein Honorar, nur Freiexemplare). 41 Essays, 22 Rezensionen. Poe verlässt *Burton's*; plant eigenes *Penn Magazine*.

1841 PRÄSIDENT WILLIAM HENRY HARRISON STIRBT NACH AMTSANTRITT.

1841–45 PRÄSIDENT JOHN TYLER (WHIG).

1841 Poe wird Redakteur von *Graham's Magazine*. 6 Erzählungen, 3 Essays, 43 Rezensionen. Bekanntschaft mit Griswold. *The Murders in the Rue Morgue*. Jahreseinkommen ca. 1000 $.

1842 Im Januar erster Blutsturz bei Virginia. Im April beendet Poe die Mitarbeit an *Graham's*. 5 Erzählungen, 2 Essays, 32 Rezensionen.

1843 Vertrag mit Clarke über *The Stylus*. Poe gewinnt 100 $-Preis mit *The Gold-Bug*. Er betrinkt sich in Washington und macht seine Aussicht auf einen Staatsposten zunichte. Clarke kündigt den *Stylus*-Vertrag. Von November 1843 bis Januar 1844 fünf Vorträge in Philadelphia, Wilmington, Newark (Del.) und Baltimore über «American Literature». 5 Erzählungen, 5 Essays, 3 Rezensionen.

1844 Im April geht Poe nach New York. Ab Oktober feste Tätigkeit am *Evening Mirror* (Hg. N.P. Willis). 10 Erzählungen, 8 Essays, 3 Rezensionen. Geschätzte Einkünfte 425 $.

1845–49 PRÄSIDENT JAMES KNOX POLK (DEMOKRAT).

1845 TEXAS SCHLIESST SICH DEN USA AN.

1845 Am 29. Januar erscheint *The Raven*. Mitarbeiter, dann Mitherausgeber am *Broadway Journal*. 7 Erzählungen, 32 Essays, 48 Rezensionen. *Tales by Edgar A. Poe*. Literarischer Flirt mit Frances Sargent Osgood. «Longfellow-Krieg». Vortrag in Reading (Penns.) und missglückte Dichterlesung in Boston. Jahreseinkommen ca. 700 $.

1846–48 KRIEG GEGEN MEXIKO.

1846 Poe geht nach Fordham. Virginias Schwindsucht schreitet fort. 2 Erzählungen, 10 Essays, 4 Rezensionen.

1847 Am 30. Januar stirbt Virginia. Poe erhält 225 $ Entschädigung nach einer Verleumdungsklage. Sehr geringe Produktion.

1848 GOLDFUNDE IN KALIFORNIEN, AB 1849 GOLD RUSH.

1848 Am 3. Februar Vortrag «The Universe» in New York. Im Sommer erscheint *Eureka*. Poe erhält dafür 14 $. Reise nach Richmond, angeblich starker Rückfall in die Trunksucht. Vermutlich erste Wiederbegegnung mit seiner Jugendliebe Sarah Elmira Royster Shelton. Nach der Rückkehr Bekanntschaft mit Sarah Helen Whitman («Helen») in Providence (Rhode Island). Heiratsantrag. Vortrag in Lowell (Mass.) über «The Poets and Poetry of America«. Poe verliebt sich in Nancy Locke Heywood («Annie»). Am 20. Dezember Vortrag «The Poetic Principle» in Providence vor ca. 2000 Zuhörern. Helen nimmt zwei Tage vor dem Heiratstermin (25. 12.) ihr Ja-Wort zurück. Jahreseinkommen 166 $ (?).

1849 Poe treibt *Stylus*-Projekt voran. Geht nach Richmond; unterwegs in Philadelphia Rückfall in die Trunksucht. In Richmond und Norfolk drei erfolgreiche Vorträge über «The Poetic Principle». Poe wirbt um seine Jugendliebe Sarah Elmira Royster; Heiratspläne. Am 27. September bricht er nach New York auf, strandet in Baltimore und stirbt dort am 7. Oktober unter mysteriösen Umständen.

1850 *The Poetic Principle* wird im *Home Journal* (Aug.) abgedruckt. 1850 bis 1856 erscheinen *The Works of the Late Edgar Allan Poe; with a Memoir by Rufus Wilmot Griswold, and Notices of His Life and Genius by Nathaniel Parker Willis and James Russell Lowell, in Four Volumes*. New York, Redfield.

Poes Werke

Poes Gesamtwerk (Gedichte, Erzählungen, Essays, Kritiken und Briefe) um-
fasst in der 17-bändigen Virginia-Ausgabe eine Textmenge von ca. 4500 Seiten.
Zahlreiche weitere Briefe sind verloren gegangen, und eine unbestimmte Menge bisher nicht entdeckter Texte aus seiner Feder wird in Zeitschriften vermutet, von denen manche nicht gesammelt wurden.
Im Folgenden sind bei den Erzählungen die Titel in Klammern die endgültigen.
Von den Gedichten werden nur die bedeutenderen einzeln aufgeführt.

1827   *Tamerlane and Other Poems.* Boston
1829   *Al Aaraaf, Tamerlane and Minor Poems.* Baltimore
1831   *Poems.* New York
1832   *Metzengerstein* in Philadelphia Saturday Courier, 14. Jan. Nachdr. in
        Southern Literary Messenger, Januar 1836
        The Duc de L'Omelette in Courier, 3. März. Nachdr in Messenger,
        Februar 1836
        A Tale of Jerusalem in Courier, 9. Juni. Nachdr. in Messenger, April 1936
        A Decided Loss (Loss of Breath) in Courier, 10. Nov. Nachdr. in
        Messenger, September 1835
        The Bargain Lost (Bon-Bon) in Courier, 1. Dezember. Nachdr. in
        Messenger, August 1835
1833   *MS. Found in a Bottle* in The Baltimore Saturday Visiter 19. Oktober.
        Nachdr. in Messenger, Dezember 1835
1834   *The Visionary (The Assignation)* in Godey's Lady's Book, Januar 1835
1835   *Berenice – A Tale* in Messenger, März
        Morella in Messenger, April
        Lionizing. A Tale in Messenger, Mai
        Hans Phaall – A Tale (The Unparalleled Adventures of one Hans Pfaall)
        in Messenger, Juni
        Shadow – A Fable in Messenger, September (anonym)
        King Pest the First. A Tale Containing an Allegory in Messenger,
        September (anonym)
1836   *Epimanes (Four Beasts in One; The Homo-Cameleopard)* in Messenger, März
        Maelzel's Chess-Player in Messenger, April
        Von Jung. The Mystific (A Mystification) in American Monthly, Mai

1837   The *Narrative of Arthur Gordon Pym of Nantucket*. Teilabdr. in
       Messenger (Januar u. Februar)

1838   *The Narrative of Arthur Gordon Pym of Nantucket*, New York
       Ligeia in American Museum of Science, Literature, and the Arts,
       September
       Siope. In the Manner of the Psychological Autobiographists (Silence) in
       Baltimore Book
       The Psyche of Zenobia (How to Write a Blackwood Article) in American
       Museum, 1838, November
       The Scythe of Time (A Predicament) in American Museum, November

1839   *The Haunted Palace* (später in *The Fall of the House of Usher* inkorpo-
       riert) in American Museum, April
       The Devil in the Belfry in Philadelphia Saturday Chronicle, Mai
       The Fall of the House of Usher in Burton's, Mai
       The Man that was Used Up in Burton's Gentleman's Magazine, August
       William Wilson in Burton's, Oktober
       The Conversation of Eiros and Charmion in Burton's, Dezember

1840   *Tales of the Grotesque and Arabesque*. Philadelphia (darin als einzige
       nicht früher publizierte Erzählung *Why the Little Frenchman Wears
       His Hand in a Sling*)
       Peter Pendulum, the Business Man (The Business Man) in Burton's,
       Februar
       The Man of the Crowd in Graham's Magazine, Dezember

1841   *The Murders in the Rue Morgue* in Graham's, April
       A Descent into the Maelström in Graham's, Mai
       The Island of the Fay in Graham's, Juni
       The Colloquy of Monos and Una in Graham's, August
       *Never Bet Your Head, A Moral Tale (Never Bet the Devil Your Head. A
       Tale with a Moral)* in Graham's, September
       Eleonora in New York Weekly Tribune, 18. September. Danach in The
       Gift 1942 (erschien bereits 1841)
       A Succession of Sundays (Three Sundays in a Week) in Saturday Evening
       Post, 27. November
       A Chapter on Autography in Messenger, November

1842   *Life in Death (The Oval Portrait)* in Graham's, April
       The Masque of the Red Death in Graham's, Mai
       The Pit and the Pendulum in The Gift
       *The Mystery of Marie Rogêt. A Sequel to 'The Murders in the Rue
       Morgue* in Snowden's Ladies' Companion, November, Dezember,
       Februar

1843   *The Tell-Tale Heart* in The Pioneer, Januar
       The Gold-Bug in Dollar Newspaper, 21. u. 28. Juni

The Black Cat in Saturday Post, 19. August
Raising the Wind; or, Diddling Considered as One of the Exact Sciences in Saturday Courier, 14. Oktober
The Pit and the Pendulum in The Gift

1844   *Morning on the Wissahiccon (The Elk)* in The Opal
The Spectacles in Dollar Newspaper, 27. März
The Balloon-Hoax in New York Sun, 13. April
A Tale of the Ragged Mountains in Godey's Lady's Book, April
The Premature Burial in Dollar Newspaper, 31. Juli
Mesmeric Revelation in Columbian Magazine, August
The Oblong Box in Godey's Lady's Book, September
The Purloined Letter in The Gift, September
The Angel of the Odd in Columbian Magazine, Oktober
Thou Art the Man, Godey's, November
The Literary Life of Thingum Bob, Esq. in Messenger, Dezember

1845   *The Raven and Other Poems.* New York
The Thousand-and-Second Tale if Scheherezade in Godey's Lady's Book, Februar
Some Words with a Mummy in American Review, April
The Power of Words in Democratic Review, Juni
The Imp of the Perverse in Graham's, Juli
The System of Dr. Tarr and Professor Fether, in Graham's, November
The Facts of M. Valdemar's Case in The American Review, Dezember

1846   *The Sphinx* in Arthur's Ladies' Magazine, Januar
Philosophy of Composition in Graham's, April
The Cask of Amontillado in Godey's, Oktober

1847   *The Domain of Arnheim* in Columbian Magazine, März
Ulalume in The American Review, Dezember

1848   *Eureka. A Prose Poem.* New York
The Rationale of Verse in Messenger, Oktober u. November

1849   *Mellonta Tauta* in Godey's, Februar
Hop-Frog: or, The Eight Chained Orang-Outangs in The Flag of Our Union, 17. März
Von Kempelen and his Discovery in The Flag, 14. April
X-ing a Paragrab in The Flag, 12. Mai
Landor's Cottage in The Flag, 9. Juni
Annabel Lee in The Daily Tribune, 9. Oktober
The Bells in Union Magazine of Literature and Art, November

1850   *The Poetic Principle* in Home Journal, 31. August.

Zeitschriften

Außer den Zeitschriften, in denen Poe publizierte, werden auch die seiner Gegner aufgeführt. Die jeweils genannte Anzahl von Beiträgen ist nicht vollständig; sie soll nur anzeigen, wie wichtig die betreffende Zeitschrift für Poe war.

Alexander's Weekly Messenger (1837–48; wöchentl. in Philadelphia). Darin von Poe 1840 zahlreiche Essays.

The American Museum of Science, Literature and the Arts (1838–39? in Baltimore; hg. v. Dr. Brooks und Poes Freund Dr. J. E. Snodgrass). Hier erschienen *Ligeia* und *The Haunted Palace*.

American Review (1845–50; nach 1850 American Whig Review; monatl. in New York). Politisches Organ der Whigs. Hier erschienen *The Raven, Ulalume* und 2 Erzählungen.

The Aristidean (1845; monatl. in New York). Die von Thomas Dunn English gegründete Zeitschrift ging schon nach wenigen Heften ein.

(Arthur's) Ladies' Magazine (1843–64; monatl. in New York). Ging aus Miss Leslie's Magazine hervor und wurde danach von Godey's Lady's Book übernommen. Von Poe erschien hier 1846 *The Sphinx*.

The Baltimore Saturday Visiter (1832–50?; wöchentl.). Hier gewann Poe 1833 mit *MS. Found in a Bottle* den ersten Preis.

Broadway Journal (1845–46; wöchentl. in New York); von Poe mitbegründet; zuletzt gehörte es ihm für kurze Zeit allein.

Burton's Gentleman's Magazine (1837–40; monatl. in Philadelphia). Von Burton gegründet, daher meist als Burton's zitiert. 1839/40 wirkte Poe hier als Herausgeber. Die Zeitschrift ging 1840 in Graham's auf. Von Poe erschienen darin 79 Rezensionen und 6 Geschichten.

The Columbia Spy (1636–89; wöchentl. in Columbia, Penns.). Provinzzeitschrift, für die Poe feuilletonistische Berichte aus New York schrieb.

Columbian Lady's and Gentleman's Magazine (1844–49; monatl. in New York); als Konkurrenz zu Graham's gegründet. Von Poe erschien darin *The Domain of Arnheim*.

The Dial (Juli 1840–April 1844; vierteljährl. in Boston). Zeitschrift der Transzendentalisten, hg. v. Margaret Fuller.

The Dollar Newspaper (1843–64; wöchentl. in Philadelphia). Wurde 1864 aufgekauft und in Home Weekly and Household Newspaper umbenannt. Bei dem Preisausschreiben dieser Zeitschrift gewann Poe mit *The Gold-Bug* den ersten Preis. Später erschien hier *The Spectacles* und *Premature Burial*.

The Flag of Our Union (1846–65; wöchentl. in Boston). Von Poe 1849 drei Gedichte u. vier Erzählungen, darunter *Hop-Frog* und *Landor's Cottage*.

Godey's Lady's Book (1830–98; monatl. in Philadelphia). 1837–77 von Sarah J. Hale herausgegeben. Beiträge von Emerson, Longfellow, Hawthorne, Poe u. a.; hohe Auflage. Von Poe 6 Geschichten, darunter *The Cask of Amontillado* und Rezensionen, vor allem die Serie *The Literati*.

Graham's Magazine (1826/40–58; monatl. in Philadelphia). Ging aus der Zusammenlegung von Atkinson's Casket und Burton's hervor. Als Herausgeber brachte Poe von 1841 bis 1842 die Auflage von 5000 auf 35 000. Er publizierte hier 77 Rezensionen, 10 Geschichten und 12 Essays.

The Home Journal (1846–1901; wöchentl. in New York). Von N.P. Willis und G.P. Morris als Ableger des New York Mirror gegründet. Von Poe erschien posthum der Essay *The Poetic Principle*.

The Knickerbocker Magazine (1833–65; monatl. in New York). 1834–61 hg. von den Zwillingen Lewis und Willis Clark. Hier publizierten Irving, Longfellow, Hawthorne, Willis, Whittier, Bryant, Holmes u.a.m.

The New-England Magazine (1831–35; monatl. in Boston). Zu der Zeit das wichtigste literarische Magazin in Neuengland; wurde abgelöst von The American Monthly Magazine (1833–38), das seinerseits in dem von Horace Greeley 1834 gegründeten ersten New Yorker aufging.

New-York Mirror (1823–60; wöchentl.). Ab 1842 The New Mirror; ab 1844 als Tageszeitung The Evening Mirror, für den Poe als Literaturkritiker schrieb.

The North American Review (1815–1939; vierteljährl., später monatl. in Boston). Sehr einflussreich.

The Philadelphia Saturday Museum (1842–44; wöchentl.). Zu Werbezwecken wurde Poe als Mitherausgeber genannt, obwohl er es nicht war. Hier erschien am 25. Februar 1843 eine Biographie von ihm mit Porträt und vielen Gedichten.

The Philadelphia Saturday Courier (?–?; wöchentl.). Hier erschienen 1832 Poes erste Geschichten.

The Pioneer (1843; monatl. in New York). Von James Russell Lowell und Robert Carter gegr., ging nach 3 Ausgaben ein. Von Poe erschien darin *The Tell-Tale Heart*.

The Saturday Evening Post (1821–1969; wöchentl. in Philadelphia). Beiträge von Cooper, Poe, Willis u. a. Zu der Zeit, als Poes *The Black Cat* hier erschien, hieß die Zeitschrift vorübergehend United States Saturday Post.

(Snowden's) Lady's Companion (1834–44; monatl. in New York). Entstand als Konkurrenz zu Godey's und Graham's. Von Poe erschien hier *The Mysteries of Marie Rogêt*.

Zeitschriften

Southern Literary Messenger (1834–64; monatl. in Richmond). Gegr. von Th. W. White. Poe brachte als Herausgeber die Auflage von 500 auf 3 000. Von ihm stammen 113 Rezensionen, 6 Gedichte, 8 Essays und 8 Erzählungen.

Union Magazine of Literature and Art (1847–52; monatl. in New York). Beiträge von Longfellow, Lowell, Willis, Th. D. English, Griswold u. a.; von Poe *The Bells*. Der Graveur Sartain kaufte das Magazin 1848 und nannte es Sartain's Union Magazine.

United States Magazine and Democratic Review (1837–49; monatl. in Washington, ab 1841 in New York). Literarisch und politisch; sehr patriotisch. Hier wurde der Ausdruck «Manifest Destiny» geprägt. Von Poe erschien *The Power of Words*.

Schreibende Zeitgenossen

Bird, Robert Montgomery (1806–1854)
Promovierter Arzt. Schrieb Tragödien, Komödien und Romane. Ab 1847 literarischer Redakteur des *North American* in Philadelphia. Poe rezensierte einige seiner Werke.

Briggs, Charles Frederick (1804–1877)
Schrieb Romane, gab mit Poe das *Broadway Journal* heraus, wandte sich später gegen ihn. Poe schrieb über ihn in *The Literati*.

Bryant, William Cullen (1794–1878)
Führender amerikanischer Versdichter vor Poe. Poe rezensierte ihn und rühmte ihn in einem seiner Vorträge, nachdem er sich vorher kritisch über ihn geäußert hatte.

Channing, William Ellery (1818–1901)
Versdichter, schloss sich den Transzendentalisten an und zog nach Concord, wo er Freundschaft mit Henry Thoreau schloss. Margaret Fuller war seine Schwägerin. Poe widmete ihm 1843 eine seiner unfairsten Kritiken.

Child, Lydia Maria (1802–1880)
Eine führende Aktivistin des *abolitionism* aus Massachusetts. Poe schrieb über sie in *The Literati*.

Chivers, Thomas Holley (1809–1858)
Mediziner aus Georgia, später Versdichter. Er bewunderte Poe. Sein Spätwerk wurde sentimental und bedeutungslos.

Clark, Lewis Gaylord (1808–1873)
Herausgeber des *Knickerbocker Magazine*. Schrieb humoristische Texte. Griff Poe an, der ihn seinerseits lächerlich machte.

Cooke, Philip Pendleton (1816–1850)
Versdichter, schrieb für *Burton's Magazine*. Stand mit Poe in Briefkontakt.

Schreibende Zeitgenossen

Cooper, James Fenimore (1789–1851)
Autor der Lederstrumpf-Romane. Erster amerikanischer Romancier von Weltrang. Poe hat ihn rezensiert, ansonsten aber wenig beachtet.

Cranch, Christopher Pearse (1813–1892)
Mitglied der Transzendentalistenbewegung; schrieb Gedichte für *The Dial*, übersetzte später die *Aeneis* (1872). Poe schrieb über ihn in *The Literati*.

Duyckinck, Evert A. (1816–1878)
Wichtiger Enzyklopädist, schuf die *Cyclopedia of American Literature* (1855). War Poe freundschaftlich gesinnt.

Emerson, Ralph Waldo (1803–1882)
Dichter und philosophischer Essayist. Zentralfigur der so genannten Transzendentalisten, die er an seinem Wohnort Concord, Mass., um sich scharte. Obwohl Poe sein Denken ablehnte, beurteilte er ihn als Dichter freundlicher als dieser ihn, der Poe als *jingle-man* bezeichnete.

English, Thomas Dunn (1819–1902)
Studierte Medizin und Jura, schrieb Gedichte und Dramen und war von 1891–95 Kongressabgeordneter. Unterhielt anfangs professionelle Kontakte zu Poe, die später durch Poes Schuld in heftige Feindschaft übergingen.

Fay, Theodore Sedgwick (1807–1898)
Dichter, Erzähler und Kritiker; 1828–33 Herausgeber des *New York Mirror*; nach 1837 Diplomat in England, Deutschland und der Schweiz. Poe verriss seinen Roman *Norman Leslie* (1835) und machte sich damit in der New Yorker Literaturszene unbeliebt.

Fuller, (Sarah) Margaret (1810–1850)
Prominentes Mitglied der Transzendentalisten; gab deren Zeitschrift *The Dial* heraus. Lieferte mit *Woman in the Nine-Nineteenth Century* (1845) den ersten bedeutenden Beitrag zum Feminismus in Amerika. Sie heiratete in Italien den Marquis Ossoli, einen Anhänger Mazzinis, und starb auf der Rückreise mit ihrem Baby bei einem Schiffbruch. In *The Literati* beginnt Poe ein Porträt von ihr mit rühmenden Worten, die dann übergehen in Kritik an ihrem Feminismus, ihrem Stil und sogar ihrem Gesichtsausdruck. In einem Brief beschreibt er sie als *grossly dishonest* (äußerst unaufrichtig) und nennt sie eine «wetterwendische und bösartige alte Kröte».

Greeley, Horace (1811–1872)
Führender Journalist des liberalen Lagers, prägte den Slogan «Go West, Young Man!» Er gründete 1841 die *New-York Tribune*, die er 30 Jahre lang herausgab.

Griswold, Rufus Wilmot (1815–1857)
Kompilator von *The Poets and Poetry of America* (1842). Gab Poes Werke posthum heraus und schrieb dazu ein verleumderisches *Memoir*, das lange nachwirkte.

Hale, Sarah Josepha (1788–1879)
Berühmt durch ihr Kindergedicht *Mary had a little lamb*; gab von 1837 bis 1877 *Godey's Magazine* heraus.

Halleck, Fitz-Greene (1790–1867)
Mitglied der Knickerbocker Group; schrieb zusammen mit J. R. Drake die anonymen Zeitsatiren *Croaker Papers*, die ab 1819 in Zeitungen erschienen. Poe schrieb über ihn in *The Literati*.

Hawthorne, Nathaniel (1804–1864)
Hoch geschätzter Erzähler aus der puritanischen Tradition Amerikas, mit der er sich in seinen Romanen auseinandersetzte. Poe rezensierte von ihm *Twice Told Tales* (1837) und *Mosses From an Old Manse* (1846). Später wurde er berühmt durch *The Scarlet Letter* (1850). Poe und Hawthorne empfanden für einander distanzierte Wertschätzung.

Hirst, Henry Beck (1817–1874)
Exzentrischer Dichter aus Philadelphia, der dort mit Poe freundschaftlich verkehrte. Gleich nach Poes Tod schrieb er einen rühmenden Nachruf.

Hoffman, Charles Fenno (1806–1884)
New Yorker Dichter und Romanautor. Mit Griswold befreundet, der ihm in seiner Anthologie 12 Seiten einräumte. Poe schrieb über ihn in *The Literati*.

Holmes, Oliver Wendell (1809–1894)
Ein Hauptvertreter der so genannten Neuengland-«Brahmanen». Er selbst benutzt diesen Begriff in seinem Roman *Elsie Venner* (1861). Holmes war von 1847 bis 1882 Anatomieprofessor an der Harvard Universität. Daneben schrieb er Gedichte, Romane und Essays und pflegte eine intellektuelle Tafelrunde. Poe hatte seine *Poems* von 1836 nicht zur Kenntnis genommen, da er alles ablehnte, was aus Boston, Cambridge und Concord, den geistigen Zentren Massachusetts, kam. Eine Ausnahme machte er nur bei Hawthorne und Lowell.

Irving, Washington (1783–1859)
Neben Cooper der zweite amerikanische Erzähler des frühen 19. Jahrhunderts, der es zu Weltruhm brachte. Mit *The Sketch Book* (1819–20) begründete er die Tradition der Kurzgeschichte. Seine berühmtesten Erzählungen sind *Rip van Winkle* und *The Legend of Sleepy Hollow*.

Kennedy, John Pendleton (1795–1870)
Praktizierender Jurist und 1838 bis 1844 Kongressabgeordneter der Whigs. Schrieb Romane aus dem Südstaatenmilieu. Freund und Gönner Poes.

Kirkland, Caroline Stansbury (1801–1864)
Schrieb Romane über Frontier-Erlebnisse; lebte ab 1843 in New York und gab 1847 das *Union Magazine* heraus.

Lewis, Sarah Anna (1824–1880)
Schrieb unter den Namen ‹Estelle Anna Lewis› und ‹Stella› sentimentale Gedichte. Poe ließ sich aus Geldnot dafür einspannen, ihre Gedichte herauszugeben und zu besprechen.

Lippard, George (1822–1854)
Exzentrischer Erzähler und Dramatiker aus Philadelphia. Schrieb populäre Romane und Theaterstücke. Er half Poe in Philadelphia bei der Suche nach dem verlorenen Koffer.

Longfellow, Henry Wadsworth (1807–1882)
Der berühmteste und höchstgeschätzte amerikanische Dichter des 19. Jahrhunderts. Bereiste 1826–29 Europa, war 1829–35 Professor am Bowdoin College und 1836–54 Professor an der Harvard Universität. Schrieb traditionelle, wenig originelle, aber doch qualitätvolle Lyrik mit einer Tendenz zum Didaktischen. Poe warf ihm Plagiat vor und löste damit den so genannten «Longfellow-Krieg» aus.

Lowell, James Russell (1819–1891)
Bedeutender amerikanischer Versdichter; wurde durch die satirischen *Biglow Papers* (1846) berühmt. Anfangs mit Poe befreundet; nach seiner Heirat mit einer leidenschaftlichen Abolitionistin ging er zu ihm auf Distanz, beurteilte ihn aber fair. Lowell übernahm 1855 Longfellows Lehrstuhl an der Harvard Universität, war später Gesandter in Madrid und London. In Lowells Versatire *Fable for Critics* (1848 anonym) steht (mit Anspielung auf Dickens' *Barnaby Rudge*): «Hier kommt Poe mit dem Raben, wie Barnaby Rudge, / Drei Fünftel Genie und zwei Fünftel Quatsch». Poe war pikiert, verriss das Buch und sprach Lowell das Talent zur Satire ab, nachdem er ihn zuvor als die Nummer Zwei der ameri-

kanischen Dichtung gerühmt hatte (nach Longfellow). Aus Lowells Familie kamen weitere Dichter, darunter seine Nichte Amy Lowell (1874–1925) und sein Enkel Robert Lowell (1917–77).

Mathews, Cornelius (1817–1889)
Dichter, Dramatiker, Erzähler und Herausgeber von Zeitschriften in New York; gründete zusammen mit Duyckinck die Zeitschrift *Arcturus*. Er beklagte sich bei Poe darüber, dass dieser sein Gedicht *Wakondah* als «*trash*» bezeichnet hatte, worauf Poe einen Entschuldigungsbrief schrieb.

Melville, Herman (1819–1891)
Neben Hawthorne der bedeutendste amerikanische Epiker des 19. Jahrhunderts. Schrieb nach Jahren zur See seine dort gesammelten Erfahrungen in Romanen nieder: *Typee* (1846), *Omoo* (1847), *Mardi* (1849), *White Jacket* (1850), *Moby Dick* (1851). Poe hat ihn anscheinend nicht zur Kenntnis genommen.

Mowatt, Anna Cora (1819–1870)
Arbeitete als Schauspielerin und Komödienschreiberin. Poe kritisierte sie in *The Literati*.

Neal, John (1793–1876)
Sohn einer Quäkerfamilie aus Portland, Maine. Schrieb zahlreiche Romane und Rezensionen. Lebte 1823–27 in England und machte sich dort einen Namen als Kritiker. Seine Artikel über 135 amerikanische Autoren stellen den ersten Versuch einer Geschichte der amerikanischen Literatur dar. Poe widmete ihm die zweite Auflage von *Tamerlane*. Neal rezensierte das Buch freundlich und nannte es vielversprechend; manches sei zwar «Nonsens, doch exquisiter Nonsens».

Osgood, Frances Sargent (1811–1850)
Schrieb Gedichte in der viktorianisch-sentimentalen Tradition. Mit Poe befreundet, der ihre Gedichte über Gebühr rühmte.

Paulding, James Kirke (1778–1860)
Sehr produktiver Autor aus dem Staat New York; schrieb Satiren und realistische Romane. Hatte 1815–23 und 1838–41 Regierungsämter bei der Marine inne. Poe, der von ihm frühe Anerkennung erfuhr, bat ihn vergeblich, ihm irgendein Amt zu verschaffen.

Sargent, Epes (1813–1880)
Vielseitiger Autor aus Boston; schrieb Romane, romantische Tragödien und satirische Komödien. Poe schrieb über ihn in *The Literati*.

Schreibende Zeitgenossen

Sedgwick, Catharine Maria (1789–1867)
Schrieb romantisch-moralisierende Familienromane. Poe schrieb über sie in *The Literati*.

Sigourney, Lydia Huntley (1791–1865)
Dichterin aus Connecticut, die rund 60 Bücher und nach eigenen Angaben mehr als 2000 Artikel schrieb. Ihre frommen, sentimentalen Verse waren zu ihrer Zeit sehr populär. Sie beklagte sich bei Poe über eine zu strenge Rezension, worauf dieser ihr einen mit Komplimenten gespickten Brief schrieb.

Simms, William Gilmore (1806–1870)
Romanautor aus Charleston. Schrieb Abenteuerromane, die an der Frontier des Südens spielen. Deshalb wird er als der «Cooper des Südens« bezeichnet. Poe rezensierte seinen Roman *The Partisan* sehr unfair, was Simms ihm aber nicht nachtrug; denn er schrieb Poe 1846 einen freundlichen Brief mit ehrlich gemeinten Ratschlägen.

Stoddard, Richard Henry (1825–1903)
Dichter und Literaturkritiker. Schickte seine *Ode on a Grecian Flute* an Poe zur Veröffentlichung im *Broadway Journal*. Der vermutete ein Plagiat und verbummelte das Manuskript, was zu einer unerfreulichen Begegnung der beiden führte. Stoddard schrieb später sehr kritische Aufsätze über Poe.

Thomas, Frederick William (1806–1866)
Studierter Jurist; arbeitete als Anwalt, Journalist, Lehrer und Regierungsbeamter in Washington. Schrieb daneben und danach realistische Romane. Der gehbehinderte Junggeselle, der Poe sehr bewunderte, versuchte ihm ein Regierungsamt zu verschaffen und hielt ihm bis zuletzt die Treue.

Whitman, Sarah Helen (1803–1878)
Achtbare Dichterin. Poes «Helen«; verteidigte Poe gegen seine Verleumder auch noch, nachdem sie kurz vor der Eheschließung das ihm gegebene Ja-Wort zurückgezogen hatte.

Whittier, John Greenleaf (1807–1892)
Stammte aus einer Quäkerfamilie in Massachusetts, genoss hohes Ansehen und war sehr produktiv. Wegen seines Einsatzes gegen die Sklaverei und seiner religiösen Thematik nahm Poe ihn kaum zur Kenntnis. In der ersten Auflage von Griswolds Anthologie ist er mit 19 Seiten vertreten (Hoffman mit 12, Sigourney mit 8, Longfellow mit 4 und Poe mit 2).

Willis, Nathaniel Parker (1806–1867)
War zu Poes Zeiten der bestverdienende Autor mit ca. 5000 Dollar im Jahr und galt als der führende Dichter der USA. Damals soll der Scherz umgegangen sein, Goethe sei «der Willis von Deutschland» (obwohl Willis eher an Heine erinnert). Er war ein rühriger Herausgeber von Zeitschriften, schrieb ironisch-weltläufige Gedichte, Reiseberichte, romantische Tragödien und in *Dashes at Life with a Free Pencil* (1845) Kurzgeschichten, die O. Henrys *surprise ending*-Technik vorwegnahmen. Willis blieb Poe gegenüber freundschaftlich gesinnt.

Wilmer, Lambert A. (1805 – 1863)
Herausgeber des *Baltimore Saturday Visiter*, bei dessen Preisausschreiben Poe mit *MS. Found in a Bottle* den ersten Preis gewann. Wilmer gehörte zu Poes frühesten Bewunderern und hielt bis zuletzt zu ihm. Poe rezensierte 1841 seine Literatursatire *The Quacks of Helicon* und tat dabei so, als nehme er die Getroffenen gegen Wilmer in Schutz, stimmte aber indirekt den boshaften Urteilen zu.

Quellen

Textzitate

Da die Virginia-Ausgabe von Poes Werken nur schwer erreichbar ist, wird auf die Angabe der Originalstellen der zitierten Werke und Briefe in dieser vollständigsten Quelle verzichtet. Bei allen Briefzitaten wird im Text das Datum genannt, so dass sie sich auch in anderen Ausgaben leicht auffinden lassen. Bei Zitaten aus den Werken dürfte es dank der Kürze der meisten Texte ebenfalls nicht schwer sein, die Originalstellen in jeder beliebigen Ausgabe zu finden. Bei umfangreicheren Werken wie *Eureka* wird im Text gesagt, ob sich das Zitat am Anfang, im Mittelteil oder gegen Ende befindet. Deshalb werden im Folgenden nur die Quellen der Fremdzitate angegeben. Auch diese wurden so ausgewählt, dass sich die meisten englischen Originalfassungen in einem einzigen Buch, nämlich in Arthur Hobson Quinns *Edgar Allan Poe. A Critical Biography* (New York 1941), nachlesen lassen. Einige der Nachrufe auf Poe kennt auch der Verfasser nur aus Quinns Buch. Alle Auslassungszeichen in den Zitaten gehören nicht in den Originaltext, sondern zeigen Auslassungen des Verfassers an.

S. 13 «Emerson, im Guten wie im ...»: Aus «Introduction« zu Edgar Allan Poe. Modern Critical Views, Hg. v. Harold Bloom (New York 1985), S. 5.
S. 53 «Kein anderer Junge hatte größeren ...»: Quinn, S. 82.
S. 53 «Was Edgars Gemütsart und Charakter ...»: Quinn, S. 83.
S. 54 «Richmond war damals gewiss ...»: Quinn, S. 84.
S. 54 «Edgar Poe war zu der Zeit ...» Aus: Frank T. Zumbach, E.A. Poe. Eine Biographie (München 1986), S. 79.
S. 57 «Er war ein schöner Junge ...»: Quinn, S. 91.
S. 57 Lieber Henry ...»: Quinn, S. 89.
S. 74 «Es sind nun mehr als zwei Jahre ...» Aus: Kenneth Silverman, Edgar Allan Poe. Mournful and Never-ending Remembrance (New York 1991), S. 96.
S. 80 «Sie sind jetzt stark genug ...»: Quinn, S. 240.
S. 83 «Während dieser Zeit sah ich ihn ...»: Quinn, S. 267.
S. 91 «Sagen wir zehn Dollar die Woche ...»: Quinn, S. 278.
S. 98 «Das Penn Magazine wird in ...»: Quinn, S. 308.
S. 99 «Das Penn, hoffe ich ...». Quinn, S. 309.

S. 107 «Die Liebe zu seiner Frau war ...»: Quinn, S. 348.

S. 117 «Poe war nicht mein Freund ...»: Quinn, S. 658.

S. 142 «Edgar A. Poe, einer der ... In: Thomas Dunn English, «Notes About Men of Note» in The Aristidean (April 1845). Zitiert nach: Readings on Edgar Allan Poe, Hg. v. Bonnie Szumski (San Diego 1998), S. 79.

S. 146 « Wir fanden ihn, seine Frau ...»: Quinn, S. 508.

S. 149 «Der Herbst kam, und Mrs. Poe ...»: Quinn, S. 524.

S. 174 «Als ich den Salon betrat ...»: Quinn, S. 623.

S. 175 «Ich hatte mich gerade zum Kirchgang ...»: Quinn, S. 628.

S. 179 «Er erklärte, dass die letzten ...»: Quinn, S. 635f.

S. 179 «Sehr geehrter Herr ...»: Quinn, S. 638.

S. 182 «Man durfte ihm nicht widersprechen ...»: Quinn, S. 647.

S. 183 «Wenige Männer reichen an ihn ...»: Quinn, S. 645.

S. 183 «Doch es gibt noch andere ...»: Quinn, S. 652.

S. 183 «Wenn die Hingabe einer Frau ...»: Quinn, S. 653.

S. 184 «Edgar A. Poe ist nicht mehr ...»: Quinn, S. 653f.

S. 184 «Was für ein melancholischer Tod ...»: Quinn, S. 655.

S. 185 «Poe war unzweifelhaft der größte ...»: Quinn, S. 678.

Bildzitate

Frontispiz: «Für Edgar Poe». Holzschnitt von Félix Valloton (1894). Aus: Ausstellungskatalog Félix Vallotton, bearb. v. Rudolf Koella, Folkwang Museum Essen 1995, Abb. 116.

Abb. 1: Elizabeth Arnold Poe. Unsignierte Miniatur. Aus: Arthur Hobson Quinn, Edgar Allan Poe. A Critical Biography (New York 1941), S. 31.

Abb. 2: John Allan und Frances Valentine Allan. Aus: Quinn, S. 63.

Abb. 3: Mrs. Jane Stith Craig Stanard. Ölbild. Aus: Quinn, S. 87.

Abb. 4: Die Universität von Virginia in Charlottesville (1831; The University of Virginia Library). Aus: Dietrich Kerlen, Edgar Allan Poe. Der schwarze Duft der Schwermut (Berlin 1999), Abb. 7.

Abb. 5: Titelblatt von Burtons The Gentleman's Magazine. Aus: Kenneth Silverman, Edgar A. Poe. Mournful and Never-Ending Remembrance (New York 1991), Abb. 9.

Abb. 6: Poes Titelblatt-Entwurf zu Phantasy-Pieces. Aus: Quinn, S. 338.

Abb. 7: Angebliches Porträt von Virginia. Aus: Michael J. Deas, The Portraits and Daguerreotypes of Edgar Allan Poe. University Press of Virginia, Richmond 1989, S. 172.

Abb. 8: Virginia. Unsigniertes Aquarell von 1847. Aus: Deas, S. 167.

Abb. 9: Virginias Valentin-Gedicht. Aus: Quinn, S. 499.

Quellen

Abb. 10: Rufus W. Griswold (New York Public Library). Aus: Dwight Thomas u. David K. Jackson, The Poe-Log. A Documentary Life of Edgar Allan Poe, 1809–1849 (Boston 1987), S. 378.

Abb. 11: Poe. Holzschnitt von E. J. Pinkerton u. Charles N. Pamelee nach einer Daguerreotypie in The Philadelphia Saturday Museum. Aus: Deas, S. 17.

Abb. 12: Poe. Stahlstich von Thomas B. Welch und Adam B. Walter nach einem Aquarell von A. C. Smith (1843 oder 1844) in Graham's Magazine, 27. Februar 1845. Aus: Deas, S. 21.

Abb. 13: Henry Wadsworth Longfellow. Stich nach einer Kreidezeichnung von Samuel Laurence (1854). Ausschnitt aus dem Frontispiz der Tauchnitz-Ausgabe von Longfellows Werken (Leipzig 1856).

Abb. 14: Frances Sargent Osgood. Ölporträt von Samuel S. Osgood (1834?; The New-York Historical Society). Aus: Deas, S. 27.

Abb. 15: Poes Cottage in Fordham. Skizze von A.G. Learned nach einem alten Stich. Aus: Quinn, S. 507.

Abb. 16: Sarah Helen Whitman. Stich nach dem Ölporträt von C. Giovanni Thompson (1835; The Providence Athenaeum). Aus: George E. Woodberry, The Life of Edgar Allan Poe. Personal and Literary. Bd. II (Boston 1909), S. 266f.

Abb. 17: Die sog. «Ultima Thule»-Daguerreotypie (1848). Aus: Deas, S. 37.

Abb. 18: Poe. Die sog. «Whitman»-Daguerreotyie (1848). Aus: Deas, S. 43.

Abb. 19: Annie Richmond. Fotografie (University of Lowell Library). Aus: Thomas, S. 782.

Abb. 20: Die sog. «Annie»-Daguerreotypie (1849?; Paul Getty Museum). Aus: Deas, S. 49.

Abb. 21: Sarah Elmira Royster Shelton. Daguerreotypie (ca. 1855). Aus: Woodberry, Bd. II, S. 318/9.

Abb. 22: Poe. Seitenberichtigte Fotographie nach der seitenverkehrten letzten Daguerreotypie von 1849. Aus: Woodberry (Frontispiz).

Abb. 23: Maria Clemm. Daguerreotypie (1849). Aus: Woodberry, Bd. II, S. 226 f.

Abb. 24: Poe. Stahlstich von John Sartain nach dem Ölporträt von Samuel N. Osgood von 1845 in The Works of the Late Edgar Allan Poe, hg. v. Rufus W. Griswold, Bd. 1 (New York 1850). Aus: Deas, S. 64.

Abb. 25: Poe und seine Werke. Holzschnitt von Alfred Fredericks u. Albert Bobbett in Laurel Leaves, hg. v. William F. Gill (Boston 1876). Aus: Deas, S. 95.

Abb. 26: Annabel Lee in Poes Handschrift. Aus: Woodberry, Bd. II.

Ausgewählte Literatur (chronologisch)

Werkausgaben

– auf Englisch
The Works of the Late Edgar Allan Poe. Hg. v. Rufus W. Griswold. 4 Bde. New York 1850–56.
The Works of Edgar Allan Poe. Hg. v. J. H. Ingram. 4 Bde. Edinburgh 1874–75.
The Complete Works of Edgar Allan Poe. Virginia Edition. Hg. v. James A. Harrison. 17 Bde. New York 1902. Bis heute die vollständigste Ausgabe.
Collected Works of Edgar Allan Poe. Harvard UP, Cambridge (Mass.). Hg. v. Thomas Ollive Mabbott (die bestkommentierte Ausgabe). Bd. 1. Complete Poems. 1978. Bd. 2: Tales and Sketches 1831–1842. 1978. Bd. 3: Tales and Sketches 1843–1849. 1978.
Collected Writings of Edgar Allan Poe. Hg. v. Burton R. Pollin. Gordian Press, New York, ab 1981. Fortsetzung der Ausgabe von Mabbott; bisher sind 4 Bände erschienen.

– auf Deutsch
Werke. Hg. v. Hedda u. Arthur Moeller-Bruck. 10 Bde. Brun's Verl., Minden 1901–1904.
Werke. Gesamtausgabe der Dichtungen und Erzählungen. Hg. v. Theodor Etzel. 6 Bde. Propyläen, Berlin 1922.
Gesammelte Werke. Hg. v. Franz Blei. 6 Bde. Rösl, München 1922.
Erzählungen. Übers. v. A. von Bosse, M. Bretschneider, J. von der Goltz, H. Kauders u. W. Widmer. Mit einem Nachwort von John O. McCormick. Winkler, München 1959.
Das Gesamte Werk in zehn Bänden. Hg. v. Kuno Schuhmann u. Hans Dieter Müller. Deutsch von Richard Kruse, Friedrich Polavics, Arno Schmidt, Ursula Wernicke, Hans Wollschläger. Manfred Pawlak, Herrsching 1979. Zuerst als vierbändige Ausg. bei Walter-Verlag, Olten, 1966–73.
Ausgewählte Werke in drei Bänden. Hg. v. Günter Gentsch. Insel, Leipzig 1989.

Poes Porträts

Michael J. Deas, The Portraits and Daguerreotypes of Edgar Allan Poe. University Press of Virginia, Richmond 1989.

Biographien

– *auf Englisch*
John H. Ingram, Edgar Allan Poe: His Life, Letters and Opinions. 2 Bde. London 1880.
George E. Woodberry, Edgar Allan Poe. Boston 1885.
Hervey Allen, Israfel. The Life and Times of Edgar Allan Poe. George H. Doran, New York 1926.
Arthur Hobson Quinn, Edgar Allan Poe. A Critical Biography. New York, Appleton-Century-Corfts. 1941. Mit einem neuen Vorwort von Shawn Rosenheim. Johns Hopkins UP, Baltimore/London 1998. (Grundlegende Standardbiographie.)
Dwight Thomas u. David K. Jackson, The Poe Log: A Documentary Life of Edgar Allan Poe, 1809–1849. G. K. Hall, Boston 1987.
Kenneth Silverman, Edgar A. Poe, Mournful Never-Ending Remembrance. HarperCollins, New York 1991.
Jeffrey Meyers, Edgar Allan Poe: His Life and Legacy. Charles Scribner's & Sons, New York 1992.
Peter Ackroyd, Poe. A Life Cut Short. Chatto & Windus, London 2008.

– *auf Deutsch*
Julian Symons, Edgar Allan Poe. Leben und Werk. Aus d. Engl. von Bernd Lenz. Heyne Biographie 12/144. München 1986.
Frank T. Zumbach, Edgar Allan Poe. Eine Biographie. Winkler, München 1986. (Mit 733 Seiten die umfangreichste und gründlichste deutschsprachige Biographie.)
Ders., Edgar Allan Poe. dtv München 1999.
Dietrich Kerlen, Edgar Allan Poe. Der schwarze Duft der Schwermut. Biographie. Propyläen, Berlin 1999.
Wolfgang Martynkewicz, Edgar Allan Poe. rowohlts monographie 50599. Reinbek bei Hamburg 2003.

– *Zeugnisse von Zeitgenossen*
Mary Gove Nichols, «Reminiscences of Edgar Allan Poe» in Sixpenny Magazine, Februar 1863. Nackdruck: Union Square Book Shop, New York 1931.

Sarah Helen Whitman, Edgar Allan Poe and His Critics. New York 1866.

J. J. Moran, A Defense of Edgar Allan Poe: Life, Character and Dying Declarations of the Poet: An Official Account of his Death by his Attending Physician. Washington 1885.

Susan Archer Weiss, Home Life of Poe. New York 1907. (Mrs. Weiss, damals noch Miss Talley, lernte Poe in seinem letzten Lebensjahr kennen. Ihr Buch ist interessant, aber nicht sehr zuverlässig.)

John R. Thompson, The Genius and Character of Edgar Allan Poe. Hg. v. James H. Whitty u. James H. Rindfleisch. Richmond, Virginia 1929 (Privatdruck).

Sekundärliteratur

– auf Englisch

Joseph Wood Krutch, Edgar Allan Poe. A Study in Genius. Knopf, New York 1926.

Killis Campbell, The Mind of Poe, and Other Studies. Cambridge 1932.

T. S. Eliot, «From Poe to Valery» in: Hudson Review 2 (1949), 327–42.

Patrick F. Quinn, The French Face of Edgar Allan Poe. Southern Illinois UP, Carbondale, Ill. 1957.

Edward Wagenknecht, Edgar Allan Poe. The Man behind the Legend. Oxford UP, New York 1963.

Harry Levin, The Power of Blackness. Hawthorne, Poe, Melville. Knopf, New York 1967.

Michael Allen, Poe and the British Magazine Tradition. Oxford UP, New York 1969.

Daniel Hoffman, Poe Poe Poe Poe Poe Poe Poe. New York 1972. Reprint: Louisiana State UP, Baton Rouge 1998.

G. R. Thompson, Poes's Fiction: Romantic Irony in the Gothic Tales. Univ. of Wisconsin Press, Madison 1973.

The Edgar Allan Poe Scrapbook. Hg. v. Peter Haining. Vorwort v. Robert Bloch. Schocken Books, New York 1978.

J. R. Hammond, An Edgar Allan Poe Companion. Barnes and Nobles, Totowa, N.J. 1981.

Modern Critical Views: Edgar Allan Poe. Hg. v. Harold Bloom. Chelsea House Publ., New York 1985. Aktualisierte Ausg. 2006.

Edgar Allan Poe. The Critical Heritage. Hg. v. I. M. Walker. Routledge, London 1986.

J. Gerald Kennedy, Poe, Death, and the Life of Writing. Yale UP, New Haven, Conn. 1987.

Critical Essays on Edgar Allan Poe. Hg. v. Eric W. Carlson. G. K. Hall, Boston 1987.

The Purloined Poe: Lacan, Derrida, and Psychoanalytic Reading. Hg. v. John P. Muller und William J. Richardson. Johns Hopkins UP, Baltimore 1988.

David Ketterer, Edgar Allan Poe: Life, Work and Criticism. York Pr., Fredericton, Canada 1989.

Edgar Allan Poe. Critical Assessments. Hg. v. Graham Clarke. 3 Bde. Helm, The Banks, Mountfield (East Sussex) 1991. (Reichhaltigste Sammlung kritischer Äußerungen zu Poe.)

The American Face of Edgar Allan Poe. Hg. v. Shawn Rosenheim u. Stephen Rachman. Johns Hopkins UP, Baltimore/London 1995.

Thomas S. Hansen u. Burton R. Pollin, The German Face of Edgar Allan Poe. A Study of Literary References in his Works. Camden House, Columbia, SC 1995.

A Companion to Poe Studies. Hg. v. Eric. W. Carlson. Greenwood Press Westport, Conn. 1996.

Frederick S. Frank u. Anthony Magistrale, The Poe Encyclopedia. Greenwood Press, Westport, Conn. 1997.

Scott Peeples, Edgar Allan Poe Revisited. Twayne, New York 1998.

Readings on Edgar Allan Poe. Hg. v. Bonnie Szumski. Greenhaven Press, San Diego, Ca. 1998. (In der Reihe The Greenhaven Press Literary Companions to American Authors).

Lois Davis Vines, Poe Abroad: Influences, Reputation, Affinities. Univ. of Iowa, Iowa City 1999.

Terence Whalen, Edgar Allan Poe and the Masses. The Political Economy of Literature in Antebellum America. Princeton UP, Princeton N.J. 1999.

A Historical Guide to Edgar Allan Poe. Hg. v. J. Gerald Kennedy. Oxford UP, Oxford 2001.

The Cambridge Companion to Edgar Allan Poe. Hg. v. Kevin J. Hayes, Cambridge UP, 2002.

POEtic Effect and Cultural Discourses. Hg. v. Hermann Josef Schnackertz. Winter, Heidelberg 2003.

– auf Deutsch

Charles Baudelaire, Studien über Poe (1848–1957). In: C. B., Sämtliche Werke in 8 Bänden. Bd. 2: Vom Sozialismus zum Supranaturalismus. Edgar Allan Poe 1847–1857. Hg. v. Friedhelm Kemp und Claude Pichois. Wissenschaftl. Buchges. Darmstadt 1983.

Marie Bonaparte, Edgar Poe – Eine psychoanalytische Studie. Mit einem Vorwort von Sigmund Freud. 3 Bde. Wien 1934. (Französ. Original 1933)

Armin Staats, Edgar Allan Poes symbolistische Erzählkunst. Winter, Heidelberg 1967.

Franz H. Link, Edgar Allan Poe. Ein Dichter zwischen Romantik und Moderne. Athenäum, Frankfurt a. M. 1968.

Peter Krumme, Augenblicke – Erzählungen Edgar Allan Poes. Metzler, Stuttgart 1978. (Darin Auseinandersetzung mit Lacan und Derrida zu *The Purloined Letter.*)

Kurt Möser, Edgar Allan Poe. Andreas, Salzburg 1980. (In der Reihe «Die großen Klassiker. Literatur der Welt in Bildern, Texten und Daten». Eine Anthologie mit einführenden Texten und Kommentaren.)

Carla Gregorzewski, Edgar Allan Poe und die Anfänge einer originär amerikanischen Ästhetik. Winter, Heidelberg 1982.

Dietrich Kerlen, Edgar Allan Poe. Elixiere der Moderne. Serie Piper, München 1988.

Liliane Weissberg, Edgar Allan Poe. Sammlung Metzler, Bd. 204, Stuttgart 1991.

Ulrike Brunotte, Hinab in den Maelstrom. Das Mysterium der Katastrophe im Werk Edgar Allan Poes. Metzler, Stuttgart 1993.

Jutta Ernst, Edgar Allan Poe und die Poetik des Arabesken. Königshaus & Neumann, Würzburg 1996.

Thomas Collmer, Poe oder der Horror der Sprache. Maro Verl. Augsburg, 1999.

Patrick Full, Der Abgesang der Imagination: Edgar Allan Poes Neubestimmung der menschlichen Kreativität. Wissenschaftlicher Verlag Trier 2007.

Zu übergreifenden Aspekten

– Poe und die amerikanische Literatur

D. H. Lawrence, Studies in Classic American Literature (1923). Nachdruck: Penguin, Harmondsworth 1977.

Edwin Fussell, Frontier: American Literature and the American West. Princeton UP, Princeton, NJ 1965.

Leslie A. Fiedler, Love and Death in the American Novel. Criterion Books, New York 1960. Deutsch: Liebe, Sexualität und Tod. Amerika und die Frau. Propyläen Verlag, Berlin 1964 (leicht gekürzt).

Joel Porte, The Romance in America. Wesleyan UP, Middleton, Conn. 1969.

Ruined Eden of the Present: Hawthorne, Melville, and Poe. Critical Essays in Honor of Darrel Abel. Hg. v. G. R. Thompson u. Virgil Lokke. Purdue UP, Lafayette, Ind. 1981.

Dennis Pahl, Architects of the Abyss; The Indeterminate Fictions of Poe, Hawthorne, and Melville. University of Missouri Pr., Columbia 1989.

Teresa A. Goddu, Gothic America: Narrative, History, and Nation. Columbia UP, New York 1997.

John Carlos Rowe, At Emerson's Tomb: The Politics of Classic American Literature. Columbia UP, New York 1997.

Ausgewählte Literatur

– «*Schwarze Romantik*»
Mario Praz, Liebe, Tod und Teufel. Die schwarze Romantik. Carl Hanser, München 1960. (Ital. Original 1930)
Elisabeth Bronfen, Nur über ihre Leiche. Tod, Weiblichkeit und Ästhetik. Kunstmann, München 1994.

– *Deutsche Einflüsse auf die amerikanische Kultur*
Henry A. Pochman, German Culture in America. Philosophical and Literary Influences 1600–1900. Univ. of Wisconsin Press, Madison 1957.

– *Zeitschriftenwesen in den USA*
Frank Luther Mott, A History of American Magazines. Bd. 1: 1741–1850. Harvard UP, Cambridge, Mass. 1930.

– *Poe und die Detektivliteratur*
John Evangelist Walsh, Poe the Detective: The Curious Circumstances behind ‹The Mystery of Marie Rogêt›. Rutgers UP, New Brunswick, NJ 1967.
John T. Irwin, The Mystery to a Solution: Poe, Borges, and the Analytic Detective Story. Johns Hopkins UP, Baltimore 1994.
Peter Thoms, Detection and Its Designs: Narrative and Power in Nineteenth-Century Detective Fiction. Ohio UP, Athens 1998.
Jochen Vogt (Hg.), Der Kriminalroman. Poetik, Theorie, Geschichte. Fink, München 1998.

– *Poe und die Kurzgeschichte*
Hans Bungert (Hg.), Die amerikanische Short Story. Theorie und Entwicklung. Wiss. Buchgesellschaft Darmstadt 1972.
Klaus Lubbers, Typologie der Short Story. Wiss. Buchgesellschaft Darmstadt 1977.
Hans-Dieter Gelfert, Wie interpretiert man eine Novelle und eine Kurzgeschichte? Reclam, Stuttgart 1993.

– *Zur amerikanischen Mentalität*
Hans-Dieter Gelfert, Typisch amerikanisch. Wie die Amerikaner wurden, was sie sind. C. H. Beck, 3. Aufl. München 2006.

Personenregister

Da Poe auf jeder Seite im Mittelpunkt steht, erscheint er nicht im Register. Auch die nur im Anhang alphabetisch aufgeführten «Schreibenden Zeitgenossen» wurden nicht aufgenommen.

Dickens, Charles 27f., 104, 106f.,
116, 195
Didier, Eugene L. 53
Dodgson, Charles Lutwidge (Lewis
Carroll) 76f.
Dow, Jesse 124
Drake, Joseph Rodman 198
Drayton, Colonel William 97
Droste-Hülshoff, Annette von 120
Duyckinck, Evert A. 132, 199

Eichendorff, Joseph Freiherr von
120, 208
Eliot, T.S. 14
Ellet, Elizabeth 141
Ellis, Charles 50, 52
Ellis, Thomas 52f., 54
Emerson, Ralph Waldo 7, 11, 13, 20,
136, 217
English, Thomas Dunn 141ff., 148
Erikson, Erik 48
Eveleth, George W. 150

Fay, Theodore Sedgwick 82
Fitzhugh, Dr. 173
Fouqué, Friedrich de la Motte 22,
120
Fourier, Charles 130
Franklin, Benjamin 23, 202
Freud, Sigmund 206
Freytag, Gustav 121
Fulton, Robert 17

Galt, William 49
Gill, William F. 181
Glanvill, Joseph 88
Goethe, Johann Wolfgang 138, 151,
159f.
Gowan, William 83f.
Graham, George Rex 99, 103f., 107,
133, 151, 185
Graham, William H. 125

Greeley, Horace 113, 130
Griswold, Rufus Wilmot 12, 113–117,
132, 138, 170, 182, 185, 188
Grüninger, Johann Reinhard 100

Halleck, Fitz-Greene 198
Hawthorne, Nathaniel 7, 97, 104,
124, 133, 151, 201
Hegel, Georg Wilhelm Friedrich
206f.
Hemingway, Ernest 105
Herring, Elizabeth Rebecca 180
Herring, Henry 180f.
Heyse, Paul 120
Hirst, Henry B. 183f.
Hoe, Richard Marsh 18
Hoffman, Charles Fenno 113
Hoffmann, E.T.A. 22, 97, 120
Holbrook, Josiah 22
Hopkins, Charles 45
Hugo, Victor 195
Humboldt, Alexander von 22, 154
Huxley, Aldous 14

Ibsen, Henrik 206
Ingram, John H. 186, 190
Irving, Washington 80, 93, 104, 127

Jackson, Andrew 18f.
Jackson, David K. 8
Jefferson, Thomas 15, 18, 23, 59, 93,
202
Joyce, James 105

Kafka, Franz 14, 93
Kant, Immanuel 20, 207
Kempelen, Wolfgang Ritter von 81,
171
Kennedy, John Pendleton 73, 75, 80,
123
Kepler, Johannes 157
Kerlen, Dietrich 7

Aus dem Verlagsprogramm

HANS-DIETER GELFERT BEI C. H. BECK

Typisch englisch
Wie die Briten wurden, was sie sind
5., durchgesehene Auflage. 2005. 183 Seiten mit 18 Abbildungen.
Paperback
Beck'sche Reihe Band 1088

Kleine Geschichte der englischen Literatur
2., aktualisierte Auflage. 2005. 384 Seiten mit 33 Abbildungen.
Paperback
Beck'sche Reihe Band 1181

Kleine Kulturgeschichte Großbritanniens
Von Stonehenge bis zum Millennium Dome
1999. 364 Seiten mit 52 Abbildungen. Paperback
Beck'sche Reihe Band 1321

Typisch amerikanisch
Wie die Amerikaner wurden, was sie sind
3., aktualisierte und um ein Nachwort «Amerika 2006»
ergänzte Auflage.
2003. 214 Seiten. Paperback
Beck'sche Reihe Band 1502

Englisch mit Aha!
Die etwas andere Einführung in die englische Sprache
Limitierte Sonderausgabe Auflage. 2008. 222 Seiten. Paperback
Beck'sche Reihe Band 4048

VERLAG C. H. BECK MÜNCHEN

HANS-DIETER GELFERT BEI C. H. BECK

Was ist gute Literatur?
Wie man gute Bücher von schlechten unterscheidet
2., überarbeitete Auflage. 2006. 222 Seiten. Paperback
Beck'sche Reihe Band 1591

Was ist deutsch?
Wie die Deutschen wurden, was sie sind
2005. 211 Seiten mit 24 Abbildungen. Paperback
Beck'sche Reihe Band 1657

Shakespeare
2000. 128 Seiten mit 1 Abbildungen. Paperback
Beck'sche Reihe Band 2055
C. H. Beck Wissen

Madam I'm Adam
Eine Kulturgeschichte des englischen Humors
2007. 239 Seiten mit 42 Abbildungen. Paperback
Beck'sche Reihe Band 1767

VERLAG C. H. BECK MÜNCHEN

AMERIKANISCHE GESCHICHTE

Edmund S. Morgan
Benjamin Franklin
Eine Biographie
Aus dem Amerikanischen von Thorsten Schmidt
2006. 304 Seiten mit 24 Abbildungen. Leinen

Joseph J. Ellis
Seine Exzellenz George Washington
Eine Biographie
Aus dem Amerikanischen von Martin Pfeiffer
2005. 386 Seiten mit 12 Abbildungen und und 10 Tafeln. Leinen

Joseph J. Ellis
Sie schufen Amerika
Die Gründergeneration von John Adams bis George Washington
2005. 373 Seiten. Paperback
Beck'sche Reihe Band 1655

Dieter Thomä
Unter Amerikanern
Eine Lebensart wird besichtigt
2. Auflage. 2001. 197 Seiten. Paperback
Beck'sche Reihe Band 1394

Christof Mauch
Die 101 wichtigsten Fragen – Amerikanische Geschichte
2008. 176 Seiten mit 10 Vignetten. Paperback
Beck'sche Reihe Band 1772

VERLAG C. H. BECK MÜNCHEN